*Über dieses Buch*

Arthur Miller schreibt: »Schon als Kind habe ich mich soviel wie möglich auf der Straße herumgetrieben. In dieser Nachbarschaft finde ich Material genug für so viele Stücke, wie ich in zwanzig Jahren schreiben könnte. Und wenn ich von ›Nachbarschaft‹ spreche, meine ich die Wohnblocks. Ich glaube, ein Autor sollte sich nicht ins Exotische, Bizarre, Abnorme verlieren, sondern versuchen, das Menschenleben zu verstehen, wie es einmal ist.«
Mit dem Schauspiel ›Der Tod des Handlungsreisenden‹ hat Arthur Miller die Wahrheit dieser These bewiesen. Und zu seinem Schauspiel ›Die Hexenjagd‹ sagt er: »Die Hexenverfolgung war eine perverse Manifestation der Angst, die sich aller Klassen bemächtigte, als sich die Waage nach der Seite größerer individueller Freiheit zu senken begann.«

*Der Autor*

Arthur Miller wurde am 17. Oktober 1915 in New York geboren. Er studierte an der Michigan University. Als Hafen- und Landarbeiter lernte er das Leben des einfachen Mannes in Amerika genau kennen. Heute lebt er als freier Schriftsteller in Brooklyn. Mit seinen Bühnenwerken ›Der Tod des Handlungsreisenden‹ (1949), ›Hexenjagd‹ (1953), ›Der Blick von der Brücke‹ (1955, umgearbeitet 1957; Fischer Taschenbuch 432), ›Nach dem Sündenfall‹ (1963), ›Zwischenfall in Vichy‹ (1964) und ›Der Preis‹ (1968) gehört er zu den erfolgreichsten Dramatikern der jungen amerikanischen Literatur. Arthur Miller wurde 1949 mit dem Pulitzerpreis ausgezeichnet. Der nach dem Schauspiel ›Der Tod des Handlungsreisenden‹ gedrehte Film erhielt den großen Preis von Venedig.

ARTHUR MILLER

# *Hexenjagd*

---

# *Der Tod des Handlungsreisenden*

FISCHER TASCHENBUCH VERLAG

Titel der amerikanischen Originalausgaben:
*The Crucible.* Deutsch von Marianne Wentzel
*Death of a Salesman,* Deutsch von Katrin Janecke

Umschlagentwurf: Lothar Staedler/Interdesign

Das Umschlagbild zeigt Hans Christian Blech und Hannelore Hinkel
in dem Stück ›Hexenjagd‹, Städtische Bühnen Frankfurt am Main
Foto: Günter Englert, Frankfurt am Main

Fischer Taschenbuch Verlag

| | |
|---|---|
| 1.– 50. Tausend | Februar 1958 |
| 51.– 62. Tausend | Juli 1959 |
| 63.– 75. Tausend | Juni 1960 |
| 76.– 87. Tausend | Juni 1961 |
| 88.–100. Tausend | Oktober 1962 |
| 101.–112. Tausend | April 1964 |
| 113.–125. Tausend | Dezember 1965 |
| 126.–131. Tausend | November 1966 |
| 132.–141. Tausend | August 1967 |
| 142.–151. Tausend | Juli 1968 |
| 152.–163. Tausend | Juni 1969 |
| 164.–173. Tausend | Dezember 1970 |
| 174.–183. Tausend | Dezember 1971 |
| 184.–191. Tausend | Dezember 1972 |


Fischer Taschenbuch Verlag GmbH, Frankfurt am Main
Lizenzausgabe des S. Fischer Verlages, Frankfurt am Main

Gesamtherstellung: Hanseatische Druckanstalt GmbH, Hamburg
Printed in Germany
ISBN 3 436 00207 0

# HEXENJAGD

*Ein Drama in zwei Akten*

# DIE PERSONEN

in der Reihenfolge ihres Auftretens

Pastor Parris
Betty Parris
Tituba
Abigail Williams
Susanna Walcott
Ann Putnam
Thomas Putnam
Mercy Lewis
Mary Warren
John Proctor
Rebecca Nurse
Giles Corey
Pastor John Hale
Elizabeth Proctor
Francis Nurse
Ezekiel Cheever
Herrick
Richter Hathorne
Unterstatthalter Danforth
Sarah Good
Hopkins

# ANMERKUNG

## zur historischen Genauigkeit dieses Stückes

Dieses Stück ist nicht Geschichte in dem vom akademischen Historiker angewandten Sinn des Wortes. Um des Dramatischen willen wurden in einigen Fällen verschiedene Gestalten zu einer verschmolzen; die Zahl der am »Ausschreien« beteiligten Mädchen wurde vermindert; Abigails Alter wurde hinaufgesetzt; mehrere Richter von fast gleichem Rang wurden in Hathorne und Danforth symbolisiert. Indessen glaube ich, daß der Leser hier das Wesentliche eines der seltsamsten und furchtbarsten Kapitel der Menschheitsgeschichte finden wird. Das Schicksal jeder einzelnen Gestalt entspricht genau dem ihres historischen Vorbilds, und es gibt in dem Drama nicht eine, die nicht historisch eine ähnliche – und in einigen Fällen genau die gleiche – Rolle gespielt hat.

Was die Charaktere der Personen betrifft, so ist über die meisten wenig bekannt, bis auf das, was aus einigen Briefen, dem Gerichtsprotokoll, gewissen zeitgenössischen Flugschriften und Hinweisen aus unterschiedlich verläßlichen Quellen zu schließen ist. Sie mögen daher – soweit es nicht in den beigefügten Kommentaren verzeichnet ist – als meine eigenen Schöpfungen angesehen werden, die ich in Übereinstimmung mit dem, was von ihnen bekannt ist, nach bestem Vermögen dargestellt habe.

# ERSTER AKT

## Erste Szene

*Ein Schlafzimmer im Oberstock von Pastor Samuel Parris' Haus in Salem, Massachusetts, im Frühjahr 1692.*

*Links ein schmales Fenster. Durch die bleigefaßten Scheiben strömt die Morgensonne. An dem Bett, rechts, brennt noch eine Kerze. Eine Truhe, ein Stuhl und ein kleiner Tisch bilden die übrige Einrichtung. Rückwärts führt eine Türe auf den Vorplatz und die Treppe ins Erdgeschoß. Das Zimmer erweckt den Eindruck reinlicher Kargheit. Die bloßliegenden Deckenbalken sind roh und ungeglättet.*

*Wenn der Vorhang aufgeht, kniet Pastor Parris, offenbar betend, an dem Bett, auf dem bewegungslos seine Tochter, Betty Parris, liegt.*

*Zum Zeitpunkt dieser Geschichte war Parris Mitte Vierzig. Der Geschichte nach führte er ein schlimmes Dasein, und sehr wenig Gutes ist über ihn zu berichten. Er glaubte sich auf Schritt und Tritt verfolgt, trotz aller seiner Bemühungen, den Menschen und Gott zu gefallen. Er fühlte sich beleidigt, wenn in der Betstunde einer aufstand, um die Türe zu schließen, ohne vorher seine Erlaubnis einzuholen. Er war Witwer und hatte weder Interesse noch Verständnis für Kinder. Er betrachtete sie als junge Erwachsene, und es kam ihm bis zu dieser seltsamen Krise nie in den Sinn — so wenig wie den übrigen Einwohnern Salems —, daß die Kinder nicht einzig dankbar dafür waren, wenn man ihnen erlaubte, aufrecht, mit gesenktem Blick und gestrafften Armen einherzugehen und zu schweigen, bis sie gefragt wurden.*

*Sein Haus lag in der »Stadt« — die wir allerdings heute kaum als Dorf bezeichnen würden. Das Bethaus war nahebei, und daran schlossen sich — zur Küste wie zum Inland hin — ein paar schmalfenstrige dunkle Häuser, die sich zum Schutz gegen den strengen Massachusetts-Winter aneinander drängten. Salem war vor kaum vierzig Jahren entstanden. Für die europäische Welt bedeutete die gesamte Provinz ein von fanatischen Sektierern bevölkertes Grenzgebiet, das immerhin Erzeugnisse von allmählich steigender Menge und Güte ausführte.*

*Über ihre Lebensweise ist nichts Tatsächliches bekannt. Sie hatten keine Schriftsteller — und hätten niemand die Lektüre eines Romans erlaubt, wäre so etwas vorhanden gewesen. Ihr Glaube verbot alles, was dem Theater oder »eitlem Vergnü-*

*gen« gleichkam. Sie feierten keine Weihnachten, und ein Feiertag von der Arbeit bedeutete einzig verstärkte Sammlung aufs Gebet.*

*Aber das soll nicht heißen, daß diese strenge und düstere Lebensweise nie unterbrochen wurde. War ein neues Bauernhaus erstanden, so versammelten sich die Freunde, um das Richtfest zu begehen, wozu man besondere Speisen bereitete und vermutlich einen starken Most reichte. Es gab eine ganze Reihe Nichtsnutze in Salem, die in Bridget Bishops Schenke beim Beilkespiel[1] herumlungerten. Eher als der Glaube bewahrte wohl die harte Arbeit die allgemeine Moral vor dem Verderb, denn die Menschen mußten um jedes Getreidekorn heldengleich mit der Erde ringen und hatten nicht viel Zeit für Possen.*

*Daß es trotzdem ein paar Unverbesserliche gab, geht aus dem Brauch hervor, eine Streifwache von zwei Mann mit der Aufgabe zu betrauen, »zur Stunde des Gottesdienstes umherzugehen und solche zu vermerken, die sich entweder beim Bethaus aufhalten, ohne der Predigt und der Handlung beizuwohnen, oder sich ohne zwingenden Grund zu Hause oder auf dem Felde aufhalten; und die Namen solcher aufzuzeichnen und der Obrigkeit zu übergeben, auf daß ordnungsgemäß gegen sie verfahren werde«. Diese Vorliebe, sich um anderer Angelegenheiten zu kümmern, war althergebracht in Salem und war zweifellos Ursache für viele der Verdächtigungen, die den kommenden Wahnsinn nähren sollten. Ebenso gehörte sie meines Erachtens zu den Dingen, gegen die ein John Proctor sich auflehnte; denn die Zeit des bewaffneten Lagers war nahezu vorüber, und da das Land einigermaßen – wenn auch nicht durchaus – sicher war, begannen die alten Verordnungen zur Plage zu werden. Doch wie in allen solchen Fällen war der Abschluß nicht klar, denn Gefahr lag immer noch im Bereich der Möglichkeit, und Einigkeit war immer noch die beste Sicherheitsgarantie.*

*Ganz in der Nähe hob die Wildnis an. Geheimniserfüllt erstreckte der amerikanische Kontinent sich endlos westwärts. Dunkel und drohend ragte er Tag und Nacht in ihrem Rükken, denn von Zeit zu Zeit brachen plündernde Indianerstämme daraus hervor, und mehrere Mitglieder in Pastor Parris' Gemeinde hatten Angehörige an diese Heiden verloren.*

*Der Glaubensdünkel dieser Leute war teilweise verantwortlich für ihr Versagen in der Bekehrung der Indianer. Vermutlich zogen sie es auch vor, Heiden statt Christenbrüdern*

[1]Alte Form von Billard

*Land wegzunehmen. Jedenfalls wurden sehr wenige Indianer bekehrt, und die Salemer hielten den Urwald für das letzte Schutzgebiet des Teufels, seine Heimstatt und die Feste seines schließlichen Widerstandes. Ihrer ehrlichen Überzeugung nach war der amerikanische Wald der letzte Ort auf Erden, der Gott nicht huldigte.*

*Darum, unter anderem, bezeigten sie eine Haltung des angeborenen Widerstandes, ja der Verfolgung. Freilich waren ihre Väter in England verfolgt worden. Also erschien es nun ihnen und ihrer Kirche notwendig, jeder anderen Glaubensrichtung die Freiheit abzusprechen, damit ihr neues Jerusalem nicht durch Abwege oder Irrlehren entstellt und verdorben würde.*

*Kurz, sie glaubten, in ihren festen Händen die Kerze zu halten, die der Welt das Licht brächte. Wir haben diesen Glauben geerbt, und er hat uns geholfen und geschadet. Ihnen half er durch die Zucht, die er ihnen verlieh. Sie waren im großen und ganzen ein frommes Volk und mußten es sein, um das Leben zu bestehen, das sie erwählt hatten oder in das sie hineingeboren waren.*

*Der Beweis für den Wert dieses Glaubens läßt sich im gegensätzlichen Charakter der ersten Jamestown-Niederlassung weiter südlich, in Virginia, finden. Die dort landenden Engländer waren hauptsächlich von Gewinnsucht getrieben. Sie wollten die Schätze der neuen Welt einsammeln und dann reich nach England zurückkehren. Als eine Gesellschaft von Individualisten waren sie eine viel verträglichere Gruppe als die Massachusetts-Einwanderer. Jedoch Virginia vernichtete sie. Massachusetts versuchte die Puritaner zu vertilgen, sie aber schlossen sich zusammen; sie gründeten eine Kommunal-Gesellschaft, die anfangs kaum mehr als ein bewaffnetes Lager mit einer autokratischen und sehr aufopferungsvollen Führerschaft war. Jedoch war es eine gebilligte Autokratie, denn vom Obersten bis zum Untersten verband sie eine gemeinsame Ideologie, die den Grund und die Rechtfertigung aller ihrer Leiden ausmachte. So waren ihre Selbstverleugnung, ihr Zielbewußtsein, ihr Mißtrauen gegen jedes eitle Streben, ihre strenge Gerechtigkeit insgesamt vollendete Werkzeuge zur Eroberung dieses dem Menschen so gegnerischen Landes.*

*Aber die Salemer von 1692 waren nicht ganz das fromme Volk, das mit der Mayflower ankam. Eine breite Differenzierung hatte stattgefunden, und noch zu ihren Lebzeiten hatte eine Revolution das Königtum abgeschafft und durch eine Ratsversammlung ersetzt, die augenblicklich regierte.*

*Von ihnen aus gesehen mußte die Zeit aus den Fugen sein, und ihre Probleme mußten dem einfachen Volk so unlösbar und verworren erscheinen wie uns die heutigen. Es ist durchaus verständlich, daß sich leicht der Glaube breitmachen konnte, die Zeit der Wirrnis sei von dunklen und verborgenen Mächten über sie gebracht worden. Im Gerichtsprotokoll weist nichts auf eine solche Überlegung hin, aber soziale Unordnung erzeugt in jedem Zeitalter derlei mystischen Argwohn, und wenn, wie in Salem, übernatürliche Geschehnisse aus der Tiefe an den Tag treten, ist von den Menschen kaum zu erwarten, daß sie lange zögern, sich mit der ganzen Wut ihrer Enttäuschung auf die Opfer zu stürzen.*

*Die auf den folgenden Seiten anhebende Tragödie von Salem entstand aus einem Paradox. Es ist ein Paradox, das uns noch heute in der Gewalt hat, und noch besteht keine Aussicht, daß wir es lösen werden. Es war einfach dies: zu guten, ja hohen Zwecken bildeten die Salemer eine Theokratie, eine Verbindung, von staatlicher und kirchlicher Macht, deren Aufgabe es war, die Gemeinde zusammenzuhalten und jeglichen Zerfall zu verhüten, der sie der Zerstörung durch materielle oder ideologische feindliche Kräfte zugänglich machen konnte. Sie war zu einem notwendigen Zweck geschaffen und erfüllte diesen Zweck. Aber jede Organisation gründet sich, und zwar zwangsläufig, auf den Gedanken der Ausschließung und des Verbots, wie eben zwei Dinge nicht den gleichen Platz einnehmen können. Offenbar kam in Neu-England die Zeit, da der Druck der Ordnung härter war, als es die Gefahren, die diese Ordnung abhalten sollte, anscheinend erforderten. Die Hexenverfolgung war eine perverse Kundgebung der Angst, die in allen Klassen auftrat, als sich das Gewicht zu größerer individueller Freiheit hin zu verlagern begann.*

*Wenn man über die aufgezeigte Schlechtigkeit der Einzelnen hinwegblickt, kann man sie alle nur bedauern, so wie man uns eines Tages bedauern wird. Auch heute noch ist es dem Menschen unmöglich, sein soziales Leben ohne Druck zu ordnen, und das Gleichgewicht zwischen Ordnung und Freiheit ist auch heute erst herzustellen.*

*Aber die Hexenverfolgung war nicht nur ein Druckmittel. Sie war auch, und zwar ebenso maßgeblich, eine längst fällige Gelegenheit für jedermann, mit dieser Neigung, unter dem Deckmantel der gegen die Opfer erhobenen Anklage, öffentlich seine Schuld und seine Sünden zu bekennen. Es war plötzlich möglich – und patriotisch und fromm –, daß einer sagte, Martha Corey sei nachts in sein Schlafzimmer gekommen und habe sich, während seine Frau an seiner Seite schlief, auf seine Brust gelegt und »ihn fast erstickt«. Freilich war es nur ihr Geist, aber seine Befriedigung beim Geständnis war nicht geringer, als wäre es Martha selbst gewesen. Für gewöhnlich konnte man Derartiges nicht öffentlich sagen. Lang unterhaltenen Nachbarhaß konnte man jetzt offen bekunden und entgegen den biblischen Lehren der Nächstenliebe Rache nehmen. Gewinnsucht, bislang in ständigem Gezänk um Grenzen und Urkunden geäußert, konnte man jetzt auf den Kampfplatz der Moral erheben; man konnte seinen Nächsten als Hexe ausschreien und sich dabei völlig im Recht fühlen. Alte Rechnungen konnten auf der Ebene eines himmlischen Kampfes zwischen Luzifer und dem Herrgott beglichen werden; Argwohn und Neid des Armen wider den Reichen konnten in der allgemeinen Ahndung hervorbrechen — und das geschah.*

*Jetzt betet Pastor Parris, und obwohl seine Worte nicht vernehmlich sind, spürt man seine Verwirrung. Er murmelt, dann scheint er dem Weinen nahe; dann weint er, dann betet er wieder; doch seine Tochter auf dem Bett regt sich nicht.*
*Die Tür geht auf, und seine Negersklavin Tituba kommt herein. Sie ist in den Vierzigern. Parris hatte sie aus Barbados mitgebracht, wo er, bevor er die geistliche Laufbahn einschlug, einige Jahre als Kaufmann verbracht hatte. Sie kommt herein, als hielte sie es ohne den Anblick ihres Lieblings nicht länger aus; aber gleichzeitig hat sie große Angst, weil ihr Sklaveninstinkt ihr sagt, daß Verdruß, wie stets in diesem Haus, möglicherweise an ihr ausgelassen wird.*

TITUBA *schon einen Schritt zurückweichend*: Meine Betty bald wieder gesund?
PARRIS: Hinaus hier!
TITUBA *jetzt an der Türe*: Meine Betty nicht sterben . . .
PARRIS *arbeitet sich voller Wut hoch*: Aus meinen Augen! *Sie ist draußen.* Aus meinen — *Schluchzen schüttelt ihn. Er geht mit zusammengebissenen Zähnen dagegen an, schließt die Türe und lehnt sich erschöpft dagegen.* O mein Gott! Hilf mir, Gott! *Er geht angstschlotternd, während er, von Schluchzen unterbrochen, vor sich hinmurmelt, zum Bett zurück und ergreift zärtlich Bettys Hand.* Betty. Kind. Liebes Kind. Willst du aufwachen, willst du deine Augen öffnen! Betty, kleine . . . *Er ist im Begriff, wieder niederzuknien, als seine Nichte, Abigail Williams, hereinkommt.*

*Sie ist siebzehn Jahre, Waise, von auffallender Schönheit und unbegrenzter Fähigkeit zur Verstellung. Jetzt ist sie ganz Besorgnis und Angst und Wohlerzogenheit.*

ABIGAIL: Oheim? *Er blickt nach ihr.* Susanna Walcott von Doktor Griggs ist da.

PARRIS: Oh! Herein mit ihr, herein mit ihr.

ABIGAIL *beugt sich zur Türe hinaus, um Susanna zu rufen, die einige Stufen weiter unten auf der Treppe wartet:* Komm herein, Susanna.

*Susanna Walcott, etwas jünger als Abigail, nervös, überhastet, kommt herein.*

PARRIS *begierig:* Was sagt der Doktor, Kind?

SUSANNA *den Hals reckend, um an Parris vorbei nach Betty zu blicken:* Er hieß mich herkommen und Euch sagen, Herr Pastor, daß er in seinen Büchern keine Medizin dafür findet.

PARRIS: So muß er weitersuchen.

SUSANNA: Ja, Herr, er hat in seinen Büchern gesucht, seit er Euch verließ, Herr. Doch er hieß mich Euch sagen, Ihr möchtet als Ursach nach unnatürlichen Dingen ausschauen.

PARRIS *mit aufgerissenen Augen:* Nein – nein. Hier gibt's keine unnatürliche Ursache. Sag ihm, ich hätte nach Pastor Hale von Beverly geschickt, und Herr Hale würde das sicherlich bestätigen. Er möge nach einer Medizin suchen und jeden Gedanken an unnatürliche Ursachen abtun. Es gibt hier keine.

SUSANNA: Ja, Herr. Er hieß mich's Euch sagen. *Sie wendet sich zum Gehen.*

ABIGAIL: Red in der Stadt nicht drüber, Susanna.

PARRIS: Geh gradewegs heim und rede in der Stadt nicht von unnatürlichen Ursachen.

SUSANNA: Ja, Herr. Ich bete für sie. *Sie geht.*

ABIGAIL: Oheim, überall ist das Gerücht von Hexerei herum; ich glaub, Ihr geht am besten hinunter und sprecht selber dawider. Das Empfangszimmer ist voll von Leuten, Herr. Ich sitz derweil bei ihr.

PARRIS *gedrückt; ungehalten zu ihr:* Und was soll ich ihnen sagen? Daß ich meine Tochter und meine Nichte gleich Heiden tanzend im Wald ertappte?

ABIGAIL: Ja, Oheim, wir tanzten; sagt ihnen, ich hätt's gestanden – und man soll mich peitschen, wenn's sein muß. Doch sie reden von Hexerei. Betty ist nicht verhext.

PARRIS: Abigail, ich kann nicht vor die Gemeinde treten, wenn ich weiß, daß du mir nicht die Wahrheit gesagt hast. Was triebst du mit ihr im Wald?

ABIGAIL: Wir tanzten, Oheim, und als Ihr so plötzlich aus dem Gebüsch sprangt, erschrak Betty, und dann ward sie ohnmächtig. Und das ist alles.

PARRIS: Kind, setze dich.

ABIGAIL *gehorcht zitternd*: Ich tät Betty nie was zuleide. Ich lieb sie von Herzen.

PARRIS: Jetzt höre, Kind, du erhältst deine Strafe zu gegebener Zeit. Doch wenn ihr im Wald mit Geistern umgingt, muß ich's jetzt erfahren, denn sicherlich erfahren es meine Feinde, und sie werden mich damit verderben.

ABIGAIL: Aber wir beschworen keine Geister.

PARRIS: Warum also kann sie sich seit Mitternacht nicht rühren? Dies Kind ist in höchster Gefahr! *Abigail schlägt die Augen nieder.* Es muß an den Tag kommen – meine Feinde bringen es an den Tag. Also sage mir, was ihr dort triebt. Abigail, weißt du, daß ich viele Feinde habe?

ABIGAIL: Ich hab davon gehört, Oheim.

PARRIS: Eine Partei hier hat sich verschworen, mich von der Kanzel zu vertreiben. Weißt du das?

ABIGAIL: Ja, ich glaub, Herr.

PARRIS: Und nun, während solchen Zerfalls, wird mein eigen Haus als der wahre Mittelpunkt anstößigen Treibens entdeckt. Greuel werden im Wald getrieben –

ABIGAIL: Es war Spaß, Oheim!

PARRIS *auf Betty weisend*: Das nennst du Spaß? *Sie schlägt die Augen nieder. Er dringt in sie.* Abigail, wenn du etwas weißt, das dem Doktor helfen mag, so um Gottes willen sage es mir! *Sie schweigt.* Als ich hinzukam, sah ich Tituba die Arme über dem Feuer schwenken. Warum tat sie das? Und ein Gekreisch und Geschnatter kam aus ihrem Mund. Wie ein unvernünftig Tier schwang sie über diesem Feuer!

ABIGAIL: Sie singt immer ihre Barbados-Lieder, und wir tanzen.

PARRIS: Ich kann mich nicht vor dem verschließen, was ich sah, Abigail, weil meine Feinde es nicht tun werden. Ich sah ein Kleid im Gras liegen.

ABIGAIL *unschuldig*: Ein Kleid?

PARRIS – *es ist sehr schwer, es auszusprechen*: Ja, ein Kleid. Und mir schien, als sähe ich – jemand nackt durch den Wald laufen.

ABIGAIL *entsetzt*: Niemand war nackt! Ihr irrt Euch, Oheim!

PARRIS *unwillig*: Ich sah es! *Er entfernt sich von ihr. Dann, entschlossen.* Jetzt sage die Wahrheit, Abigail. Und ich bitte dich, ihr ganzes Gewicht auf dir zu fühlen; denn nun geht es um mein Amt, mein Amt und vielleicht das Leben deiner

Base. Was für Greuel ihr auch triebt, entdecke mir jetzt alles, den es darf mich nicht unversehens treffen, wenn ich unten vor sie hintrete.

ABIGAIL: Mehr ist nicht. Ich schwör's Euch, Oheim.

PARRIS *sieht sie prüfend an und nickt dann, halb überzeugt*: Abigail, drei lange Jahre habe ich hier gekämpft, um mir diese steifnackigen Menschen zu beugen, und jetzt, eben jetzt, da in der Gemeinde einige Achtung für mich heranwächst, machst du meinen Ruf zuschanden. Ich gab dir ein Heim, Kind, ich kleidete dich, jetzt antworte mir ehrlich. In der Stadt ist dein Name – ganz rein, nicht wahr?

ABIGAIL *mit einer Spur von Verdruß*: Ei gewiß, Herr. Ich brauch mich meines Namens nicht zu schämen.

PARRIS *deutlicher*: Abigail, besteht noch ein anderer Grund als der, den du mir nanntest, für deine Entlassung aus Gevatterin Proctors Dienst? Ich habe sagen hören, und ich wiederhole es so, wie ich's hörte, daß sie dies Jahr so selten zur Kirche kommt, weil sie nicht so nah bei Beschmutzten sitzen will. Was bedeutet diese Bemerkung?

ABIGAIL: Sie haßt mich, Oheim, sie muß, weil ich nicht ihre Sklavin sein wollte. Sie ist eine harte Frau, eine kalte, lügnerische, greinende Frau, und für so eine will ich nicht arbeiten!

PARRIS: Vielleicht ist sie das. Trotzdem hat's mich beunruhigt, daß du sieben Monde aus ihrem Haus bist und in all der Zeit keine andere Familie je nach deinem Dienst verlangt hat.

ABIGAIL: Sie wollen Sklaven, nicht eine wie mich. Laß sie nach Barbados darum schicken. Ich mach mir für keinen mein Gesicht schwarz! *Mit schlechtverhehltem Verdruß.* Mißgönnt Ihr mir mein Bett, Oheim?

PARRIS: Nein – nein.

ABIGAIL *aufgebracht*: Mein Name ist gut im Ort! Ich duld nicht, daß wer sagt, mein Name sei beschmutzt! Gevatterin Proctor ist eine geschwätzige Lügnerin!

*Frau Ann Putnam kommt herein. Sie ist ein verschrobenes Wesen von fünfundvierzig, vom Tod besessen und von Träumen verfolgt.*

PARRIS *sobald die Türe sich bewegt*: Nein– nein, ich kann hier niemand haben. *Er erblickt sie, und bei aller Besorgnis fährt eine gewisse Ehrerbietung in ihn.* Oh, Gevatterin Putnam, tretet ein.

FRAU PUTNAM *mit geblähtem Atem und glänzenden Augen*: Es ist ein Wunder. Wahrhaftig, ein Schlag der Hölle wider Euch.

PARRIS: Nein, Gevatterin Putnam, es ist –

FRAU PUTNAM *mit einem Blick auf Betty*: Wie hoch flog sie, wie hoch?

PARRIS: Nein, nein, sie flog nicht –

FRAU PUTNAM *sehr erfreut*: Ei, gewiß. Herr Collins sah sie über Ingersolls Scheune hingehn und vogelleicht herunterkommen, sagt er!

PARRIS: Nun hört, Gevatterin Putnam, sie – *Thomas Putnam kommt herein, ein wohlhabender, rücksichtsloser Gutsbesitzer, nahe fünfzig.* Oh, guten Morgen, Herr Putnam.

PUTNAM: Es ist eine Vorsehung, daß die Sach nun heraus ist! Eine Vorsehung. *Er geht geradewegs zum Bett.*

PARRIS: Was ist heraus, Herr, was ist –?

*Frau Putnam geht zum Bett.*

PUTNAM *auf Betty niederblickend*: Ei, ihre Augen sind zu! Schau, Ann.

FRAU PUTNAM: Ei, das ist sonderbar. *Zu Parris.* Unsrer sind offen.

PARRIS *betroffen*: Eure Ruth ist krank?

FRAU PUTNAM *mit boshafter Gewißheit*: Krank würd ich's nicht nennen; des Teufels Berührung ist ärger als krank. 's ist Tod, wißt Ihr, Tod, der gehörnt und gehuft in sie hineinfährt.

PARRIS: Oh, bitte nicht! Wie denn, was fehlt Ruth?

FRAU PUTNAM: Was ihr fehlen muß – sie wachte heut morgen nicht auf, doch ihre Augen sind offen, und sie geht umher und hört nichts, sieht nichts und kann nicht essen. Ihre Seel ist dahin, wahrhaftig.

*Parris ist bestürzt.*

PUTNAM *wie auf weitere Einzelheiten aus*: Es heißt, Ihr habt nach Pastor Hale in Beverly geschickt?

PARRIS *jetzt mit nachlassender Überzeugung*: Nur eine Vorsicht. Er hat viel Erfahrung in allen dämonischen Künsten, und ich –

FRAU PUTNAM: Fürwahr, die hat er; und fand vergangnes Jahr in Beverly eine Hexe, und daran denkt.

PARRIS: Nun, Gevatterin Ann, man glaubte nur, es sei eine Hexe, und ich bin gewiß, daß hier kein Allergeringstes von Hexerei ist.

PUTNAM: Keine Hexerei! Nun hört, Herr Parris –

PARRIS: Thomas, Thomas, ich bitte Euch, seid nicht vorschnell mit Hexerei. Ich weiß, Ihr wolltet nicht – Ihr am allerwenigsten, Thomas –, daß so Unseliges mir zu Last gelegt wird. Wir können nicht vorschnell mit Hexerei sein. Man wird mich aus Salem hinauszetern ob solcher Verderbnis in meinem Haus.

*Ein Wort über Thomas Putnam. Er hatte eine Menge Beschwerden, worunter zumindest eine berechtigt erscheint. Der Schwager seiner Frau, James Bayley, war vor einiger Zeit als Pastor von Salem abgelehnt worden. Er besaß alle erforderlichen Eigenschaften und verfügte über zwei Drittel der Stimmen, aber aus nicht ersichtlichen Gründen verhinderte eine Partei seine Annahme.*

*Thomas Putnam war der älteste Sohn des reichsten Mannes am Ort. Er hatte bei Narragansett gegen die Indianer gekämpft und befaßte sich eifrig mit Gemeinde-Angelegenheiten. Ohne Zweifel empfand er es als schlechten Lohn, daß man seinen Kandidaten für eines der wichtigsten Ämter der Stadt so offen mißachtete, zumal er sich einem Großteil seiner Mitmenschen geistig überlegen dünkte.*

*Seine rachsüchtige Natur erwies sich lange vor Beginn der Hexengeschichte. Ein anderer ehemaliger Pastor von Salem, George Burroughs, hatte für die Beerdigung seiner Frau Geld borgen müssen, und da die Gemeinde mit seinem Gehalt im Rückstand war, bald Bankrott gemacht. Thomas und sein Bruder John ließen Burroughs wegen unverschuldeter Schulden einsperren. Dieser Vorfall ist nur insofern von Bedeutung, als Burroughs die Pastorstelle erlangte, während Bayley, Thomas Putnams Schwager, abgelehnt wurde; hier ist das Motiv des Grolles klar. Thomas Putnam empfand seinen eignen Namen und die Ehre seiner Familie von der Stadt verunglimpft und gedachte, wo er nur konnte, die Dinge zu berichtigen.*

*Für die Vermutung, daß er ein äußerst erbitterter Mensch war, spricht weiterhin sein Versuch, das Testament seines Vaters anzufechten, das einem Stiefbruder einen unverhältnismäßig hohen Anteil zusprach. Es mißlang, wie in jedem anderen öffentlichen Rechtshandel, in dem er mit Gewalt seinen Willen durchzusetzen suchte.*

*Mithin ist es nicht verwunderlich, daß so viele Anschuldigungen Thomas Putnams Handschrift aufweisen, oder daß sein Name so häufig als Zeuge für die Erhärtung des übernatürlichen Zeugnisses genannt ist; noch daß seine Tochter an den gelegensten Stellen der Gerichtsverhandlung das Ausschreien anführte, insbesondere wenn ... Doch davon wollen wir sprechen, wenn es so weit ist.*

PUTNAM *im Augenblick darauf bedacht, Parris, für den er nur Verachtung hat, dem Abgrund zuzutreiben*: Herr Parris, ich hab in jedem Streit hier Eure Partei ergriffen und tät es weiterhin; doch ich kann's nicht, wenn Ihr jetzt hintanhaltet. Es sind schädliche, rachsüchtige Geister, die diese Kinder angreifen.

PARRIS: Aber Thomas. Ihr könnt nicht –

PUTNAM: Ann! Sag Herrn Parris, was du tatst.

FRAU PUTNAM: Pastor Parris, ich legte sieben Kinderchen ungetauft in die Erde. Glaubt mir, Herr, nie saht Ihr gesünder geborene Kinderchen. Und doch verging noch in der Nacht seiner Geburt ein jedes in meinen Armen. Ich sagte nichts, doch mein Herz erhob laute Anklage. Und jetzt, dies Jahr, meine Ruth, meine einzige – ich sah sie sonderbar werden. Sie ward ein stilles Kind dies Jahr und verfällt, als zehrte ein saugender Mund an ihrem Leben. Und so dacht ich sie zu Tituba zu schicken –

PARRIS: Tituba! Was kann Tituba –?

FRAU PUTNAM: Tituba weiß mit den Toten zu sprechen, Herr Parris.

PARRIS: Gevatterin Ann, die Toten zu beschwören ist eine furchtbare Sünde!

FRAU PUTNAM: Ich nehm's auf meine Seel, doch wer sonst kann mir sagen, wer meine Kinderchen mordete?

PARRIS *entsetzt*: Frau!

FRAU PUTNAM: Sie wurden gemordet, Herr Parris! Und merkt auf diesen Beweis! Merkt darauf! Vergangene Nacht war meine Ruth ihren Geisterchen so nah; ich weiß es, Herr. Warum sonst ist sie jetzt mit Stummheit geschlagen, wenn nicht eine Macht der Dunkelheit ihr den Mund verschließt? Es ist ein wundersam Zeichen, Herr Parris!

PUTNAM: Seht Ihr's nicht, Herr? Eine mörderische Hexe ist unter uns, gehalten, im Dunkel zu bleiben. *Parris wendet sich von wildem Schrecken ergriffen zu Betty.* Mögen Eure Feinde daraus machen, was sie wollen, Ihr könnt Euch nicht länger davor verschließen.

PARRIS *zu Abigail*: So beschwort ihr doch Geister vergangene Nacht?

ABIGAIL *hauchend*: Ich nicht, Herr – Tituba und Ruth.

PARRIS *wendet sich mit erneuter Angst zu Betty, geht hin und blickt auf sie nieder; dann, aufschauend*: O Abigail, welch schicklicher Lohn für meine Wohltat! Das ist mein Ende!

PUTNAM: Nicht Euer Ende! Haltet stand. Wartet nicht, bis Euch einer beschuldigt – erklärt es selber. Ihr habt Hexerei aufgedeckt –

PARRIS: In meinem Haus? Thomas, in meinem Haus? Damit werden sie mich stürzen! Daraus werden sie –

*Mercy Lewis, die Magd von Putnams, kommt herein; sie ist achtzehn Jahre, dick, verschlagen und gefühllos.*

MERCY: Ich bitt um Verzeihung. Ich wollt bloß nach Betty sehn.

PUTNAM: Warum bist du nicht zu Haus? Wer ist bei Ruth?

MERCY: Ihre Großmama kam. Es geht ihr ein wenig besser, glaub ich – sie hat grad eben gewaltig geniest.

FRAU PUTNAM: Oh, das ist ein Lebenszeichen!

MERCY: Ich tät mich nicht mehr ängstigen, Gevatterin Putnam. Es war'n gehöriger Nieser; noch so einer, und ich bin sicher, er schüttelt ihr den Verstand wieder zusammen. *Sie geht neugierig zum Bett.*

PARRIS: Wollt Ihr mich jetzt verlassen, Thomas? Ich möchte allein eine Weile beten.

ABIGAIL: Ihr habt seit Mitternacht gebetet, Oheim. Warum geht Ihr nicht hinunter und –

PARRIS: Nein – nein. *Zu Putnam.* Ich habe keine Antwort für diese Leute. Ich will warten, bis Pastor Hale kommt. *Um Frau Putnam zum Gehen zu bringen.* Wenn Ihr so gut wärt, Gevatterin, Ann –

PUTNAM: Jetzt hört, Herr. Schlagt aus wider den Teufel, und die Stadt wird Euch dafür segnen! Kommt herunter, sprecht zu ihnen – betet mit ihnen. Sie dürsten nach Eurem Wort, Mann! Mit ihnen beten werdet Ihr doch.

PARRIS *gedrängt*: Ich werde sie in einen Psalm leiten, doch sagt Ihr noch nichts von Hexerei. Ich will keine Erörterung darüber. Die Ursache ist noch unbekannt. Ich hatte Streit genug, seit ich herkam. Ich will keinen mehr.

FRAU PUTNAM: Mercy, du gehst nach Haus zu Ruth, hörst du?

MERCY: Ja, Frau.

*Frau Putnam geht.*

PARRIS *zu Abigail*: Wenn sie aufs Fenster zu will, rufst du du mich sogleich.

ABIGAIL: Gut, Oheim.

PARRIS *zu Putnam*: Sie hat heute schreckliche Kraft in den Armen. *Er geht mit Putnam.*

ABIGAIL *mit unterdrückter Erregung*: Was ist mit Ruth?

MERCY: Sie ist wunderlich, ich weiß nicht – als ging sie seit heut nacht wie eine Tote rum.

ABIGAIL *dreht sich plötzlich um und tritt zu Betty – angstvoll*: Betty? *Betty rührt sich nicht. Sie schüttelt sie.* Nun laß das! Betty! Nun setz dich auf! *Betty regt sich nicht. Mercy kommt herüber.*

MERCY: Hast du's schon mit Schlagen versucht? Ich gab's Ruth gehörig, und es weckte sie für eine Minute. Komm, laß mich machen.

ABIGAIL *hält Mercy zurück*: Nein, er wird heraufkommen. Hör zu jetzt; wenn sie uns fragen, sag, daß wir tanzten – so viel hab ich ihm schon gesagt.

MERCY: Ja. Und was noch?

ABIGAIL: Er weiß, daß Tituba Ruths Schwestern aus dem Grab beschwor.

MERCY: Und was noch?

ABIGAIL: Er sah dich nackt.

MERCY *schlägt mit erschrockenem Lachen die Hände zusammen*: O Jesus!

*Atemlos kommt Mary Warren herein. Sie ist siebzehn; ein unterwürfiges, naives und einsames Mädchen.*

MARY: Was tun wir? Die Stadt ist auf den Beinen! Ich komm grad vom Hof; alles redet von Hexerei! Man wird uns als Hexen verschrein, Abby!

MERCY *sieht Mary an und weist nach ihr*: Sie will's sagen, ich weiß es.

MARY: Abby, wir müssen's sagen. Auf Hexerei steht Henken, Henken, wie's vor zwei Jahren in Boston war! Wir müssen die Wahrheit sagen, Abby! Du wirst nur gepeitscht wegen Tanzen und dem andern!

ABIGAIL: Oh, wir werden gepeitscht!

MARY: Ich hab nichts getan, Abby. Ich sah bloß zu!

MERCY *geht drohend auf Mary zu*: Oh, du verstehst dich aufs Zusehn, wie, Mary Warren? Was für mutige Augen hast du! *Auf dem Bett wimmert Betty. Abigail dreht sich sofort nach ihr um.*

ABIGAIL: Betty? *Sie tritt zum Bett.* Betty, Liebe, nun wach auf. Hier ist Abigail. *Sie richtet Betty auf und schüttelt sie wütend.* Ich schlag dich, Betty! *Betty wimmert.* Je, es geht dir besser, scheint's. Ich hab mit deinem Papa geredet und ihm alles gesagt. So ist nichts zu –

BETTY *springt aus Angst vor Abigail aus dem Bett und drückt sich an die Wand*: Ich will meine Mama!

ABIGAIL *erschrocken, während sie sich Betty vorsichtig nähert*: Was ist dir Betty? Deine Mama ist tot und begraben.

BETTY: Ich will zu Mama fliegen. Laß mich fliegen! *Sie hebt die Arme wie zum Fliegen und entwischt zum Fenster und ist mit einem Bein draußen.*

ABIGAIL *zerrt sie vom Fenster weg*: Ich hab ihm alles gesagt; er weiß es nun, alles, was wir –

BETTY: Du trankst Blut, Abby! Das hast du ihm nicht gesagt!

ABIGAIL: Betty, das hör ich nicht noch einmal! Nicht noch einmal –

BETTY: Es ist so, es ist so! Einen Zaubertrank, John Proctors Weib zu töten! Du trankst Blut, um Gevatterin Proctor zu töten!

ABIGAIL *schlägt sie ins Gesicht*: Sei still! Jetzt sei still!

BETTY *bricht auf dem Bett zusammen*: Mama, Mama! *Sie schluchzt hilflos.*

ABIGAIL: Jetzt hört. Ihr alle. Wir tanzten. Und Tituba beschwor Ruth Putnams tote Schwestern. Und sonst war nichts. Und merkt euch dies. Wenn eine von euch ein Wort oder den Hauch von einem Wort über das andre sagt, komm ich mitten in einer schaurigen Nacht und bring euch eine pünktliche Rechnung, daß euch grausen soll. Und ihr wißt, ich kann das. Ich sah die Indianer die Köpfe meiner lieben Eltern auf dem Kissen neben meinem zerschmettern, und ich sah manches Treiben der Rothäute bei Nacht; ich kann machen, daß ihr wünscht, ihr hättet die Sonne nie untergehn sehn! *Sie tritt zu Betty und zerrt sie roh hoch.* Jetzt hör, du — setz dich auf und laß das!
*Doch Betty bricht in ihren Händen zusammen und liegt bewegungslos auf dem Bett.*

MARY *mit hysterischer Angst*: Was hat sie? *Abigail starrt Betty angstvoll an.* Abby, sie stirbt! Beschwören ist Sünde, und wir —

ABIGAIL *geht auf Mary los*: Ich sag dir, sei still! Mary Warren! *John Proctor kommt herein. Bei seinem Anblick fährt Mary erschrocken zusammen.*

*John Proctor war ein Bauer in der Mitte der Dreißiger. Er braucht nicht Parteigänger irgendeiner Gruppe in der Stadt gewesen zu sein, aber vieles läßt darauf schließen, daß er kein Federlesens mit Heuchlern machte. Er gehörte — von kräftigem Körper, gelassenem Wesen und nicht leicht zu gängeln — zu jener Art Menschen, die Parteigängern ihren Beistand nicht versagen können, ohne sich deren tiefsten Groll zuzuziehen. In Proctors Gegenwart empfand ein Dummkopf sogleich seine Dummheit — weswegen ein Proctor stets ein gegebenes Objekt der Verleumdung ist.*

*Doch wie sich zeigen wird, entspringt sein zur Schau getragener Gleichmut keiner ungetrübten Seele. Er ist ein Sünder, ein Sünder nicht nur wider den Moralbegriff seiner Zeit, sondern auch wider seine eigene Vorstellung von Anstand. In der Religion dieser Menschen gab es keine Sündenreinigung. Dies ist ein weiterer Zug, den sie uns vererbt haben, und er hat sowohl zu unserer Erziehung wie zur Züchtung von Heuchelei unter uns beigetragen. Proctor, in Salem geachtet, ja ge-*

*fürchtet, betrachtete sich nachgerade als eine Art Betrüger. Aber einstweilen ist ihm äußerlich nichts davon anzumerken, und als er von unten aus dem überfüllten Empfangszimmer heraufkommt, erscheint er als ein Mann in der Blüte der Jahre mit einem ruhigen Selbstvertrauen und einer unausgesprochenen, geheimen Kraft. Mary Warren, seine Dienstmagd, kann vor Verwirrung und Angst kaum sprechen.*

MARY: Oh, Herr Proctor, ich wollte grade heimgehen.

PROCTOR: Bist du blöde, Mary Warren? Bist du taub? Ich verbot dir, das Haus zu verlassen, nicht wahr? Zu was bezahl ich dich? Ich such dich öfter als meine Kühe!

MARY: Ich kam bloß sehn, was sich Großes in der Welt tut.

PROCTOR: Ich geb dir nächster Tage was Großes auf deinem Arsch. Jetzt mach dich nach Haus; die Frau wartet mit der Arbeit auf dich!

*Sie geht, um einen Rest von Würde bemüht, langsam hinaus.*

MERCY *halb ängstlich, halb sonderbar gekitzelt*: Ich geh besser auch. Ich hab meine Ruth zu hüten. Guten Morgen, Herr Proctor.

*Mercy schlängelt sich seitlich hinaus. Seit Proctors Eintritt steht Abigail wie auf Zehenspitzen da, mit großen Augen seine Gegenwart in sich aufnehmend. Er wirft ihr einen Blick zu und tritt dann zu Betty ans Bett.*

ABIGAIL: Je! Ich hatte beinah vergessen, wie stark Ihr seid, John Proctor!

PROCTOR *sieht Abigail jetzt mit dem Schatten eines verstehenden Lächelns an*: Was für Unheil ist das hier?

ABIGAIL *mit einem nervösen Lachen*: Ach, sie ward bloß irgendwie dumm.

PROCTOR: Den ganzen Morgen ist der Weg längs meinem Haus eine Pilgerfahrt nach Salem. Die Stadt munkelt von Hexerei.

ABIGAIL: Ach Unsinn! *Sie kommt mit frech-vertraulicher Miene schmeichelnd etwas näher.* Wir tanzten gestern abend im Wald, und mein Oheim überraschte uns. Sie erschrak, sonst nichts.

PROCTOR – *sein Lächeln wird breiter*: Aha, du bist immer noch schlimm, wie! *Ein erwartungsvolles trillerndes Lachen entfährt ihr; sie traut sich näher heran und blickt ihm heiß in die Augen.* Du kommst in den Block, eh du zwanzig bist. *Er wendet sich zum Gehen; sie springt ihm in den Weg.*

ABIGAIL: Sag mir ein Wort. John – ein liebes Wort *Ihre Leidenschaft vertreibt sein Lächeln.*

PROCTOR: Nein, nein, Abby. Damit ist's aus.

ABIGAIL *spöttisch*: Du kommst fünf Meilen weit her, um ein töricht Ding fliegen zu sehn? Ich kenn dich besser.

PROCTOR *schiebt sie energisch beiseite*: Ich kam zu sehn, was für Unheil dein Oheim jetzt wieder braut. *Mit abschließendem Nachdruck.* Schlag's dir aus dem Sinn, Abby.

ABIGAIL *ergreift seine Hand, bevor er es verhindern kann*: John – ich wart jede Nacht auf dich.

PROCTOR: Abby, ich gab dir nie Hoffnung, auf mich zu warten.

ABIGAIL *mit aufsteigendem Unwillen – sie kann es nicht glauben*: Ich hab Beßres als Hoffnung, glaub ich!

PROCTOR: Du wirst dir's aus dem Sinn schlagen, Abby. Ich werd nicht mehr zu dir kommen.

ABIGAIL: Du treibst sicherlich Scherz mit mir.

PROCTOR: Das weißt du besser.

ABIGAIL: Ich weiß, wie du mich hinterm Haus packtest und wie ein Hengst schwitztest, wenn ich nur nah kam! Oder hab ich das geträumt? Sie schickte mich weg, du kannst nicht vorgeben, daß du's warst. Ich sah dein Gesicht, als sie mich wegschickte, und da liebtest du mich und ebenso jetzt!

PROCTOR: Abby, es ist ein wild Ding, zu sagen –

ABIGAIL: Ein wild Ding mag wilde Dinge sagen. Aber so wild nicht, glaub ich. Ich sah dich, seit sie mich wegschickte; ich sah dich nachts.

PROCTOR: Ich tat kaum einen Schritt vom Hof diese sieben Monde.

ABIGAIL: Ich spür Hitze, John, und deine zog mich an mein Fenster, und ich sah dich, in deiner Einsamkeit brennend, hinaufschauen. Sagst du mir, du hättest nie zu meinem Fenster aufgeschaut?

PROCTOR: Ich mag hinaufgeschaut haben.

ABIGAIL *jetzt weicher*: Und du mußtest. Du bist kein kalter Mann. Ich kenn dich, John. Ich kenn dich. *Sie weint.* Ich kann vor Träumen nicht schlafen; ich kann nicht träumen, sondern wach auf und geh im Haus umher, als fänd ich dich zu irgendeiner Tür hereinkommen. *Sie umschlingt ihn verzweifelt.*

PROCTOR *schiebt sie sanft von sich, mit großer Teilnahme, aber fest*: Kind –

ABIGAIL *heftig*: Wie kannst du mich Kind heißen!

PROCTOR: Abby, ich mag hin und wieder zärtlich deiner denken. Aber eher will ich mir die Hand abhacken, als daß ich je wieder nach dir greif. Vergiß es. Wir haben uns nie berührt, Abby.

ABIGAIL: Doch haben wir's.

PROCTOR: Nein, Abby.

ABIGAIL *mit bitterem Unwillen*: Oh, mich wundert, wie so ein starker Mann sich von so einem kränklichen Weib –

PROCTOR *erzürnt – auch auf sich selbst*: Du sprichst nicht von Elizabeth!

ABIGAIL: Sie schwärzt mich in der Stadt an! Sie verbreitet Lügen über mich! Sie ist eine kalte, greinende Frau, und du beugst dich ihr! Läßt dich von ihr gängeln wie ein –

PROCTOR *schüttelt sie*: Willst du die Peitsche?

*Der Gesang eines Psalms klingt von unten herauf.*

ABIGAIL *unter Tränen*: Ich will John Proctor, der mich aus dem Schlaf nahm und mein Herz wissend machte! Ich wußte nicht, was für Falschheit Salem war; ich wußte nicht, was für Lügenlektionen diese Christenfrauen und ihre angelobten Männer mich lehrten! Und jetzt heißt du mich das Licht aus meinen Augen reißen? Ich will nicht, ich kann nicht! Du liebtest mich, John Proctor, und wie sündig es auch ist, du liebst mich noch! *Er wendet sich mit einem Ruck zum Gehen. Sie stürzt ihm nach.* John, hab Erbarmen mit mir!

*Die Psalmworte »Auf zu Jesus« klingen herauf, und plötzlich hält Betty sich laut aufweinend die Ohren zu.*

ABIGAIL: Betty? *Sie eilt zu Betty, die sich jetzt aufrichtet und zu schreien anhebt. Proctor kommt gleichfalls heran, während Abigail mit dem Ruf »Betty!« versucht, ihre Hände herunterzuziehen.*

PROCTOR *verliert die Nerven*: Was treibt sie? Mädchen, was fehlt dir? Hör auf mit diesem Gejammer!

*Unterdessen ist der Gesang verstummt, und jetzt stürzt Parris herein.*

PARRIS: Was ist geschehen? Was tut ihr mit ihr? Betty!

*Er stürzt mit dem Ruf »Betty, Betty!« zum Bett. Mit fieberhafter Neugier kommt Frau Putnam herein, gefolgt von Thomas Putnam und Mercy Lewis. Parris fährt fort, Betty leicht das Gesicht zu klopfen, während sie stöhnend aufzustehen versucht.*

ABIGAIL: Sie hörte euch singen, und mit eins war sie hoch und schrie.

FRAU PUTNAM: Der Psalm! Der Psalm! Sie erträgt's nicht, den Namen des Herrn zu hören!

PARRIS: Nein, das verhüte Gott. Mercy, lauf zum Doktor! Sag ihm, was hier vorfiel!

*Mercy eilt hinaus.*

FRAU PUTNAM: Merkt auf dies Zeichen, merkt darauf!

*Rebecca Nurse kommt herein. Sie ist zweiundsiebzig, weißhaarig, auf einen Stock gestützt.*

PUTNAM *auf die wimmernde Betty weisend*: Ein offenkundig Zeichen, daß Hexerei im Gange ist, Gevatterin Nurse, ein ungeheuer Zeichen!

FRAU PUTNAM: So sagte meine Mutter! Wenn einer nicht erträgt den Namen des –

PARRIS *bebend*: Rebecca, Rebecca, geht her zu ihr, wir sind verloren. Mit eins erträgt sie nicht, den Namen des Herrn – *Giles Corey kommt herein. Er ist dreiundachtzig, voller Gichtknoten, schlau, neugierig und immer noch kräftig.*

REBECCA: Hier ist schwere Krankheit, Giles Corey, so bitte haltet Euch still.

GILES: Ich hab kein Wort gesagt. Hier kann keiner behaupten, ich hätt ein Wort gesagt. Wird sie wieder fliegen? Ich hör, sie fliegt.

PUTNAM: Still jetzt, Mann!

*Alles schweigt. Rebecca geht durchs Zimmer zum Bett. Sanftmut strahlt von ihr aus. Betty wimmert leise mit geschlossenen Augen. Rebecca steht nun über das Kind gebeugt, das nach und nach ruhig wird.*

*Und während sie so in Anspruch genommen sind, können wir ein Wort über Rebecca einfügen. Sie war die Frau von Francis Nurse, der allen Berichten zufolge zu jenen Männern gehörte, die beide Parteien der Auseinandersetzung achten mußten. Man zog ihn zur Schlichtung von Streitigkeiten heran, als wäre er ein nichtamtlicher Richter, und Rebecca hatte teil an der hohen Meinung, die man allgemein von ihm hegte. Zur Zeit des Wahns besaßen sie dreihundert Morgen Land, wo in eigenen Hausständen auch ihre Kinder angesiedelt waren. Jedoch hatte Francis ursprünglich das Land gepachtet, und eine Theorie besagt, daß, als er es nach und nach abzahlte und seine wirtschaftliche Lage verbesserte, gewisse Leute ihm seinen Aufstieg neideten.*

*Eine weitere Erklärung für den planmäßigen Feldzug gegen Rebecca, und somit gegen Francis, läßt sich in dem Landkrieg finden, den er mit seinen Nachbarn führte, von denen einer ein Putnam war. Dieser Hader ging so weit, daß es zwischen Parteigängern beider Seiten zu einer Waldschlacht kam, die zwei Tage gedauert haben soll. Rebecca selbst stand in so hohem allgemeinen Ansehen, daß man die damaligen Besitz- und Grenzverhältnisse betrachten muß, um zu begreifen, wie einer es wagen konnte, sie als Hexe auszuschreien*

*– und mehr noch, wie Erwachsene sich dazu hergeben konnten, Hand an sie zu legen.*

*Wie wir sahen, war Bayley Putnams Kandidat für die Pastorstelle in Salem. Die Nurse-Sippe hatte zu der Gruppe gehört, die Bayleys Anstellung verhinderte. Hinzu kam, daß einige den Nurses durch Blut oder Freundschaft verbundene Familien, deren Höfe dem ihren benachbart oder nahebei waren, sich zusammentaten, um sich aus der Stadt-Oberhoheit Salems zu lösen und Topsfield zu gründen, eine neue und unabhängige Gemeinde, deren Existenz die alten Salemer übernahmen. Daß Putnam hinter dem Ausschreien stand, geht aus der Tatsache hervor, daß gleich, als es begann, die Topsfield-Nurse-Gruppe in Protest und Unglauben der Kirche fernblieb. Edward und Thomas Putnam unterzeichneten die erste Anklage gegen Rebecca, und Thomas Putnams junge Tochter verfiel beim Verhör in Krämpfe und wies auf Rebecca als die Urheberin. Um das Maß vollzumachen, erhob bald Frau Putnam – die jetzt auf das verhexte Kind im Bett starrt – die Klage, daß Rebeccas Geist sie »zu Missetat verführe«, eine Beschuldigung, die mehr Wahrheit enthielt, als Frau Putnam begreifen konnte.*

FRAU PUTNAM *staunend:* Was tatet Ihr?

*Rebecca entfernt sich jetzt nachdenklich vom Bett und setzt sich.*

PARRIS *verwundert und erleichtert:* Was haltet Ihr davon, Rebecca?

PUTNAM *eifrig:* Gevatterin Nurse, wollt Ihr zu meiner Ruth kommen und sehn, ob Ihr sie aufwecken könnt?

REBECCA *sitzt:* Sie wird schon zur rechten Zeit aufwachen. Bitte, beruhigt Euch. Ich hab elf Kinder und bin sechsundzwanzigfach Großmutter, und allesamt hab ich ihre törichten Zeiten durchmachen sehn, und wenn's über sie kommt, laufen sie den Teufel lahm und halten an ihrer Torheit fest. Sie wacht schon auf, wenn sie's erst müd ist. Eines Kindes Geist ist wie ein Kind, ihr faßt ihn nicht, indem ihr hinterdrein lauft; ihr müßt stillstehn, und aus Liebe wird es bald von selber zurückkommen.

PROCTOR: Ja, das ist die Wahrheit, Rebecca.

FRAU PUTNAM: Dies ist keine törichte Zeit, Rebecca. Meine Ruth ist wirr, Rebecca; sie kann nicht essen.

REBECCA: Vielleicht ist sie noch nicht hungrig. *Zu Parris.* Ich hoff, Herr Parris, Ihr habt nicht im Sinn, auf die Suche nach bösen Geistern zu gehn. Ich hörte draußen davon reden.

PARRIS: In der Gemeinde greift die Meinung um sich, der Teufel könnte unter uns sein, und ich möchte sie überzeugen, daß sie sich irren.

PROCTOR: Dann tretet auf und sagt es ihnen. Habt Ihr die Vorsteher befragt, eh Ihr diesen Pastor rieft, nach Teufeln auszublicken?

PARRIS: Er kommt nicht, nach Teufeln auszublicken!

PROCTOR: Wozu also kommt er?

PUTNAM: Kinder sterben in der Stadt, Mann!

PROCTOR: Ich sah keins sterben. Diese Gemeinde ist nicht da, daß Ihr nach Belieben mit ihr umspringt, Herr Putnam. *Zu Parris.* Berieft Ihr die Versammlung ein, eh Ihr –?

PUTNAM: Ich bin der Versammlungen müde; kann der Mensch nicht den Kopf umdrehen, ohne eine Versammlung abzuhalten?

PROCTOR: Er kann den Kopf umdrehn, doch nicht zur Hölle!

REBECCA: Bitte, John, ruhig. *Pause. Er fügt sich ihr.* Herr Parris, ich mein, Ihr schickt diesen Pastor Hale am besten zurück, sowie er kommt. Es wird in der Gemeinde nur neuen Streit geben, und wir hofften, dies Jahr Frieden zu haben. Ich mein, wir vertrauen jetzt auf den Doktor und gutes Gebet.

FRAU PUTNAM: Rebecca, der Doktor weiß sich keinen Rat!

REBECCA: Ist dem so, wenden wir uns um die Ursach an Gott. Es ist ungeheure Gefahr, nach bösen Geistern zu blicken. Ich fürcht es, ich fürcht es. Suchen wir lieber die Schuld bei uns selber und –

PUTNAM: Wie können wir die Schuld bei uns selber suchen? Ich bin einer von neun Söhnen; der Putnams Samen hat die Provinz bevölkert. Und doch blieb mir von acht Kindern nur ein einziges – und jetzt siecht es dahin!

REBECCA: Das kann ich nicht begreifen.

FRAU PUTNAM *mit zunehmender Bitterkeit*: Aber ich muß es! Ihr seht's als Gottes Werk an, daß Ihr nie ein Kind, noch ein Enkelkind verlort, während ich alle bis auf eins begrub? Hier in der Stadt treibt's um, und es brennt!

PUTNAM *zu Parris*: Sowie Pastor Hale kommt, geht Ihr daran, Euch nach Anzeichen von Hexerei umzutun.

PROCTOR *zu Putnam*: Ihr könnt Herrn Parris nicht gebieten. In dieser Gemeinde wird nach Namen abgestimmt und nicht nach Äckern.

PUTNAM: Eure Besorgnis um diese Gemeinde ist mir neu, Herr Proctor. Seit dem letzten Schnee, glaub ich, sah ich Euch nicht beim Sabbat-Gottesdienst.

PROCTOR: Ich hab Müh genug, ohne daß ich fünf Meilen weit

herkomm, um ihn von nichts als Höllenfeuer und Verdammnis predigen zu hören. Nehmt's Euch zu Herzen, Herr Parris. Noch viele andre bleiben derzeit der Kirche fern, weil Ihr kaum je mehr von Gott sprecht.

PARRIS *jetzt aufgebracht*: Nun, das ist eine starke Beschuldigung!

REBECCA: Es ist Wahres daran; viele zögern, ihre Kinder mitzubringen –

PARRIS: Ich predige nicht für Kinder, Rebecca. Nicht die Kinder sind's, die ihre Pflicht gegen dies Pastoramt vergessen.

REBECCA: Gibt's das wirklich, solche Pflichtvergessene?

PARRIS: Ich möchte sagen, die größere Hälfte von Salem –

PUTNAM: Und mehr!

PARRIS: Wo ist mein Holz? Mein Vertrag sieht vor, daß ich mein gesamtes Brennholz erhalte. Seit November warte ich auf nur einen Scheit, und schon im November mußte ich meine erfrorenen Hände herzeigen, wie ein Londoner Bettler!

GILES: Ihr bekommt sechs Pfund im Jahr für Holz, Herr Parris.

PARRIS: Diese sechs Pfund erachte ich als Teil meines Gehalts. Ich werde gering genug bezahlt, ohne sechs Pfund für Brennholz auszugeben.

PROCTOR: Sechzig und sechs dazu für Brennholz –

PARRIS: Das Gehalt ist sechsundsechzig Pfund, Herr Proctor! Ich bin nicht irgendein predigender Bauer mit einem Buch unterm Arm; ich habe in Havard promoviert.

GILES: Ja, und seid sehr in der Rechenkunst bewandert!

PARRIS: Herr Corey, Ihr könnt lange suchen, eh Ihr jemand meiner Art für sechzig Pfund im Jahr findet! Ich bin diese Armut nicht gewohnt; ich gab, um dem Herrn zu dienen, ein gedeihlich Geschäft in Barbados auf! Ich fasse es nicht, wieso verfolgt man mich hier? Ich kann nicht einen Antrag einbringen, gleich bricht ein zeternder Streit los. Ich habe mich oft gefragt, ob da nicht irgendwo der Teufel dahintersteckt; andernfalls kann ich Euch nicht verstehen.

PROCTOR: Herr Parris, Ihr seid der erste Pastor, der die Urkund für dies Haus einforderte

PARRIS: Mann! Hat ein Pastor nicht das Recht auf ein Haus zum Wohnen?

PROCTOR: Zum Wohnen, ja. Doch es als Eigentum fordern ist als solltet Ihr das Gotteshaus selber zu eigen haben; als ich das letztemal im Gottesdienst war, spracht Ihr so lang von Urkunden und Pfandbriefen, daß mir deuchte, ich war bei einer Versteigerung.

PARRIS: Ich wünsche ein Zeichen des Vertrauens, sonst nichts!

Ich bin in sieben Jahren euer dritter Pastor. Ich will nicht wie eine Katze hinausgesetzt werden, wenn irgendeine Mehrheit die Laune ankommt. Ihr scheint nicht zu begreifen, daß ein Pastor der Vertreter Gottes in der Gemeinde ist; einen Pastor darf man nicht so einfach übergehen oder ihm widersprechen –

PUTNAM: Jawohl!

PARRIS: Entweder herrscht Gehorsam, oder die Kirche wird brennen wie die Hölle!

PROCTOR: Könnt Ihr nicht eine Minute reden, ohne daß wir wieder in der Hölle landen? Ich bin der Hölle müde!

PARRIS: Es ist nicht an Euch, zu entscheiden, was zu hören Euch frommt!

PROCTOR: Ich darf meine Meinung sagen, denk ich!

PARRIS *wütend*: Was, sind wir Quäker? Noch sind wir hier keine Quäker, Herr Proctor! Und das mögt Ihr Eurem Anhang sagen!

PROCTOR: Meinem Anhang?

PARRIS – *jetzt ist er damit heraus*: In dieser Gemeinde gibt's eine Partei. Ich bin nicht blind; es gibt eine Spaltung und eine Partei.

PROCTOR: Wider Euch?

PUTNAM: Wider ihn und jede Obrigkeit!

PROCTOR: Ho, so muß ich sie suchen und mich ihr anschließen. *Die anderen äußern Empörung.*

REBECCA: Das ist ihm nicht ernst.

PUTNAM: Jetzt hat er's gestanden!

PROCTOR: Es ist mir tief ernst, Rebecca; ich schätz den Geruch dieser »Obrigkeit« nicht.

REBECCA: Nein, du kannst deinem Pastor nicht die Liebe aufkündigen. Das ist nicht deine Art, John. Reich ihm die Hand, mach Frieden.

PROCTOR: Ich hab einen Acker zu säen und Holz heimzuschaffen. *Er geht aufgebracht zur Tür und wendet sich mit einem Lächeln zu Corey.* Was meinst du, Giles, suchen wir die Partei. Es gibt eine Partei, sagt er.

GILES: Ich hab meine Meinung über ihn geändert, John. Herr Parris, vergebt mir. So viel Festigkeit hätt ich Euch nie zugetraut.

PARRIS *überrascht*: Oh, ich danke Euch, Giles.

GILES: Es bringt einen drauf, wo's all diese Jahre bei uns hapern mag. *Zu allen.* Denkt drüber nach. Weswegen klagt jeder gegen jeden? Denkt mal drüber nach, es ist ein tief Ding und dunkel wie eine Grube. Ich war sechsmal in diesem Jahr vor Gericht –

PROCTOR *vertraulich, mit Wärme, obwohl er weiß, daß er hiermit bis zur Grenze von Giles' Duldsamkeit geht*: Ist der Teufel schuld, wenn dir einer nicht Guten Morgen sagen kann, ohne daß du ihn wegen Verleumdung belangst? Du bist alt, Giles, und hörst nicht mehr so gut wie ehedem.

GILES – *er verträgt keinen Widerspruch*: John Proctor, erst im vergangenen Mond hab ich vier Pfund Schadensgeld eingesäckelt, weil du öffentlich gesagt hast, ich hätt das Dach deines Hauses angezündet, und ich –

PROCTOR *lachend*: Ich hab nie dergleichen gesagt, doch ich hab's bezahlt, so hoff ich, kann ich dich ohne Belangung taub nennen. Jetzt komm mit, Giles, und hilf mir mein Holz heimschaffen.

PUTNAM: Einen Augenblick, Herr Proctor. Was für Holz schafft Ihr heim, wenn ich fragen darf?

PROCTOR: Mein Holz. Aus meinem Wald am Flußufer.

PUTNAM: Ho, wir sind wahrhaftig heuer ins Kraut geschossen. Was für Anarchie ist dies? Jenes Stück gehört in mein Gebiet, es gehört in mein Gebiet, Herr Proctor.

PROCTOR: In Euer Gebiet! *Er weist auf Rebecca.* Dies Stück hab ich vor fünf Monden von Gevatterin Nurses Mann gekauft.

PUTNAM: Er hatte kein Recht, es zu verkaufen. Es steht klar in meines Großvaters Testament, daß alles Land zwischen dem Fluß und –

PROCTOR: Euer Großvater hatte die Angewohnheit, Land zu vermachen, das ihm nicht gehörte, wenn ich's grad heraus sagen darf.

GILES: Das weiß Gott; er testierte beinah meine Nordweide weg, bloß wußte er, daß ich ihm die Finger zerbräche, eh er seinen Namen druntersetzte. Gehn wir dein Holz heimschaffen, John. Mich kommt jählings die Lust zu arbeiten an.

PUTNAM: Ihr ladet eine von meinen Eichen auf, und Ihr werdet kämpfen, sie heimzuschaffen!

GILES: Jawohl, und wir werden sogar siegen, Putnam – der Narr da und ich. Komm! *Er wendet sich zu Proctor und geht der Türe zu.*

PUTNAM: Ich schick Euch meine Leute auf den Hals, Corey! Ich erwirk einen Gerichtsbefehl gegen Euch!

*Pastor John Hale von Beverly kommt herein.*

*Herr Hale ist nahe Vierzig, ein hagerer, lebhaft blickender Intellektueller. Dieser Auftrag erfreut ihn; daß man ihn herholte, um Hexerei festzustellen, erfüllt ihn mit dem Stolz des Spezialisten, dessen einzigartige Kenntnis endlich öffentlich herangezogen wird. Gleich fast allen Gelehrten verbrachte er einen großen Teil seiner Zeit mit der Erforschung der unsichtbaren Welt, insbesondere seit er es kürzlich in seiner eigenen Gemeinde mit einer Hexe zu tun gehabt hatte. Allerdings erwies sich diese Frau bei seiner eingehenden Untersuchung als bloße schlechte Person, und das angeblich von ihr verhexte Kind erlangte nach Hales freundlicher Behandlung und einigen Ruhetagen in seinem Hause sein normales Verhalten wieder. Aber trotz dieser Erfahrung kam ihm nie der geringste Zweifel an der Wirklichkeit der Unterwelt oder der Existenz der vielgestaltigen Sendboten Luzifers. Und sein Glaube gereicht ihm nicht zur Schande. Größere Geister als er waren – und sind – überzeugt, daß es eine Geisterwelt jenseits unserer Sphäre gibt. Jedenfalls muß man feststellen, daß einer seiner Sätze noch bei keiner Vorstellung Lachen hervorrief, nämlich seine Versicherung: »Wir können uns hier nicht an Aberglauben halten. Der Teufel ist genau.« Offenbar sind wir selbst heute nicht ganz sicher, ob Teufelskult etwa heilig und seiner nicht zu spotten ist.*

*Gleich Pastor Hale und den anderen Personen dieses Stückes erachten wir den Teufel als notwendigen Bestandteil einer soliden Weltanschauung. Unser Reich ist geteilt; die einen Gedanken, Gefühle und Handlungen sind von Gott und die entgegengesetzten von Luzifer. Es ist den meisten Menschen ebenso unmöglich, sich eine Sittenlehre ohne Sünde wie eine Erde ohne »Himmel« zu denken. Seit 1692 hat ein großer, aber oberflächlicher Wandel den Bart des lieben Gottes und die Hörner des Teufels abgeschafft, die Welt jedoch ist nach wie vor zwischen zwei diametral entgegengesetzten Absoluten festgehalten. Der Begriff der Einheit, worin positiv und negativ Attribute der gleichen Kraft sind, gut und böse relativ, ewig wechselnd und stets in der gleichen Erscheinungsform vereint sind – ein solcher Begriff ist immer noch den physikalischen Wissenschaften vorbehalten und jenen wenigen, die sich die Geistesgeschichte zu eigen gemacht haben. Wenn man daran erinnert, daß bis zum christlichen Zeitalter die Unterwelt niemals als feindlicher Bereich galt, daß alle Götter, bei gelegentlichen Versehen, dem Menschen nützlich und im Grunde freundlich waren; wenn man an die der Menschheit ständig und methodisch eingeschärfte Lehre vom Unwert des Menschen – bis zu seiner Erlösung – denkt, so mag die Notwendigkeit des Teufels sich als eine Waffe erweisen, eine Waffe, die dazu dient und in jedem Zeitalter wieder und wieder dazu benützt worden ist, die Menschen zur Auslieferung an eine Kirche oder einen Kirchenstaat zu treiben.*

*Die Schwierigkeit, an die – in Ermangelung eines besseren Wortes – politische Inspiration des Teufels zu glauben, beruht zu einem großen Teil auf der Tatsache, daß er nicht nur von unseren sozialen Gegnern aufgeboten und verdammt wird, sondern auch von unserer eigenen Seite, welche immer sie sein mag. Die katholische Kirche ist durch ihre Inquisition dafür bekannt, daß sie Luzifer als den Erzfeind pflegte; jedoch die Feinde der Kirche bauten nicht weniger auf Beelzebub, um den Menschengeist in Bann zu halten. Luther war selber des Bündnisses mit der Hölle beschuldigt und beschuldigte seinerseits seine Gegner. Um die Dinge noch mehr zu komplizieren, glaubte er Verbindung mit dem Teufel gehabt und mit ihm über Theologie diskutiert zu haben. Mich wundert das nicht, denn an meiner eigenen Universität pflegte ein Geschichtsprofessor – übrigens ein Lutheraner – seine fortgeschrittenen Studenten im Hörsaal zu versammeln und sich bei herabgelassenen Jalousien mit Erasmus zu unterhalten.*

*Amtlicherseits wurde er meines Wissens nie deswegen verspottet, weil eben die Universitätsbeamten, gleich den meisten von uns, Kinder einer Geschichte sind, die immer noch an den Brüsten des Teufels saugt. Zur Zeit dieser Niederschrift hat einzig England sich vor den Versuchungen eines zeitgenössischen Teufelskultes bewahrt. In den Ländern der kommunistischen Ideologie wird jeglicher Widerstand von Bedeutung dem durchaus bösen kapitalistischen Teufelsgeist zugeschrieben, und in Amerika ist jedermann, der nicht reaktionär denkt, der Anklage eines Bündnisses mit der Roten Hölle gewärtig. So erhält politische Opposition einen Anstrich des Unmenschlichen, was dann die Aufhebung aller normal üblichen Formen zivilisierten Verkehrs rechtfertigt. Eine politische Polizei wird mit moralischem Recht, und Widerstand gegen sie mit teuflischer Bosheit gleichgesetzt. Ist solch eine Gleichsetzung einmal verwirklicht, so wird die Gesellschaft zu einem Gemisch von Anschlägen und Gegenanschlägen, und die Hauptrolle der Regierung wandelt sich von der eines Schiedsrichters in die einer Gottesgeißel.*

*Die Ergebnisse dieses Vorgangs unterscheiden sich heute nicht von den damaligen, außer bisweilen im Grad der angewandten Grausamkeit, und nicht einmal immer darin. Normalerweise waren es einzig die Handlungen und das Tun eines Menschen, was zu richten die Gesellschaft sich für befugt hielt. Sich mit der geheimen Absicht einer Handlung zu befassen, blieb den Pastoren, Geistlichen und Rabbis überlassen. Wenn jedoch der Teufelskult grassiert, sind Handlungen die am wenigsten wichtigen Kundgebungen der wahren Natur eines Menschen. Der Teufel – sagt Pastor Hale – ist listenreich, und bis zu einer Stunde vor seinem Fall hielt Gott selbst ihn für eine Zier des Himmels.*

*Die Analogie jedoch scheint ins Stocken zu geraten, wenn man bedenkt, daß es damals keine Hexen gab, während es heute Kommunisten und Kapitalisten gibt, und in beiden Lagern Beweis dafür vorhanden ist, daß Spitzel beider Seiten am Werk sind, die andere zu unterwühlen. Aber das ist ein snobistischer Einwand und keineswegs durch Tatsachen verbürgt. Ich zweifle nicht daran, daß die Salemer tatsächlich mit dem Teufel umgingen, ja ihn verehrten, und daß man, wenn in diesem Falle, wie in anderen, die volle Wahrheit zu erkennen wäre, auf eine regelrechte und Brauch gewordene Versöhnung mit den dunklen Mächten treffen würde. Ein Beweis dafür ist die Beichte Titubas, der Sklavin des Pastors Parris, und ein weiterer das Verhalten der Mädchen, von denen bekannt ist, daß sie mit ihr Zauberei betrieben hatten.*

*Es gibt ähnliche Klatschgeschichten in Europa, wo die Stadtmädchen nachts zusammenkamen und sich mit Fetischen oder einem auserwählten jungen Mann der Liebe hingaben, was den einen oder anderen Bastard zur Folge hatte. Die Kirche, scharfäugig, wie sie sein muß, wenn langverblichene Götter wieder zum Leben erweckt werden, verdammte diese Orgien als Hexerei und erklärte sie, mit Recht, als eine Wiederauferstehung dionysischer Mächte, die sie lange zuvor niedergeschlagen hatte. Geschlecht, Sünde und der Teufel waren früh verkoppelt und blieben es in Salem und sind es heute noch. Allen Berichten zufolge gibt es in der ganzen Welt keine puritanischeren Sitten als die von den Kommunisten in Rußland diktierten, wo zum Beispiel die Frauenmode so einfach und züchtig ist, wie es ein amerikanischer Baptist nur wünschen könnte. Die Scheidungsgesetze belasten den Vater mit einer ungeheueren Verantwortung für die Versorgung seiner Kinder. Die lockeren Scheidungsbestimmungen in den frühen Jahren der Revolution waren zweifellos nur ein Rückschlag auf die viktorianische Starre der Ehe des neunzehnten Jahrhunderts mit ihrer folgerichtig daraus entwickelten Heuchelei. Von anderen Gründen abgesehen, kann ein so mächtiger, so eifrig auf die Einförmigkeit seiner Untertanen bedachter Staat die Zerstörung der Familie nicht lange dulden. Und dennoch erhält sich, zumindest in Amerika, die Ansicht aufrecht, daß die russische Haltung der Frau gegenüber unzüchtig sei. Da wirkt wieder der Teufel, ebenso wie er in dem*

*Slawen wirkt, den der bloße Gedanke entsetzt, daß eine Frau sich in einer Revue entkleidet. Unsere Gegner sind stets in geschlechtliche Sünde gehüllt, und aus dieser unbewußten Überzeugung bezieht der Dämonenglaube sowohl seine anreizende Sinnlichkeit als auch seine Fähigkeit, Wut und Schrecken zu erregen.*

*Pastor Hale fühlt sich, da er jetzt nach Salem kommt, ganz ähnlich wie ein junger Arzt bei seinem ersten Krankenbesuch. Sein mühsam erworbenes Rüstzeug von Symptomen, Formeln und diagnostischen Verfahren soll nun endlich Anwendung finden. Die Straße von Beverly ist an diesem Morgen ungewöhnlich belebt, und er hat hundert Gerüchte vernommen, die ihn die Unwissenheit der Landbevölkerung in dieser höchst exakten Wissenschaft belächeln lassen. Er fühlt sich eins mit den größten Geistern Europas – Königen, Philosophen, Wissenschaftlern und Kirchenmännern jeden Glaubens. Sein Ziel ist klar, Frömmigkeit und ihre Bewahrung, und er erfährt das Hochgefühl des Begnadeten, dessen durch genauestes Studium riesiger Abhandlungen geschärfter Verstand aufgerufen ist, sich zu stellen – und vielleicht gar einem furchtbaren Kampf mit dem Bösen Feinde selber.*

HALE *kommt, gebeugt unter der Last von einem halben Dutzend schwerer Bücher*: Bitte, nehme mir das einer ab.

PARRIS *beglückt*: Herr Hale! Oh! Welche Freude, Euch wiederzusehen. *Er nimmt einige Bücher.* Je, sie sind schwer!

HALE *legt die übrigen Bücher hin*: Das müssen sie sein; sie enthalten das Gewicht der Autorität.

PARRIS *ein wenig besorgt*: Fürwahr, Ihr habt Euch vorbereitet!

HALE: Wir werden hart zu forschen haben, wenn's dahin kommt, den Herrn der Finsternis zu stellen. *Er bemerkt Rebecca.* Ihr seid doch nicht Rebecca Nurse?

REBECCA: Die bin ich, Herr. Ihr kennt mich?

HALE: Es ist sonderbar, daß ich Euch erkannte, doch Ihr seht wohl aus, wie's solch eine gute Seele sollte. Wir alle in Beverly hörten von Eurer Mildtätigkeit.

PARRIS: Kennt Ihr diesen Herrn? Herr Thomas Putnam. Und seine brave Frau, Ann.

HALE: Putnam! So vorzügliche Gesellschaft hatte ich nicht erwartet, Herr.

PUTNAM *geschmeichelt*: Heut scheint's uns nicht zu helfen, Herr Hale. Wir bauen auf Euch, daß Ihr kommt und unser Kind heilt.

HALE: Euer Kind krankt auch?

FRAU PUTNAM: Ihre Seel, ihre Seel scheint davongeflogen. Sie schläft, doch sie geht umher.

PUTNAM: Sie kann nicht essen.

HALE: Kann nicht essen! *Er sinnt darüber nach. Dann, zu Proctor und Giles Corey.* Ihr Männer habt auch geplagte Kinder?

PARRIS: Nein, nein, dies sind Bauern. John Proctor –

GILES: Er glaubt nicht an Hexen.

PROCTOR *zu Hale*: Ich hab nie über Hexen geredet, weder auf die eine noch die andre Art. Kommst du, Giles.

GILES: Nein – nein, John, ich glaub nicht. Ich hab ein paar eigne verzwickte Fragen an diesen Herrn.

PROCTOR: Ich hörte, daß Ihr ein verständiger Mann seid, Herr Hale. Ich hoff, Ihr laßt was davon in Salem.

*Proctor geht. Hale steht einen Augenblick verlegen.*

PARRIS *rasch*: Wollt Ihr nach meiner Tochter sehen, Herr? *Er geleitet Hale zum Bett.* Sie versuchte aus dem Fenster zu springen; heute morgen fanden wir sie auf der Landstraße, wie sie die Arme schwang, als wollte sie fliegen.

HALE *die Augen zusammenkneifend*: Versucht zu fliegen.

PUTNAM: Sie erträgt's nicht, den Namen des Herrn zu hören, Herr Hale; ein sicher Anzeichen von Hexerei.

HALE *mit erhobenen Händen*: Nein, nein. Jetzt laßt mich Euch belehren. Wir können uns hier nicht an Aberglauben halten. Der Teufel ist genau; die Spuren seiner Gegenwart sind verläßlich wie Stein, und ich muß Euch allen sagen, daß ich nicht ans Werk gehe, falls Ihr mir nicht zu glauben bereit seid, wenn ich kein Merkmal der Hölle an ihr finde.

PARRIS: Zugestanden, Herr – zugestanden – wir werden uns Eurem Spruch fügen.

HALE: Gut denn. *Er tritt ans Bett und blickt auf Betty nieder. Zu Parris.* Nun, Herr, was zeigte Euch zuerst diese Seltsamkeit an?

PARRIS: Ja, Herr – ich überraschte sie und – *Auf Abigail weisend* – meine Nichte sowie zehn oder zwölf weitere Mädchen gestern abend im Wald beim Tanzen.

HALE *erstaunt*: Ihr gestattet das Tanzen?

PARRIS: Nein, nein, es geschah heimlich –

FRAU PUTNAM *unfähig abzuwarten*: Herrn Parris' Sklavin versteht sich aufs Beschwören, Herr.

PARRIS *zu Frau Putnam*: Das können wir nicht mit Gewißheit sagen, Gevatterin Ann –

FRAU PUTNAM *ängstlich, sehr leise*: Ich weiß es, Herr. Ich schickte mein Kind – daß sie von Tituba erführe, wer ihre Schwestern mordete.

REBECCA *entsetzt*: Gevatterin Ann! Ihr schicktet ein Kind, die Toten zu beschwören?

FRAU PUTNAM: Gott mög mich tadeln, Ihr nicht, Ihr nicht, Rebecca! Ich duld's nicht mehr, daß Ihr mich richtet! *Zu Hale.* Geht's mit rechten Dingen zu, wenn man sieben Kinder verliert, eh sie einen Tag leben?

PARRIS: Schscht!

*Rebecca wendet sich tief bekümmert ab. Pause.*

HALE: Sieben Tote im Kindbett.

FRAU PUTNAM *leise*: Ja. *Ihre Stimme bricht; sie blickt zu ihm auf. Hale ist beeindruckt. Parris sieht ihn an. Er tritt zu seinen Büchern, schlägt eines auf, blättert darin und liest dann. Alle warten gespannt.*

PARRIS *flüsternd*: Was für ein Buch ist das?

FRAU PUTNAM: Was steht da, Herr?

HALE *mit der genießerischen Liebe des Forschers*: Hier ist die gesamte unsichtbare Welt erfaßt, bestimmt und ausgelegt. In diesen Büchern steht der Teufel, all seiner groben Verkleidungen entblößt. Hier sind alle eure Hausgeister — eure Incubi und Succubi; eure Hexen zu Lande, zu Luft und zu Wasser; eure Zauberer der Nacht und des Tages. Nun fürchtet euch nicht — wir werden ihn finden, wenn er unter uns gekommen ist, und wenn er sein Gesicht gezeigt hat, will ich ihn gänzlich vernichten! *Er wendet sich zum Bett.*

REBECCA: Wird's dem Kind wehtun, Herr?

HALE: Das kann ich nicht sagen. Wenn sie in Wahrheit in den Klauen des Teufels ist, mögen wir reißen und zerren müssen, sie zu befreien.

REBECCA: Ich glaub, dann geh ich. Ich bin zu alt hiezu. *Sie steht auf.*

PARRIS *um Überzeugung ringend*: Hört, Rebecca, vielleicht öffnen wir heute die Schwäre all unserer Plagen!

REBECCA: Hoffen wir darauf. Ich geh für Euch zu Gott, Herr.

PARRIS *mit Angst — und Groll*: Ich hoffe, Ihr meint nicht, daß wir hier zum Satan gehen! *Kurze Pause.*

REBECCA: Ich wollt, ich wüßt es. *Sie geht; ihr Ton moralischer Überlegenheit erfüllt die anderen mit Groll.*

PUTNAM *abrupt*: Kommt, Herr Hale, gehn wir ans Werk. Setzt Euch her.

GILES: Herr Hale, ich wollt schon immer einen gelehrten Mann fragen — was bedeutet's, sonderbare Bücher zu lesen?

HALE: Was für Bücher?

GILES: Ich weiß es nicht. Sie versteckt sie.

HALE: Wer?

GILES: Martha, mein Weib. Oftmals ward ich bei Nacht wach und fand sie in einer Ecke sitzen und in einem Buch lesen. Bitte, was haltet Ihr davon?

HALE: Nun, das ist nicht notwendig. –

GILES: Es stört mich! Vergangne Nacht — hört nur — versucht und versucht ich und konnt mein Gebet nicht sprechen. Und dann schließt sie ihr Buch und geht aus dem Haus, und mit eins — hört nur — konnt ich wieder beten!

*Der alte Giles muß ein gutes Wort mitbekommen, schon weil sein Schicksal so merkwürdig und so verschieden von dem aller anderen sein sollte. Er war zu diesem Zeitpunkt Anfang Achtzig und war der drolligste Held in der Geschichte. Keinem hat man je mehr in die Schuhe geschoben. Wenn eine Kuh abging, war der erste Gedanke, um Coreys Haus herum nachzusuchen; ein nachts ausbrechendes Feuer lenkte den Verdacht der Brandstiftung auf ihn. Er scherte sich keinen Deut um die öffentliche Meinung, und erst in seinen letzten Jahren — nach seiner Verheiratung mit Martha — gab er sich besonders mit der Kirche ab. Daß Martha ihn im Gebet stokken ließ, ist sehr wohl möglich, nur vergaß er zu sagen, daß er überhaupt erst kürzlich Gebete gelernt hatte und nicht viel dazu gehörte, ihn zum Straucheln zu bringen. Er war ein Kauz und ein Querulant, aber bei alldem ein herzlich harmloser und wackerer Mann. Vor Gericht wurde er einmal gefragt, ob es wahr sei, daß er, erschrocken über das sonderbare Verhalten eines Schweines, gesagt habe, er wisse, daß es der Teufel in Tiergestalt sei. »Was erschreckte Euch?« fragte man ihn. Er hörte nichts als das Wort »erschreckte« und erwiderte prompt: »Ich erinnere mich nicht, daß ich dies Wort je im Leben gesagt hab.«*

HALE: Ah! Stocken im Gebet — das ist sonderbar. Wir reden später darüber.

GILES: Nicht, daß ich sag, sie hätt mit dem Teufel zu schaffen, nur wüßt ich wunders wie gern, was für Bücher sie liest und warum sie sie versteckt. Sie will's mir nicht sagen, versteht Ihr.

HALE: Ja, wir werden es erörtern. *Zu allen.* Hört nun, wenn der Teufel in ihr ist, werdet ihr hier Zeuge erschrecklicher Wunder sein, so bitte, haltet euren Verstand beisammen. Herr Putnam, steht in der Nähe, falls sie fliegt. Nun, Betty, liebes Kind, willst du dich aufsetzen? *Putnam kommt näher heran, zugriffbereit. Hale richtet Betty auf, doch sie hängt schlaff in seinen Händen.* Hmmm. *Er betrachtet sie auf-*

*merksam. Die anderen sehen mit angehaltenem Atem zu.* Hörst du mich? Ich bin John Hale, der Pastor von Beverly. Ich bin gekommen, dir zu helfen, Kind. Erinnerst du dich meiner zwei kleinen Töchter in Beverly? *Sie regt sich nicht in seinen Händen.*

PARRIS *von Schrecken befallen*: Wie kann es der Teufel sein? Warum wählte er mein Haus, um zuzuschlagen? Wir haben liederlich Volk aller Art in der Stadt!

HALE: Was für ein Sieg wäre für den Teufel der Gewinn einer Seele, die bereits schlecht ist? Das Beste ist es, was der Teufel begehrt, und wer ist besser als der Pastor?

GILES: Das ist tief, Herr Parris, tief, tief!

PARRIS *jetzt entschieden*: Betty! Antworte Herrn Hale! Betty!

HALE: Plagt dich wer, Kind? Es muß nicht eine Frau sein, hörst du, oder ein Mann. Vielleicht ein den andern unsichtbarer Vogel – vielleicht ein Schwein, eine Maus oder sonst ein Tier. Heißt irgendeine Gestalt dich fliegen? *Das Kind verharrt schlaff in seinen Händen. Er legt sie schweigend aufs Kissen zurück. Dann streckt er die Hände gegen sie aus und stimmt an.* In nomine Domini Sabaoth sui filiique ite ad infernos. *Sie regt sich nicht. Er wendet sich mit zusammengekniffenen Augen zu Abigail.* Abigail, welcher Art war euer Tanzen im Wald?

ABIGAIL: Ei – gewöhnliches Tanzen, sonst nichts.

PARRIS: Ich glaube, ich muß es sagen; ich – ich sah einen Kessel im Gras, wo sie tanzten.

ABIGAIL: Das war bloß Suppe.

HALE: Was für Suppe war in diesem Kessel, Abigail?

ABIGAIL: Ei, Bohnen – und Linsen, glaub ich, und –

HALE: Herr Parris, Ihr bemerktet in dem Kessel nichts Lebendes, oder doch? Eine Maus etwa, eine Spinne, einen Frosch –?

PARRIS *angstvoll*: Ich – glaube ja, es bewegte sich etwas – in der Suppe.

ABIGAIL: Es sprang hinein! Wir taten's nicht hinein!

HALE *rasch:* Was sprang hinein?

ABIGAIL: Ei, ein winzig kleiner Frosch sprang –

PARRIS: Ein Frosch, Abby!

HALE *packt Abigail*: Abigail, mag sein, deine Base stirbt. Rieft ihr gestern abend den Teufel?

ABIGAIL: Ich nicht! Tituba, Tituba –

PARRIS *erbleicht*: Sie rief den Teufel?

HALE: Ich möchte mit Tituba sprechen.

PARRIS: Gevatterin Ann, wollt Ihr sie heraufholen?

*Frau Putnam geht.*

HALE: Wie rief sie ihn?

ABIGAIL: Ich weiß nicht – sie sprach Barbados.

HALE: Bemerktest du Auffälliges, als sie ihn rief? Einen jähen kalten Wind etwa? Ein Beben unter der Erde?

ABIGAIL: Ich sah keinen Teufel! *Sie schüttelt Betty.* Betty, wach auf. Betty! Betty!

HALE: Du kannst mir nicht ausweichen, Abigail. Trank deine Base von dem Sud in jenem Kessel?

ABIGAIL: Nichts trank sie!

HALE: Trankst du ihn?

ABIGAIL: Nein, Herr!

HALE: Verlangte Tituba, daß du ihn trankst?

ABIGAIL: Sie wollte, doch ich weigerte mich.

HALE: Warum verhehlst du's? Hast du dich Luzifer verkauft?

ABIGAIL: Nie hab ich mich verkauft! Ich bin ein brav Mädchen! Ich bin ein anständig Mädchen!

*Frau Putnam kommt mit Tituba zurück, und sogleich weist Abigail auf Tituba.*

ABIGAIL: Sie machte, daß ich's tat! Sie machte, daß Betty es tat!

TITUBA *erschrocken und unwillig*: Abby!

ABIGAIL: Sie macht, daß ich Blut trink!

PARRIS: Blut!

FRAU PUTNAM: Das Blut meiner Kinderchen?

TITUBA: Nein, nein, Kükenblut. Ich geb sie Kükenblut!

HALE: Frau, gewannst du diese Kinder für den Teufel?

TITUBA: Nein, nein, Herr, ich handel mit kein Teufel!

HALE: Warum wacht sie nicht auf? Versenkst du dies Kind in Schweigen?

TITUBA: Ich lieb meine Betty!

HALE: Du sandtest deinen Geist über dies Kind aus, nicht wahr? Du wirbst Seelen für den Teufel?

ABIGAIL: Sie sendet ihren Geist in der Kirche über mich; sie macht, daß ich beim Gebet lach!

PARRIS: Sie hat oft beim Gebet gelacht!

ABIGAIL: Sie kommt jede Nacht zu mir, daß ich Blut trinken geh!

TITUBA: Du mich bitts beschwören! Sie mich bitt Zaubertrank machen –

ABIGAIL: Lüg nicht! *Zu Hale.* Sie kommt immer, dieweil ich schlaf; sie macht immer, daß ich schlimme Dinge träum!

TITUBA: Warum sags du das, Abby?

ABIGAIL: Manches Mal wach ich auf und find mich in der offenen Tür, ohne einen Fetzen am Leib! Immer hör ich sie im Schlaf lachen. Ich hör sie ihre Barbados-Lieder singen und mich locken –

TITUBA: Herr Pastor, ich nie –

HALE *jetzt entschieden*: Tituba, ich wünsche, daß du dies Kind weckst.

TITUBA: Ich nich Macht über diese Kind, Herr.

HALE: Ganz gewiß hast du die, und du wirst sie jetzt davon befreien! Wann gingst du den Bund mit dem Teufel ein?

TITUBA: Ich kein Bund mit kein Teufel!

PARRIS: Tituba, du gestehst, oder ich bringe dich hinaus und peitsche dich zu Tode!

PUTNAM: Diese Frau gehört gehenkt! Sie gehört genommen und gehenkt!

TITUBA *bricht entsetzt in die Knie*: Nein, nein, Tituba nich gehenkt! Ich sag ihm, ich will nich arbeiten für ihn, Herr.

PARRIS: Für den Teufel?

HALE: So sahst du ihn? *Tituba bricht in Tränen aus.* Nun, Tituba, ich weiß, daß es schwer ist, wenn wir einmal den Bund mit der Hölle eingingen, damit zu brechen. Wir werden dir helfen, dich loszureißen –

TITUBA *voller Angst vor dem drohenden Prozeß*: Herr Pastor, ich glaub, ander Leut diese Kinder verhexen.

HALE: Wer?

TITUBA: Ich weiß nich, Herr, aber Teufel gewinnt sich viele Hexen.

HALE: Wirklich. *Es ist ein Anhaltspunkt.* Tituba, sieh mir in die Augen. Komm, sieh mich an. *Sie erhebt furchtsam die Augen zu den seinen.* Du möchtest eine gute Christin sein, nicht wahr, Tituba?

TITUBA: Ja, Herr, gute Christin.

HALE: Und du liebst diese Kinder?

TITUBA: Oh ja, Herr, ich will Kinder nich wehtun.

HALE: Und du liebst Gott, Tituba?

TITUBA: Ich lieb Gott von ganze Seel.

HALE: Nun denn, in Gottes heiligem Namen –

TITUBA: Er sei gelobt. Er sei gelobt. *Sie wiegt sich, verzweifelt schluchzend, auf den Knien.*

HALE: Und zu Seinem Ruhme –

TITUBA: Ewig Ruhm. Er sei gelobt – Gott sei gelobt –

HALE: Öffne dein Herz, Tituba – öffne dein Herz, und Gottes heiliges Licht erleuchte dich.

TITUBA: Oh, der Herr sei gelobt.

HALE: Kommt der Teufel, wenn er zu dir kommt – mit jemand anderem? *Sie starrt zu ihm auf.* Vielleicht jemand aus der Stadt? Jemand, den du kennst?

PARRIS: Wer kam mit ihm?
PUTNAM: Sarah Good? Sahst du Sarah Good bei ihm? Oder Osburn?
PARRIS: War es Mann oder Frau, die mit ihm kamen?
TITUBA: Mann oder Frau. War – war Frau.
PARRIS: Welche Frau? Eine Frau, sagst du. Welche Frau?
TITUBA: War dunkle Nacht, und ich –
PARRIS: Du konntest ihn sehen, warum nicht auch sie?
TITUBA: Oh, sie immer sprechen; sie immer laufen und machen –
PARRIS: Du meinst solche aus Salem? Hexen aus Salem?
TITUBA: Ich glaub, Herr, ja.

*Zu ihrer Überraschung ergreift Hale jetzt ihre Hand.*

HALE: Tituba. Du hast nichts zu fürchten, wenn du uns sagst, wer es war, verstehst du? Wir werden dich schützen. Der Teufel kann einen Gottesdiener nicht überwältigen. Das weißt du, nicht wahr?
TITUBA *küßt Hales Hand*: Ja, Herr, o ja!
HALE: Du hast dich der Hexerei schuldig bekannt, und das verrät den Wunsch, dich auf die Seite des Himmels zu stellen. Und wir werden dich segnen, Tituba.
TITUBA *sehr erleichtert*: Oh, Gott Euch segne, Herr Hale!
HALE *mit zunehmender Begeisterung*: Du bist Gottes Werkzeug, in unsere Hand gegeben, auf daß wir des Teufels Sendboten unter uns erkennen. Du bist auserkoren, Tituba, du bist erwählt, uns zu helfen, unsere Stadt zu reinigen. So sprich die volle Wahrheit, Tituba, kehre ihm den Rücken und wende dich Gott zu – wende dich Gott zu, Tituba, und Gott wird dich schützen.
TITUBA *einfallend*: O Gott, schütz Tituba!
HALE *freundlich*: Wer kam mit dem Teufel zu dir? Zwei? Drei? Vier? Wie viele?

*Tituba atmet schwer und beginnt geradeaus starrend wieder, sich vor und zurück zu wiegen.*

TITUBA: Waren vier. Waren vier.
PARRIS *in sie dringend*: Wer? Wer? Ihre Namen, ihre Namen!
TITUBA *plötzlich ausbrechend*: Oh, wie oft er mir befehlt, Euch töten, Herr Parris!
PARRIS: Mich töten?
TITUBA *in Raserei*: Er sagt, Herr Parris muß getötet sein! Herr Parris kein guter Mann, Herr Parris geringer und kein vornehmer Mann, und er befehlt mir, aufstehn aus mein Bett und Euch Kehle durchschneiden! *Sie stoßen einen Schreckenslaut aus.* Aber ich sag: »Ich haß dieser Mann nich. Ich will dieser Mann nich töten.« Aber er

sagt: »Du für mich arbeits, Tituba, und ich dich frei mach! Ich dich schönes Kleid geb zum Anziehn und dich hoch in die Luft heb, und du weg fliegs, heim nach Barbados!« Und ich sag: »Du lügs, Teufel, du lügs!« Und dann er kommt zu mir, eine wilde Nacht, und er sagt: »Sieh! Ich habe weiße Leut mir gehören.« Und ich seh – und da war Gevatterin Good.

PARRIS: Sarah Good.

TITUBA *sich wiegend und schluchzend*: Ja, Herr, und Gevatterin Osburn.

FRAU PUTNAM: Ich wußt es! Gevatterin Osburn war dreimal bei mir Wehmutter. Ich bat dich, Thomas, nicht wahr? Ich bat ihn, nicht die Osburn zu holen, weil ich Angst vor ihr hatte. Meine Kinderchen verfielen in ihren Händen!

HALE: Fasse Mut, du mußt uns ihrer aller Namen sagen. Wie kannst du's ertragen, dies Kind leiden zu sehen? Sieh sie an, Tituba. *Er weist auf Betty.* Sieh ihre von Gott verliehene Unschuld an; ihre Seele ist so zart; wir müssen sie schützen, Tituba; der Teufel ist am Werk und zehrt an ihr wie ein Raubtier am Fleisch des lauteren Lammes. Gott wird dich für deine Hilfe segnen.

*Abigail erhebt sich mit starrem Blick, wie entflammt.*

ABIGAIL *herausschreiend*: Ich will sprechen! *Alle wenden sich erschrocken zu ihr. Sie steht entrückt, wie in einem dämmernden Licht.* Ich will das Licht Gottes, ich will die süße Liebe Jesu! Ich tanzte für den Teufel; ich sah ihn; ich schrieb in sein Buch; ich kehr zu Jesus zurück; ich küß Seine Hand. Ich sah Sarah Good mit dem Teufel! Ich sah Gevatterin Osburn mit dem Teufel! Ich sah Bridget Bishop mit dem Teufel!

*Indessen hat Betty sich mit fiebrigem Blick im Bett erhoben und stimmt in ihre Weise ein.*

BETTY *mit dem gleichen starren Blick*: Ich sah George Jacobs mit dem Teufel! Ich sah Gevatterin Howe mit dem Teufel!

PARRIS: Sie spricht! *Er stürzt zu Betty und umarmt sie.* Sie spricht!

HALE: Der Herr sei gepriesen! Der Bann ist gebrochen, sie sind frei!

BETTY *hysterisch und mit großer Erleichterung*: Ich sah Martha Bellows mit dem Teufel!

ABIGAIL: Ich sah Gevatterin Sibber mit dem Teufel! *Es ist jetzt ein Freudengesang.*

PUTNAM: Der Büttel, ich hol den Büttel! *Er wendet sich zum Gehen.*

*Parris bricht in ein lautes Dankgebet aus.*

BETTY: Ich sah Alice Barrow mit dem Teufel!

*Der Vorhang beginnt zu fallen.*

HALE *ruft Putnam nach*: Der Büttel bringe Handschellen mit!

ABIGAIL: Ich sah Gevatterin Hawkins mit dem Teufel!

BETTY: Ich sah Gevatterin Bibber mit dem Teufel!

ABIGAIL: Ich sah Gevatterin Booth mit dem Teufel!

*Über ihren ekstatischen Schreien fällt der Vorhang.*

## ZWEITE SZENE

*Die Wohnstube in Proctors Haus; acht Tage später. Rechts eine Türe, die auf die Felder hinausführt. Links ein Kamin und dahinter eine Treppe zum oberen Stockwerk. Es ist der niedrige, dunkle und etwas langgestreckte Wohnraum der damaligen Zeit. Bei Aufgehen des Vorhangs ist das Zimmer leer. Man hört Elizabeth oben leise ihre Kinder in Schlaf singen. Nun öffnet sich die Türe, und John Proctor, seine Flinte in der Hand, kommt herein. Auf seinem Weg zum Kamin blickt er sich um und bleibt, wie er ihr Singen vernimmt, einen Augenblick stehen. Dann geht er weiter zum Kamin, stellt seine Flinte an die Wand, zieht einen über der Glut hängenden Topf vor und hält die Nase darüber. Er nimmt die Kelle heraus und kostet. Er ist nicht ganz befriedigt, langt nach einem Bord, nimmt eine Prise Salz und streut sie in den Topf. Wie er wieder kostet, hört man auf der Treppe ihre Schritte. Er schwingt den Topf zurück und geht zu einem Wasserbehälter, um sich Gesicht und Hände zu waschen. Elizabeth tritt ein.*

ELIZABETH: Was kommst du so spät? Es ist beinah dunkel.

PROCTOR: Ich hab weit draußen am Waldrand gepflanzt.

ELIZABETH: Oh, so bist du fertig?

PROCTOR: Ja, es ist alles gesät. Schlafen die Buben?

ELIZABETH: Bald. *Damit geht sie zum Kamin und macht sich daran, das Geschmorte in einen Napf zu schöpfen.*

PROCTOR: Jetzt bet um einen guten Sommer.

ELIZABETH: Ja.

PROCTOR: Bist du heut wohl?

ELIZABETH: Ja. *Sie bringt den Napf zum Tisch, und darauf weisend.* Es ist ein Kaninchen.

PROCTOR *an den Tisch tretend*: Oh, sieh an! In Jonathans Falle?

ELIZABETH: Nein, es lief heut nachmittag ins Haus. Ich fand es in der Ecke sitzen, als käm es zu Besuch.

PROCTOR: Oh, ein gutes Zeichen, wenn's hereinlief.

ELIZABETH: Gott geb's. Es tat mir von Herzen weh, es abzuziehn, das arme Kaninchen. *Sie setzt sich und sieht ihm zu, wie er kostet.*

PROCTOR: Es ist gut gewürzt.

ELIZABETH *vor Freude errötend*: Ich gab sehr acht. Ist es zart?

PROCTOR: Ja. *Er ißt. Sie sieht ihm zu.* Ich glaub, wir sehn bald grüne Felder. Unter den Schollen ist es warm wie Blut.

ELIZABETH: Das ist schön.

*Proctor ißt, blickt dann auf.*

PROCTOR: Wenn die Ernte gerät, will ich Georg Jacobs Jungkuh kaufen. Wie gefiele dir das?

ELIZABETH: Ja, schon.

PROCTOR *mit breitem Lächeln*: Ich möcht dir Freude machen, Elizabeth.

ELIZABETH — *es ist schwer, es zu sagen*: Ich weiß, John.

*Er steht auf, geht zu ihr, küßt sie. Sie nimmt es hin. Er kehrt ein wenig enttäuscht an seinen Platz zurück.*

PROCTOR *so sanftmütig er kann*: Most?

ELIZABETH *im Ton eines Selbstverweises, daß sie es vergaß*: Ja! *Sie steht auf und schenkt ihm einen Becher ein. Er zieht jetzt den Rücken krumm.*

PROCTOR: Diese Farm ist ein Erdteil, wenn man Schritt für Schritt darübergeht und Samen hineinsenkt.

ELIZABETH *mit dem Most kommend*: Das glaub ich.

PROCTOR *tut einen langen Zug, dann, den Becher absetzend*: Du solltest ein paar Blumen ins Haus bringen.

ELIZABETH: Oh! Ich vergaß! Ich tue es morgen.

PROCTOR: Hier drinnen ist noch Winter. Am Sonntag komm mit, dann gehen wir miteinander über das Land; ich hab so ein Blühen auf der Erde noch nicht gesehn. *Er geht voller Wohlbehagen zu der offenen Türe und blickt in den Himmel.* Die Fliederblüten haben einen Purpurduft. Ich glaub, es ist der Duft des Dunkelns. Im Frühling ist Massachusetts eine Pracht!

ELIZABETH: Ja, das ist es.

*Eine Pause entsteht. Sie betrachtet ihn vom Tisch her, wie er dasteht und die Nacht in sich aufnimmt. Es ist, als wollte sie sprechen, aber sie kann nicht. Statt dessen nimmt sie seinen Napf, Becher und Gabel und geht damit zu dem Wasserbehälter. Ihr Rücken ist ihm zugekehrt. Er dreht sich um und sieht sie an. Ein Gefühl von ihrem Getrenntsein steigt auf.*

PROCTOR: Ich glaub, du bist wieder traurig. Nicht?

Elizabeth – *sie möchte keinen Streit, und doch muß sie*: Du kamst so spät; ich dachte, du wärst nach Salem gegangen.

Proctor: Warum? Ich hab in Salem nichts zu schaffen.

Elizabeth: Anfangs der Woche sagtest du, du wolltest hingehn.

Proctor – *er weiß, was sie meint*: Seither hab ich's mir anders überlegt.

Elizabeth: Mary Warren ist heut dort.

Proctor: Warum ließest du sie weg? Du hast gehört, wie ich ihr verbot, wieder nach Salem zu gehn!

Elizabeth: Ich konnte sie nicht aufhalten.

Proctor *seine Mißbilligung im Zaum haltend*: Es ist gefehlt, es ist gefehlt, Elizabeth – du bist die Herrin hier, nicht Mary Warren.

Elizabeth: Sie schreckte all meine Festigkeit hinweg.

Proctor: Wie kann diese Maus dich schrecken, Elizabeth? Du –

Elizabeth: Sie ist keine Maus mehr. Ich verbot ihr zu gehn, und sie wirft wie eine Prinzessin den Kopf zurück und sagt: »Ich muß nach Salem, Gevatterin Proctor; ich bin eine Amtliche vom Gericht!«

Proctor: Gericht! Was für ein Gericht?

Elizabeth: Ja, sie haben da jetzt ein eigen Gericht. Man hat vier Richter aus Boston geschickt, sagt sie, gewichtige Herren vom Obersten Gerichtshof, und obenan sitzt der Unterstatthalter der Provinz.

Proctor *verwundert*: Was, sie ist toll.

Elizabeth: Ich wünschte es zu Gott. Vierzehn Frauen sind jetzt im Kerker, sagt sie. *Proctor sieht sie nur fassungslos an.* Sie kommen vor Gericht, und das hat Gewalt, sagt sie, sie auch zu henken.

Proctor *spöttisch, doch ohne Überzeugung*: Pah, henken, das würden sie nie –

Elizabeth: Wenn sie nicht bekennen, John, droht der Unterstatthalter mit dem Strang. Ich glaub, die Stadt ist wild geworden. Sie spricht von Abigail, und als ich sie hörte, dacht ich, sie spräch von einer Heiligen. Abigail führt die anderen Mädchen zum Gericht, und wo sie geht, teilt sich die Menge wie das Meer vor Israel. Und die Menschen werden vor sie gebracht, und wenn die Mädchen schreien und toben und zu Boden fallen, werden die Betreffenden in den Kerker geworfen – wegen Hexerei.

Proctor *starr*: Oh, das ist ein finsterer Unfug.

Elizabeth: Ich glaub, John, du mußt nach Salem gehn. *Er*

*wendet sich zu ihr.* Ich glaub's wirklich. Du mußt ihnen sagen, daß es ein Trug ist.

PROCTOR *weiter vorausdenkend*: Ja, das ist es, das ist es gewiß.

ELIZABETH: Geh zu Ezekiel Cheever – er kennt dich. Und erzähl ihm, was sie vorige Woche im Haus ihres Oheims zu dir gesagt hat. Nicht wahr, sie hat gesagt, es habe nichts mit Hexerei zu schaffen?

PROCTOR *in Gedanken*: Ja, das hat sie, das hat sie. *Eine Pause.*

ELIZABETH *leise, besorgt, ihn zu erzürnen, da sie ihm zusetzt*: Gott verhüte, John, daß du dies dem Gericht verschweigst. Ich glaub, sie müssen es wissen.

PROCTOR *leise, im Kampf mit seinen Gedanken*: Ja, das müssen sie, das müssen sie. Ein Wunder, daß sie auf sie hören.

ELIZABETH: Ich ginge jetzt nach Salem, John – geh noch diesen Abend.

PROCTOR: Ich will's überdenken.

ELIZABETH *jetzt mit Aufbietung allen Mutes*: Du kannst es nicht verschweigen, John.

PROCTOR *unwillig*: Ich weiß, daß ich's nicht verschweigen kann. Ich sag, ich will's überdenken!

ELIZABETH *verletzt und sehr kühl*: Gut denn, überdenke es. *Sie steht im Begriff aus dem Zimmer zu gehen.*

PROCTOR: Ich frag mich nur, Elizabeth, wie ich beweisen kann, was sie mir gesagt hat. Wenn sie jetzt eine Heilige ist, denk ich's mir nicht leicht, sie als Betrügerin zu entlarven, und bei der Torheit in der Stadt. Wir waren in einem Zimmer allein, als sie's mir sagte – ich hab keinen Beweis dafür.

ELIZABETH: Du warst mit ihr allein?

PROCTOR *störrisch*: Auf einen Augenblick allein, ja.

ELIZABETH: Nun, du hattest es mir anders erzählt.

PROCTOR *mit aufsteigendem Zorn*: Auf einen Augenblick, sag ich. Gleich darauf kamen die andern herein.

ELIZABETH *leise – sie hat plötzlich alles Vertrauen in ihn verloren*: So tu, was du willst. *Sie wendet sich zum Gehen.*

PROCTOR: Frau. *Sie dreht sich um.* Ich will deinen Argwohn nicht mehr.

ELIZABETH *ein wenig hochmütig*: Ich hab keinen –

PROCTOR: Ich will ihn nicht!

ELIZABETH: So verdien ihn dir nicht.

PROCTOR *mit durchklingender Heftigkeit*: Du mißtraust mir noch immer?

ELIZABETH *mit einem Lächeln, um ihre Würde zu bewahren*:

John, würdst du jetzt schwanken, wenn's nicht Abigail wär, gegen die du auftreten mußt? Ich glaub nicht.

PROCTOR: Jetzt schau du –

ELIZABETH: Ich seh, was ich seh, John.

PROCTOR *mit ernster Warnung*: Laß ab, mich zu richten, Elizabeth. Ich hab allen Grund nachzudenken, ob ich Abigail des Trugs bezichtige, und ich will darüber nachdenken. Schau du auf deine eigne Besserung, statt immer und immer deinen Mann zu richten. Ich hab Abigail vergessen, und –

ELIZABETH: Ich auch –

PROCTOR: Gott bewahr! Du vergißt nichts und vergibst nichts. Lern Milde, Frau. Ich bin hier im Haus auf Zehenspitzen gegangen, die ganzen sieben Monde, seit sie weg ist. Ich hab nicht einen Schritt getan, ohne den Gedanken, dir gefällig zu sein, und dennoch kreist ein ewiger Trauerzug um dein Herz. Ich kann nicht sprechen, ohne daß du an mir zweifelst, mich jeden Augenblick der Lüge zeihst, als käm ich in ein Gericht statt in mein eigen Haus.

ELIZABETH: John, du bist nicht offen zu mir. Du hast gesagt, daß du sie zusammen mit andern trafst, und jetzt –

PROCTOR: Ich geb's auf, meine Ehrlichkeit zu verteidigen, Elizabeth.

ELIZABETH – *jetzt möchte sie sich rechtfertigen*: John, ich bin nur –

PROCTOR: Ich geb's auf! Ich hätt dich niederbrüllen sollen, gleich, als du mir zum ersten Male mit deinem Argwohn kamst. Doch ich verlor den Kopf und beichtete nach Christenart. Beichtete! In einem Wahn muß ich dich an jenem Tag mit Gott verwechselt haben. Doch das bist du nicht, das bist du nicht, und besinn dich darauf! Such auch einmal das Gute in mir, statt mich zu richten.

ELIZABETH: Ich richte dich nicht. Dein Richter sitzt in deinem Herzen. Ich hab dich stets für einen guten Mann befunden, John – *Mit einem Lächeln* – nur ein wenig verirrt.

PROCTOR *bitter lachend*: O Elizabeth, deine Gerechtigkeit brächte Bier zum Gefrieren! *Er wendet sich plötzlich nach einem Geräusch von draußen um. Er will zur Türe gehen, als Mary Warren hereinkommt. Sowie er ihrer ansichtig wird, ist er mit wenigen Schritten bei ihr und greift sie wutentbrannt bei ihrem Umhang.* Was gehst du nach Salem, wenn ich's verbiete? *Er schüttelt sie.* Machst du dich lustig über mich? Ich peitsch dich aus, wenn du noch einmal wagst, das Haus zu verlassen!

*Seltsamerweise wehrt sie sich nicht, sondern hängt schlaff in seiner Hand.*

MARRY WARREN: Ich bin krank, ich bin krank, Herr. Bitte, bitte tut mir nichts. *Ihre Seltsamkeit wie ihre sichtliche Blässe und Schwäche beeindrucken ihn. Er gibt sie frei.* Mein Inwendiges ist ganz zitterig. Ich bin den ganzen Tag in den Gerichtsverfahren, Herr.

PROCTOR *mit nachlassender Wut – seine Neugier verdrängt sie*: Und was ist's mit dem Verfahren hier? Wann gehst du daran, das Haus zu versorgen, wofür du neun Pfund im Jahr erhältst – dazu die Frau nicht ganz wohl?

*Wie um es auszugleichen, geht Mary Warren mit einer kleinen Stoffpuppe zu Elizabeth.*

MARY WARREN: Ich hab heut ein Geschenk für Euch gemacht, Gevatterin Proctor. Ich mußte lange Stunden dasitzen und hab mir die Zeit mit Nähen vertrieben.

ELIZABETH *verblüfft, auf die Puppe blickend*: Oh, danke, es ist eine hübsche Puppe.

MARRY WARREN *mit bebender, tonloser Stimme*: Wir müssen jetzt alle einander lieben, Gevatterin Proctor.

ELIZABETH *erstaunt über ihre Seltsamkeit*: Ja, freilich.

MARY WARREN *mit einem Blick auf das Zimmer*: Ich steh am Morgen früh auf und säubre das Haus. Jetzt muß ich schlafen. *Sie wendet sich zum Gehen.*

PROCTOR: Mary. *Sie bleibt stehen.* Ist es wahr? Vierzehn Frauen wären in Verhaft genommen?

MARY WARREN: Nein, Herr. Es sind jetzt neununddreißig – *Sie bricht aufschluchzend ab und setzt sich erschöpft.*

ELIZABETH: Ach, sie weint! Was fehlt dir, Kind?

MARY WARREN: Gevatterin Osburn – wird gehenkt! *Eine erschrockene Pause folgt, währenddessen sie schluchzt.*

PROCTOR: Gehenkt! *Ihr ins Gesicht, laut.* Gehenkt, sagst du?

MARY WARREN *schluchzend*: Ja.

PROCTOR: Der Unterstatthalter läßt das zu?

MARY WARREN: Er hat sie selber verurteilt. Er mußte. *Um es abzuschwächen.* Aber Sarah Good nicht. Weil – seht Ihr, Sarah Good hat gestanden.

PROCTOR: Gestanden! Was?

MARY WARREN: Daß sie – *In der Einnerung von Schrecken übermannt* – sie einstens einen Pakt mit Luzifer schloß und ihren Namen in sein schwarzes Buch schrieb – mit ihrem Blut – und angelobte, Christenmenschen zu quälen, bis Gott niedergeworfen ist – und wir alle fürderhin die Hölle anbeten müssen.

*Pause.*

PROCTOR: Aber – sicherlich weißt du, was für eine Schwätzerin sie ist. Hast du ihnen das nicht gesagt?

MARY WARREN: Herr, sie würgte uns beinah zu Tod vor dem ganzen Gericht.

PROCTOR: Wie, würgte euch?

MARY WARREN: Sie sandte ihren Geist aus.

ELIZABETH: Ach, Mary, Mary, sicherlich, du –

MARY WARREN *mit verletzter Schärfe*: Sie wollte mich schon oftmals töten, Gevatterin Proctor.

ELIZABETH: Was, das hast du bisher nie gesagt.

MARY WARREN: Ich hab's bisher nicht gewußt. Ich hab bisher überhaupt nichts gewußt. Wie sie in den Gerichtssaal kommt, sag ich zu mir, die Frau darf ich nicht anschuldigen, wo sie im Straßengraben schläft und so alt und arm ist. Aber dann – dann sitzt sie da und leugnet und leugnet, und ich fühl, wie es sonderbar kalt meinen Rücken raufsteigt und meine Kopfhaut sich zusammenzieht, und ich fühl um meinen Hals eine Klammer und kann nicht mehr atmen; und dann – *Ekstatisch* – hör ich eine Stimme, die schreit, und es war meine Stimme – und mit eins fiel mir alles ein, was sie mir angetan hat.

PROCTOR: Wie? Was hat sie dir angetan?

MARY WARREN *wie zu einer wundersamen, geheimen Einsicht gelangt*: So manches Mal, Herr, kam sie bettelnd da an die Tür, um ein Stück Brot und einen Becher Most – und merkt es wohl: Sooft ich sie mit leeren Händen wegschickte, murmelte sie.

ELIZABETH: Murmelte! Sie mag murmeln, wenn sie hungrig ist.

MARY WARREN: Aber was murmelt sie? Ihr müßt Euch erinnern, Gevatterin Proctor. Im vorigen Mond – ich glaub, es war ein Montag – ging sie weg, und zwei Tage später meinte ich, mein Leib müßte bersten. Erinnert Ihr Euch?

ELIZABETH: Ja, ja, ich glaub, aber –

MARY WARREN: Also, das sagte ich Richter Hathorne, und er fragt sie darauf: »Gevatterin Osburn«, sagt er, »was für einen Fluch murmelt Ihr, daß dies Mädchen krank wird, nachdem sie Euch wegschickte?« Und da antwortete sie – *Ein altes Weib nachahmend* – »Ei, gar keinen Fluch, Eure Exzellenz. Ich sag nur meine Gebote her; meine Gebote, hoff ich, darf ich wohl hersagen«, sagte sie!

ELIZABETH: Und das ist eine aufrechte Antwort.

MARY WARREN: Ja, doch Richter Hathorne sagt darauf: »Laßt uns Eure Gebote hören!« – *Eifrig zu ihnen vorgebeugt* – und von allen zehn konnte sie nicht eines sagen. Sie kannte die Gebote gar nicht, und sie faßten sie bei einer offenen Lüge!

PROCTOR: Und verurteilten sie darauf?

MARY WARREN *jetzt, angesichts seines hartnäckigen Zweifels, ein wenig verbissen*: Nun, sie mußten, wo sie sich selber verurteilt hatte.

PROCTOR: Doch der Beweis, der Beweis!

MARY WARREN *mit wachsender Ungeduld*: Ich hab Euch den Beweis gesagt. Es ist ein sicherer Beweis. Felsensicher, sagt der Richter.

PROCTOR *nach einer kurzen Pause*: Du gehst nicht mehr zum Gericht, Mary Warren.

MARY WARREN: Ich muß Euch's sagen, Herr, ich geh jetzt jeden Tag. Ich begreif nicht, daß Ihr nicht seht, was für ein wichtig Werk wir tun.

PROCTOR: Was für ein Werk! Ein sonderbar Werk für ein Christenmädchen, alte Frauen zu henken!

MARY WARREN: Aber Herr, sie werden nicht gehenkt, wenn sie gestehn. Sarah Good bleibt nur einige Zeit im Kerker – *Sich erinnernd* – und da habt Ihr ein Wunder; denkt darüber nach. Gevatterin Good ist schwanger!

ELIZABETH: Schwanger! Sind sie toll? Die Frau ist an die Sechzig!

MARY WARREN: Doktor Griggs hat sie untersucht, und sie ist voll bis zum Rand – und all diese Jahre immer die Pfeife im Mund und dazu ohne Mann! Aber sie ist gerettet, gottlob, denn dem unschuldigen Kind tun sie nichts an. Nun, ist das nicht ein Wunder? Ihr müßt es sehn, Herr, was wir tun, ist Gottes Werk. Und so geh ich jetzt jeden Tag hin. Ich bin – ich bin eine Amtliche vom Gericht, heißt es, und ich – *Sie hat sich seitlich hinauszu bewegt.*

PROCTOR: Ich werd dich amtlichen! *Er geht mit langen Schritten zum Kaminsims und greift nach der dort hängenden Peitsche.*

MARY WARREN *kommt erschrocken, aber aufrecht vor, um ihre Selbstbehauptung kämpfend*: Ich leid kein Peitschen mehr!

ELIZABETH *eilig, während Proctor sich nähert*: Mary, versprich jetzt, daheim zu bleiben –

MARY WARREN *vor ihm zurückweichend, aber ihre aufrechte Haltung bewahrend, während sie kämpft und kämpft, sich zu behaupten*: Der Teufel geht in Salem um, Herr; wir müssen finden, wo er sich verbirgt!

PROCTOR: Ich treib dir den Teufel mit der Peitsche aus! *Er greift, die Peitsche schwingend, nach ihr, und sie entwischt mit einem gellenden Schrei.*

MARY WARREN *auf Elizabeth weisend*: Ich hab ihr heut das Leben gerettet! *Stille. Er läßt die Peitsche sinken.*

ELIZABETH *leise*: Ich bin angeschuldigt?

MARY WARREN *zitternd und bebend*: Nebenhin genannt. Aber ich sagte, ich wüßt von keinem Zeichen, daß Ihr Euren Geist aussendet, um einem Böses zu tun, und wo sie sahen, wie nah ich doch bei Euch leb, ließen sie's fallen.

ELIZABETH: Wer schuldigte mich an?

MARY WARREN: Ich gab mein Wort, ich darf nichts sagen. *Zu Proctor*: Ich hoff nur, Ihr laßt jetzt Euer Höhnen. Es ist noch keine Stunde, daß vier Richter und des Königs Statthalter mit uns zu Tische saßen. Ich – ich will, daß Ihr mir hinfort höflich begegnet.

PROCTOR *zwischen Grauen und Abscheu murmelnd*: Geh zu Bett.

MARY WARREN *mit dem Fuß aufstampfend*: Ich laß mich nicht mehr zu Bett schicken, Herr! Ich bin achtzehn und eine Frau, ob auch allein!

PROCTOR: Willst du aufbleiben? So bleib auf.

MARY WARREN: Ich will zu Bett gehn!

PROCTOR *wütend*: Gute Nacht, dann!

MARY WARREN: Gute Nacht. *Sie geht, unbefriedigt, ihrer selbst nicht sicher. Mit starren Augen stehen Proctor und Elizabeth und sehen sich an.*

ELIZABETH *leise*: O die Schlinge, die Schlinge ist bereit!

PROCTOR: Keine Schlinge wird sein.

ELIZABETH: Sie will meinen Tod. Ich wußte die ganze Woche, daß es dahin käme!

PROCTOR *ohne Überzeugung*: Sie haben's fallen lassen. Du hast es selber gehört –

ELIZABETH: Und was wird morgen sein? Sie wird mich ausschreien, bis sie mich holen!

PROCTOR: Setz dich.

ELIZABETH: Sie will meinen Tod, John, du weißt es!

PROCTOR: Setz dich, sag ich! *Sie setzt sich zitternd. Er spricht ruhig, bemüht, einen klaren Kopf zu bewahren.* Wir müssen jetzt verständig sein, Elizabeth.

ELIZABETH *spöttisch, im Gefühl des Verlorenseins*: O freilich, freilich!

PROCTOR: Fürchte nichts. Ich such Ezekiel Cheever auf. Ich sag ihm, daß sie mir erzählt hat, das Ganze wär ein Spaß.

ELIZABETH: John, ich glaub, wo so viele im Kerker sind, bedarf's jetzt mehr als Cheevers Hilfe. Willst du mir dies zuliebe tun? Geh zu Abigail.

PROCTOR *dessen Herz sich verhärtet, während sein Verstand spricht*: Was hab ich Abigail zu sagen?

ELIZABETH *zart*: John – tu's mir zuliebe. Du verstehst dich nicht auf junge Dinger. In jedem Bett wird ein Versprechen gegeben –

PROCTOR *gegen seinen Zorn ankämpfend*: Was für ein Versprechen!

ELIZABETH: Mit Worten oder ohne, ein Versprechen wird gegeben. Und damit mag sie jetzt liebäugeln – ich bin dessen gewiß – im Gedanken, mich zu töten, um sodann an meine Stelle zu treten.

*Proctors Zorn ist im Steigen begriffen; er vermag nicht zu sprechen.*

Es ist ihre liebste Hoffnung, John, ich weiß es. Sie könnte tausend Namen nennen; warum greift sie meinen heraus? Es bedeutet eine gewisse Gefahr, solch einen Namen zu nennen – ich bin keine Gevatterin Good, die im Straßengraben schläft, noch eine betrunkene, schwachsinnige Osburn. Sie wagte es nicht, eines solchen Bauern Weib zu nennen, es sei denn um ungeheuren Gewinn. John, sie denkt an meine Stelle zu treten.

PROCTOR: Das kann sie nicht denken! *Er weiß, daß es so ist.*

ELIZABETH *vernünftig*: John, hast du ihr je eine Spur von Verachtung bezeigt? Sie kann in der Kirche nicht vorübergehn, ohne daß du errötest –

PROCTOR: Vielleicht erröt ich über meine Sünde.

ELIZABETH: Ich glaub, sie sieht dies Erröten anders.

PROCTOR: Und du? Was siehst du, Elizabeth?

ELIZABETH *zugestehend*: Daß du dich ein wenig schämst, weil ich da bin, und sie so nah.

PROCTOR: Wann endlich wirst du mich kennen, Frau? Und wär ich ein Stein, ich wär in diesen sieben Monden vor Scham geborsten!

ELIZABETH: So geh und sag ihr, daß sie eine Dirne ist. Auf welches Versprechen sie sich berufen mag – brich es, John, brich es.

PROCTOR *zwischen den Zähnen*: Gut denn. Ich geh. *Er geht, seine Flinte zu holen.*

ELIZABETH, *zitternd, voller Furcht*: Oh, wie widerwillig!

PROCTOR *die Flinte in der Hand, zu ihr gewandt*: Ich will sie glühender verfluchen als die älteste Glut der Hölle. Doch bitte, schmäh du meinen Zorn nicht!

ELIZABETH: Deinen Zorn! Ich bitt dich nur –

PROCTOR: Frau, bin ich so gemein? Hältst du mich wahrhaftig für so gemein?

ELIZABETH: Ich hab dich nie gemein genannt.

PROCTOR: Was beschuldigst du mich dann eines solchen Versprechens? Das Versprechen, das ein Hengst einer Stute gibt, gab ich diesem Mädchen!

ELIZABETH: Und so zürnst du mir, wenn ich dich heiße, es zu brechen?

PROCTOR: Weil es Täuschung voraussetzt, und ich bin ehrlich! Doch ich verteidige mich nicht länger! Ich seh's nun, dein Geist webt um die einzige Irrung meines Lebens, und ich kann sie nimmer daraus lösen!

ELIZABETH *aufschreiend*: Du kannst sie lösen – wenn du erkennst, daß ich dein einzig Weib oder gar ein Weib sein will! Ein Pfeil von ihr ist noch in dir, John Proctor, und du weißt es!

*Ganz unvermittelt, wie aus der Luft, erscheint eine Gestalt in der Türe. Sie fahren leicht zusammen. Es ist Pastor Hale. Er ist verändert – ein wenig gehemmt, und seine Haltung verrät jetzt etwas von Nachgiebigkeit, ja Schuldbewußtsein.*

HALE: Guten Abend.

PROCTOR *noch unter dem Eindruck des Vorangegangenen*: Ah, Pastor Hale! Einen guten Abend Euch, Herr. Tretet ein, tretet ein.

HALE *zu Elisabeth*: Ich hoffe, ich erschrecke Euch nicht.

ELIZABETH: Nein, nein, ich hörte nur kein Pferd –

HALE: Ihr seid Gevatterin Proctor.

PROCTOR: Ja; Elizabeth.

HALE *neigt den Kopf; dann*: Ich hoffe, Ihr begebt Euch noch nicht zur Ruhe.

PROCTOR *seine Flinte abstellend*: Nein, nein. *Hale kommt weiter herein. Und Proctor, um seine Verstörtheit zu erklären* – Wir sind nach Dunkelwerden Besuch nicht gewohnt, aber Ihr seid willkommen. Wollt Ihr niedersitzen Herr?

HALE: Ja. *Er setzt sich.* Setzt Euch, Gevatterin Proctor.

*Sie tut es, ohne die Augen von ihm zu wenden. Eine Pause entsteht. Hale blickt sich im Zimmer um.*

PROCTOR *um das Schweigen zu brechen*: Mögt Ihr Most trinken, Herr?

HALE: Nein, er bringt meinen Magen in Aufruhr; ich muß heute abend noch einiges weiter. Sitzt nieder, Herr. *Proctor setzt sich.* Ich will Euch nicht lange aufhalten, doch ich komme in einem Auftrag zu Euch.

PROCTOR: Im Auftrag des Gerichts?

HALE: Nein – nein, in meinem eigenen, ohne Befugnis des Gerichts. Hört mich an. *Er befeuchtet sich die Lippen.* Ich weiß nicht, ob Euch bekannt ist, daß der Name Eurer Frau – vor Gericht genannt wird.

PROCTOR: Ja, Herr. Unsere Mary Warren hat es uns berichtet. Wir sind aufs höchste erstaunt.

HALE: Ich bin hier fremd, wie Ihr wißt. Und in meiner Unkenntnis hält es schwer, mir von den vor Gericht Beschuldigten eine klare Meinung zu bilden. Und so gehe ich am Nachmittag und jetzt am Abend von Haus zu Haus – ich komme soeben von Rebecca Nurse und –

ELIZABETH *erschrocken*: Rebecca ist beschuldigt?

HALE: Gott verhüte, daß solch eine beschuldigt werde. Indes, sie ist – genannt.

ELIZABETH *mit dem Versuch zu lachen*: Ihr werdet nimmer glauben, hoff ich, daß Rebecca mit dem Teufel paktiert hat.

HALE: Frau, es ist möglich.

PROCTOR *betroffen*: Das könnt Ihr nicht im Ernst meinen.

HALE: Herr, wir leben in einer seltsamen Zeit. Keiner kann mehr bezweifeln, daß die Mächte der Dunkelheit zu einem ungeheuerlichen Angriff gegen diese Stadt angetreten sind. Der Beweise sind zu viele, um es noch zu leugnen. Das gebt Ihr zu, Herr?

PROCTOR *ausweichend*: Ich – ich weiß von derlei Dingen nichts. Aber es hält schwer zu glauben, daß eine so gottesfürchtige Frau nach siebenzig Jahren solcher Frömmigkeit insgeheim eine Teufelsmetze sei.

HALE: Ja. Doch der Teufel ist reich an Listen, das könnt Ihr nicht leugnen. Indes, sie ist nicht im entferntesten beschuldigt, und ich weiß, es wird nicht dahin kommen. *Pause.* Ich gedachte, Herr, wenn Ihr erlaubt, Euch einige Fragen vorzulegen, die den christlichen Charakter dieses Hauses angehen.

PROCTOR *kühl, ungehalten*: Nun – wir – fürchten keine Fragen, Herr.

HALE: Gut denn. *Er setzt sich bequemer zurecht.* In dem Aufzeichnungsbuch, das Pastor Parris führt, bemerke ich, daß Ihr am Sabbat selten in der Kirche seid.

PROCTOR: Nein, Herr, Ihr irrt Euch.

HALE: Sechsundzwanzigmal in siebenzehn Monden, Herr. Ich muß das selten nennen. Wollt Ihr Eure Abwesenheit erklären?

PROCTOR: Es ist mir neu, Herr Hale, daß ich diesem Mann Rechenschaft schuldig bin, ob ich zur Kirche geh oder daheim bleib. Mein Weib war diesen Winter krank.

HALE: So sagte man mir. Doch Ihr, warum konntet Ihr nicht allein kommen?

PROCTOR: Ich kam gewiß, wenn ich konnte, und wenn ich nicht konnte, betete ich hier zu Haus.

HALE: Euer Haus ist keine Kirche, Herr Proctor; das muß Euch Eure Religionslehre sagen.

PROCTOR: Tut sie, Herr, tut sie; sie sagt mir auch, daß ein Pastor ohne goldne Kerzenhalter auf dem Altar zu Gott beten kann.

HALE: Was für goldne Kerzenhalter?

PROCTOR: Seit wir diese Kirche bauten, waren zinnerne Leuchter auf dem Altar; Francis Nurse hatte sie gemacht, müßt Ihr wissen, und keine sanftre Hand hat je Metall angerührt. Doch Parris kam und predigte während zwanzig Wochen nichts als goldne Kerzenhalter, bis er sie hatte. Ich bestell das Feld vom grauenden Morgen bis zur sinkenden Nacht, und ich sag's Euch frei, wenn ich zum Himmel aufschau und an seinen Ellenbogen mein Geld schimmern seh – so tut das meinem Gebet Abbruch, Herr, es tut ihm Abbruch. Ich denk bisweilen, der Mann träumt Kathedralen an Stelle von hölzernen Bethäusern.

HALE *denkt nach; dann*: Und dennoch, Herr, ein Christ muß am Sabbat in der Kirche sein. *Pause.* Sagt mir – Ihr habt drei Kinder?

PROCTOR: Ja. Buben.

HALE: Wie geht es zu, daß nur zwei getauft sind?

PROCTOR *setzt zum Sprechen an, stockt, dann, als könnte er es nicht zurückhalten*: Ich mag nicht, daß Herr Parris seine Hand auf mein Kind legt. Ich seh in dem Mann nicht Gottes Licht. Ich verberg es nicht.

HALE: Ich muß sagen, Herr Proctor, das zu entscheiden, steht nicht bei Euch. Er ist bestellt, somit ist Gottes Licht in ihm.

PROCTOR *vor Ärger errötend, aber mit dem Versuch, zu lächeln*: Was ist Euer Argwohn, Herr?

HALE: Nein, nein, ich habe keinen –

PROCTOR: Ich hab das Dach auf die Kirche genagelt, ich hab die Türe eingehängt –

HALE: O wirklich! Das ist also ein gutes Zeichen.

PROCTOR: Vielleicht war ich zu rasch mit meinem Urteil über den Mann, doch Ihr könnt nicht meinen, wir hätten je die Vernichtung der Religion gewollt. Ich glaub, das habt Ihr im Sinn, nicht wahr?

HALE *nicht gänzlich nachgebend*: Ich – habe – es ist eine Lauheit in dem Bericht über Euch, Herr, eine Lauheit.

ELIZABETH: Ich glaub, daß wir vielleicht mit Herrn Parris zu hart waren. Ich glaub es. Doch gewiß hat hier nie einer dem Teufel angehangen.

HALE *nickt, dies erwägend. Dann, in einem Ton, als stelle er eine geheime Probe an*: Wißt Ihr Eure Gebote, Elizabeth?

ELIZABETH *ohne Zögern, ja eifrig*: Freilich weiß ich sie. Mein Leben ist ohne Tadel, Herr Hale. Ich bin eine glaubenstreue protestantische Christin.

HALE: Und Ihr, Herr?

PROCTOR *ein wenig unsicher*: Ich – will's meinen, Herr.

HALE *betrachtet ihr offenes Antlitz, dann John; dann*: Seid so freundlich und sagt sie her.

PROCTOR: Die Gebote?

HALE: Ja.

PROCTOR *beiseite blickend, mit ausbrechendem Schweiß*: Du sollst nicht töten.

HALE: Ja.

PROCTOR *an den Fingern aufzählend*: Du sollst nicht stehlen. Du sollst nicht deines Nächsten Gut begehren, noch dir ein Götzenbild machen. Du sollst den Namen des Herrn nicht vergeblich führen; du sollst keine fremden Götter neben mir haben. *Zögernd.* Du sollst den Sabbat heiligen. *Pause. Dann* – Du sollst Vater und Mutter ehren. Du sollst kein falsches Zeugnis ablegen. *Er steckt fest. Er zählt an den Fingern rückwärts, wissend, daß eines fehlt.* Du sollst dir kein Götzenbild machen.

HALE: Das habt Ihr zweimal gesagt, Herr.

PROCTOR *hilflos*: Ja. *Er sucht verzweifelt.*

ELIZABETH *zart*: Ehebruch, John.

PROCTOR *wie von einem unsichtbaren Pfeil ins Herz getroffen*: Ja. *Mit dem Versuch, darüber wegzuscherzen – zu Hale.* Ihr seht, Herr, zu zweit miteinander wissen wir sie alle. *Hale sieht Proctor nur an, mit dem ernstlichen Bemühen, ihn zu erkennen. Proctors Unbehagen wächst.* Es ist ein geringer Fehler, mein ich.

HALE: Die Religionslehre, Herr, ist eine Festung; kein Spalt in einer Festung kann als gering erachtet werden. *Er steht auf, jetzt anscheinend bedrückt. Er macht, tief in Gedanken, einige Schritte.*

PROCTOR: Unter diesem Dach hat der Teufel keinen Anhang, Herr.

HALE: Ich bete darum, ich bete von Herzen darum. *Er sieht beide mit einem Versuch zu lächeln an, ohne seine Befürchtungen verbergen zu können.* Nun – dann wünsche ich Euch eine gute Nacht.

ELIZABETH *nicht imstande, es zurückzuhalten*: Herr Hale. *Er wendet sich um.* Ich glaub wirklich, Ihr zweifelt an mir. Nicht wahr?

HALE *augenscheinlich verstört – und ausweichend*: Gevatterin Proctor, ich richte Euch nicht. Meine Aufgabe ist, nach meinen Kräften zu der gottgegebenen Einsicht des Gerichts beizutragen. Ich wünsche euch beiden Gesundheit und Wohlergehen. *Zu Proctor.* Gute Nacht, Herr. *Er geht.*

ELIZABETH *mit einem Unterton von Verzweiflung*: Ich glaub, du mußt es ihm sagen, John.

HALE: Was meint Ihr?

ELIZABETH *eine Forderung unterdrückend*: Willst du's ihm sagen?

*Kurze Pause. Hale sieht Proctor fragend an.*

PROCTOR *mühsam*: Ich – ich hab keinen Zeugen und kann's nicht beweisen, außer man glaubt meinem Wort. Doch ich weiß, daß die Erkrankung der Kinder mit Hexerei nichts zu schaffen hat.

HALE *auf den Fleck gebannt, betroffen*: Nichts zu schaffen –?

PROCTOR: Herr Parris überraschte sie beim Herumtollen im Wald. Sie erschraken darob und wurden krank.

*Pause.*

HALE: Wer hat Euch das gesagt?

PROCTOR *zögert; dann*: Abigail Williams.

HALE: Abigail.

PROCTOR: Ja.

HALE *starr vor Staunen*: Abigail Williams hat Euch gesagt, es habe mit Hexerei nichts zu schaffen!

PROCTOR: Ja. Am gleichen Tag, als Ihr eintraft, Herr.

HALE *mißtrauisch*: Warum – warum verschwiegt Ihr das?

PROCTOR: Ich wußte bis heute abend nicht, daß dieser Unfug alle Welt in Narretei versetzt hat.

HALE: Unfug! Herr, ich selber habe Tituba, Sarah Good und viele andere ins Verhör genommen, die gestanden haben, im Bund mit dem Teufel zu sein. Sie haben gestanden.

PROCTOR: Was Wunder, wenn sie aufs Leugnen hin gehenkt werden? Es gibt solche, die alles beschwören, ehe sie sich henken lassen; habt Ihr daran nie gedacht?

HALE: Doch. Das – das habe ich, in der Tat. *Es ist sein eigener Verdacht, aber er wehrt ihn ab. Er blickt von Elizabeth zu Proctor.* Und ihr – würdet Ihr das vor Gericht bezeugen?

PROCTOR: Ich – hatte nicht damit gerechnet, vor Gericht zu gehen. Doch wenn's sein muß, tu ich's.

HALE: Schwankt Ihr hier?

PROCTOR: Nichts von Schwanken, doch ich mag mich fragen, ob meine Geschichte vor solch einem Gericht Glauben findet. Und das frag ich mich, wenn ein so besonnener Gottesdiener wie Ihr Zweifel an einer Frau hegt, die nie log und nicht lügen kann, und von der jedermann weiß, daß sie's nicht kann! Ich mag ein wenig schwanken, Herr; ich bin kein Narr.

HALE *ruhig – hiervon beeindruckt*: Proctor, reden wir offen miteinander. Mich besorgt ein Gerücht. Man sagt, Ihr glaubt nicht, daß es Hexen überhaupt in der Welt geben könne. Ist das wahr?

PROCTOR – *er weiß, daß dies kritisch ist, und kämpft mit seinem Widerwillen gegen Hale, wie sich selbst, daß er auch nur antwortet*: Ich weiß nicht, was ich gesagt hab; mag sein, ich hab's gesagt. Ich hab darüber nachgedacht, ob's wohl Hexen in der Welt gäbe – wobei ich nicht glauben kann, daß sie jetzt hier unter uns wären.

HALE: Also glaubt Ihr nicht –

PROCTOR: Ich versteh nichts davon; die Bibel spricht von Hexen, und ich will sie nicht ableugnen.

HALE: Und Ihr, Frau?

ELIZABETH: Ich – ich kann nicht daran glauben.

HALE *entsetzt*: Ihr könnt nicht!

PROCTOR: Elizabeth, du machst ihn irre!

ELIZABETH *zu Hale*: Ich kann nicht glauben, Herr Hale, daß der Teufel die Seele einer Frau inne hat, wenn sie aufrecht wandelt, wie ich's getan hab. Ich bin eine brave Frau, das weiß ich; und wenn Ihr glaubt, ich könnte nur Gutes in der Welt verrichten und dennoch insgeheim mit dem Satan im Bunde sein, so muß ich Euch sagen, Herr, ich glaub es nicht.

HALE: Aber Frau, daran glaubt Ihr doch, daß es Hexen in –

ELIZABETH: Wenn Ihr glaubt, daß ich eine bin, so sag ich, es gibt keine.

HALE: Ihr erhebt Euch gewiß nicht gegen das Evangelium, das Evangelium –

PROCTOR: Sie glaubt ans Evangelium, Wort für Wort!

ELIZABETH: Befragt Abigail Williams übers Evangelium, nicht mich! *Hale starrt sie an.*

PROCTOR: Sie denkt nicht daran, am Evangelium zu zweifeln, Herr, das könnt Ihr nicht meinen. Dies ist ein christlich Haus, Herr, ein christlich Haus.

HALE: Gott erhalte euch beide; laßt in Eile das dritte Kind taufen und geht ohne Fehl allsonntäglich zum Sabbatgebet; und wandelt ernst und still miteinander. Ich denke – *Giles Corey erscheint in der Türe.*

GILES: John!

PROCTOR: Giles! Was gibt's?

GILES: Sie haben mein Weib geholt.

*Francis Nurse kommt herein.*

GILES: Und seine Rebecca!

PROCTOR *zu Francis*: Rebecca ist im Kerker!

FRANCIS: Ja, Cheever kam und brachte sie auf seinem Karren weg. Wir kommen grad vom Kerker; man läßt uns nicht einmal zu ihnen hinein.

ELIZABETH: Jetzt sind sie wahrhaftig toll geworden, Herr Hale!

FRANCIS *tritt zu Hale*: Pastor Hale! Könnt Ihr nicht mit dem Unterstatthalter sprechen? Ich bin sicher, er irrt sich –

HALE: Bitte beruhigt Euch, Herr Nurse.

FRANCIS: Mein Weib ist Stein und Mörtel der Kirche, Herr Hale – *Auf Giles weisend* – und Martha Corey, niemand kann Gott näher sein als Martha.

HALE: Wessen ist Rebecca beschuldigt, Herr Nurse?

FRANCIS *mit einem halbüberzeugten spöttischen Lachen*: Des Mordes ist sie beschuldigt! *Er zitiert spöttisch den Haftbefehl.* »Des wundersamen und übernatürlichen Mordes an Gevatterin Putnams Neugeborenen.« Was soll ich tun, Herr Hale?

HALE *wendet sich tief betroffen von Francis ab; dann*: Glaubt mir, Herr, wäre Rebecca Nurse ergriffen, so bliebe nichts, die ganze lebendige Welt vorm Brennen zu bewahren. Vertraut auf die Gerechtigkeit des Gerichts; das Gericht wird sie heimsenden, ich weiß es.

FRANCIS: Ihr könnt nicht meinen, daß sie vor Gericht gestellt wird!

HALE *eindringlich*: Nurse, ob auch unsere Herzen brechen, wir können dem nicht ausweichen; dies sind neue Zeiten, Herr. Ein dunkler Anschlag ist im Gange, so fein gesponnen, daß es sündhaft von uns wäre, alten Rücksichten und überkommener Freundschaft anzuhangen. Ich sah so viele furchtbare Beweise im Gericht – der Teufel geht in Salem um, und wohin der anklagende Finger auch weist, wir dürfen nicht zaudern, ihm zu folgen!

PROCTOR *aufgebracht*: Wie kann eine solche Frau Kinder morden?

HALE *gequält*: Mann, denkt daran, bis eine Stunde, eh der Teufel fiel, hielt Gott ihn für eine Zier des Himmels.

GILES: Herr Hale, ich hab nie gesagt, mein Weib wär eine Hexe; ich hab nur gesagt, sie läse Bücher!

HALE: Herr Corey, wie lautet genau die Klage gegen Euer Weib?

GILES: Dieser verdammte Bastard Walcott klagt sie an. Seht

Ihr, vor vier, fünf Jahr kauft er von meinem Weib ein Schwein, und bald danach starb das Schwein. Kommt er also angetanzt und verlangt sein Geld zurück. Sagt also meine Martha zu ihm: »Walcott, wenn Ihr nicht genug Verstand habt, ein Schwein zu füttern, wie sich's gehört, werdet Ihr nie viel haben«, sagt sie. Jetzt geht er zum Gericht und klagt, er könnt seit jenem Tag bis heut kein Schwein länger als vier Wochen am Leben halten, weil meine Martha sie mit ihren Büchern verhext!

*Ezekiel Cheever kommt herein. Erschrockenes Schweigen.*

CHEEVER: Ich wünsch einen guten Abend, Proctor.

PROCTOR: Nanu, Herr Cheever. Guten Abend.

CHEEVER: Guten Abend miteinander. Guten Abend, Herr Hale.

PROCTOR: Ich hoff, Ihr kommt nicht in Sachen des Gerichts.

CHEEVER: Doch, Proctor, ja. Ich bin jetzt Gerichtsschreiber, wie Ihr wißt.

*Der Büttel, Herrick, kommt herein; er ist Anfang Dreißig und im Augenblick einigermaßen verlegen.*

GILES: Ein Jammer, Ezekiel, daß ein ehrlicher Schneider, der in den Himmel hätt kommen können, in der Hölle schmoren muß. Dafür wirst du schmoren, weißt du das?

CHEEVER: Du selber weißt, daß ich tun muß, was mir gesagt wird. Sicherlich weißt du das, Giles. Und mir wär's lieber, du schicktest mich nicht zur Hölle. Ich hör's nicht gern, sag ich dir, ich hör's nicht gern. *Trotz seiner Angst vor Proctor greift er in seinen Rock.* Jetzt glaubt's mir, Proctor, wie schwer das Gesetz auch sein mag, ich trag sein ganzes Gewicht heut abend auf meinem Rücken. *Er holt einen Haftbefehl heraus.* Ich hab einen Verhaftsbefehl für Euer Weib.

PROCTOR *zu Hale*: Ihr sagtet, sie wär nicht angeschuldigt!

HALE: Ich weiß nichts davon! *Zu Cheever.* Wann ward sie angeschuldigt?

CHEEVER: Man gab mir heut abend sechzehn Verhaftsbefehle, Herr, und einer ist für sie.

PROCTOR: Wer schuldigte sie an?

CHEEVER: Nun, Abigail Williams.

PROCTOR: Auf was für Beweis hin? Was für Beweis?

CHEEVER *in der Stube umherblickend*: Herr Proctor, ich hab wenig Zeit. Das Gericht hieß mich Euer Haus durchsuchen, doch ich durchsuch nicht gern ein Haus. Wollt Ihr mir also die Puppen übergeben, die Euer Weib hier etwa hat?

PROCTOR: Puppen?

ELIZABETH: Ich hab keine Puppen, seit meiner Kinderzeit nicht.

CHEEVER *verlegen, nach dem Kaminsims blickend, wo Mary Warrens Puppe sitzt*: Ich seh eine Puppe, Gevatterin Proctor.

ELIZABETH: Oh! *Sie geht hin.* Nun, die gehört Mary.

CHEEVER *mißtrauisch*: Würdet Ihr sie mir bitte geben?

ELIZABETH *tut es; zu Hale*: Hat das Gericht jetzt einen Bibeltext über Puppen entdeckt?

CHEEVER *hält die Puppe vorsichtig in der Hand*: Habt Ihr noch weitere im Haus?

PROCTOR: Nein, und diese auch erst seit heut abend. Was bedeutet eine Puppe?

CHEEVER: Nun, eine Puppe – *Er dreht die Puppe behutsam um* – eine Puppe kann bedeuten – Also, Frau, würdet Ihr jetzt bitte mitkommen?

PROCTOR: Das wird sie nicht! *Zu Elisabeth.* Hol Mary her.

CHEEVER *mit dem vergeblichen Versuch, Elizabeth aufzuhalten*: Nein, nein, ich darf sie nicht aus den Augen lassen.

PROCTOR *stößt seinen Arm weg*: Ihr laßt sie aus den Augen und aus dem Sinn, Mann. Hol Mary, Elizabeth.

*Elizabeth geht nach oben.*

HALE: Was bedeutet eine Puppe, Herr Cheever?

CHEEVER *wendet die Puppe hin und her*: Nun, sie sagen, sie könnt bedeuten, daß – *Er hat den Rock der Puppe gehoben, und seine Augen weiten sich vor Staunen und Furcht.* Oh, dies, dies –

PROCTOR *greift nach der Puppe*: Was ist's?

CHEEVER: Nun – *Er zieht eine lange Nadel aus der Puppe.* – 's ist eine Nadel! Herrick, Herrick, 's ist eine Nadel!

PROCTOR *aufgebracht, verwirrt*: Und was bedeutet eine Nadel?

CHEEVER, *seine Hände beben*: Nun dies ist bös für sie, Proctor, dies – Ich hatt meine Zweifel, Proctor, ich hatt meine Zweifel, doch hier ist Unheil. *Zu Hale, indem er ihm die Nadel zeigt.* Ihr seht's, Herr, es ist eine Nadel!

HALE: Wie denn? Was soll's damit?

CHEEVER *zitternd, mit aufgerissenen Augen*: Das Mädchen, das Williams-Mädchen, Abigail Williams, Herr. Sie saß heut abend in Pastor Parris' Haus bei Tische und fällt mit eins ohne ein Wort oder Zeichen zu Boden. Wie ein erschlagen Tier, sagt er, und stieß einen Schrei aus, der einem Bullen das Herz erweicht hätt. Und er eilt, ihr zu helfen, und zieht eine Nadel heraus, die zwei Zoll tief in ihrem Leib steckt. Und gefragt, wie's dazu gekommen wär, gibt sie an – *Jetzt zu Proctor* – der Geist Eures Weibes wär's, der sie hineinstieß.

PROCTOR: Ho, sie selber war's! *Zu Hale.* Ich hoff, Ihr nehmt dies nicht als Beweis, Herr!

*Hale schweigt, betroffen über den Beweis.*

CHEEVER: Ein starker Beweis ist's. *Zu Hale.* Ich find hier bei Gevatterin Proctor eine Puppe. Ich fand sie, Herr. Und in den Leib der Puppe ist eine Nadel gesteckt. Frei heraus gesagt, Proctor, nie glaubt ich, solch einen Beweis der Hölle zu sehn, und ich bitt Euch, widersetzt Euch nicht, denn ich – *Elizabeth kommt mit Mary Warren zurück. Sowie Proctor sie erblickt, zerrt er sie beim Arm zu Hale.*

PROCTOR: So, Mary, wie kam diese Puppe in mein Haus?

MARY *voller Angst für sich selbst, sehr zaghaft*: Was für eine Puppe, Herr?

PROCTOR *weist ungeduldig auf die Puppe in Cheevers Hand*: Diese Puppe, diese Puppe.

MARY *blickt hin; ausweichend*: Ei, ich – ich denk, es ist meine.

PROCTOR: Es ist deine Puppe, nicht wahr?

MARY *ohne zu wissen, worauf es hinausgeht*: J-ja, Herr.

PROCTOR: Und wie kam sie hier ins Haus?

MARY *mit einem Blick über die gespannten Mienen*: Ei – ich machte sie im Gericht, Herr und – schenkte sie heut abend Gevatterin Proctor.

PROCTOR *zu Hale*: Nun, Herr – seht Ihr's?

HALE: Mary Warren, in dieser Puppe ward eine Nadel gefunden.

MARY *verlegen*: Ei, ich dacht mir nichts Böses dabei, Herr.

PROCTOR *rasch*: Du stecktest diese Nadel selber hinein?

MARY: Ich – ich glaub ja, Herr, ich –

PROCTOR *zu Hale*: Was sagt Ihr jetzt?

HALE *beobachtet Mary aufmerksam*: Kind, bist du sicher, daß dies dein natürlich Gedächtnis ist? Kann's nicht etwa sein, daß dich ein Zauber selbst jetzt so sprechen heißt?

MARY: Ein Zauber? Ei nein, Herr, ich bin gänzlich bei mir, denk ich. Fragt nur Susanna Walcott – sie sah, wie ich sie im Gericht nähte. Oder noch besser, Abby fragt, Abby saß neben mir, dieweil ich sie machte.

PROCTOR *zu Hale, auf Cheever bezogen*: Heißt ihn gehn. Sicherlich ist Euer Geist jetzt beruhigt. Weist ihn hinaus, Herr Hale.

ELIZABETH: Was soll's mit der Nadel?

HALE: Mary – du lädst einen kalten und grausamen Mord auf Abigail.

MARY: Mord! Ich lad keinen –

HALE: Abigail ward heut abend durchbohrt; eine Nadel ward in ihrem Leib gefunden –

ELIZABETH: Und sie beschuldigt mich?

HALE: Ja.

ELIZABETH – *ihr stockt der Atem*: Oh, das Mädchen ist Mord! Sie muß vom Erdboden vertilgt werden!

CHEEVER *auf Elizabeth weisend*: Ihr habt's gehört, Herr! Vom Erdboden vertilgt! Herrick, du hörtest's!

PROCTOR *schnappt plötzlich den Haftbefehl aus Cheevers Hand*: Hinaus mit Euch!

CHEEVER: Proctor, Ihr wagt's nicht, den Befehl anzurühren.

PROCTOR *zerreißt das Schriftstück*: Hinaus mit Euch!

CHEEVER: Ihr habt den Verhaftsbefehl des Unterstatthalters zerrissen, Mann!

PROCTOR: Verdammt der Unterstatthalter! Hinaus aus meinem Haus!

HALE: Aber Proctor, Proctor!

PROCTOR: Ihr geht mit ihnen, bankrotter Gottesdiener, der Ihr seid!

HALE: Proctor, wenn sie unschuldig ist, wird das Gericht –

PROCTOR: Wenn sie unschuldig ist! Warum fragt Ihr nie, ob Parris unschuldig ist, oder Abigail? Ist jetzt der Ankläger immer heilig? Sind sie heut morgen rein wie Gottes Finger geboren? Ich sag Euch, was in Salem umgeht – Rache geht in Salem um. Wir sind, wie wir immer waren in Salem, doch überspannte Mädchen bestimmen jetzt kreischend die Tonart, und gemeine Rache schreibt das Gesetz! Dieser Verhaftsbefehl ist Rache! Ich geb mein Weib nicht der Rache preis!

ELIZABETH: Ich werd gehn, John.

PROCTOR: Du wirst nicht gehn!

HERRICK: Ich hab neun Männer draußen, du kannst sie nicht halten. Das Gesetz bindet mich, John, ich kann nichts machen.

PROCTOR *zu Hale, bereit, sich auf ihn zu stürzen*: Ihr seht mit an, daß man sie wegbringt?

HALE: Proctor, das Gericht ist gerecht –

PROCTOR: Pontius Pilatus! Gott läßt Euch davon Eure Hände nicht reinwaschen!

ELIZABETH: John – ich glaub, ich muß gehn. *Er erträgt es nicht, sie anzusehen.* Mary, für den Morgen ist genügend Brot da; am Nachmittag wirst du backen. Hilf Herrn Proctor, als wärst du seine Tochter – das schuldst du mir, und mehr als das. *Sie kämpft gegen die aufsteigenden Tränen an. Zu Proctor.* Wenn die Kinder aufwachen, sag nichts von Hexerei – es wird sie ängstigen. *Sie kann nicht fortfahren.*

PROCTOR: Ich werd dich heimholen. Ich werd dich bald holen.

ELIZABETH: Ja, John, hol mich bald!

PROCTOR: Wie ein Ozean werd ich über dies Gericht hereinfallen! Fürcht dich nicht, Elizabeth!

ELIZABETH *mit tiefer Angst*: Ich werd mich nicht fürchten. *Sie blickt in der Stube umher, wie um sie ihrem Geist einzuprägen.* Den Kindern sag, ich wär zu einem Krankenbesuch gegangen. *Sie geht hinaus, gefolgt von Herrick und Cheever. Einen Augenblick sieht Proctor ihnen von der Türe aus nach. Man hört Ketten rasseln.*

PROCTOR: Herrick! Herrick, fessel sie nicht! *Er stürzt hinaus. Von draußen.* Verdammt, Mann, du wirst sie nicht fesseln! Weg damit! Ich duld's nicht! Ich duld nicht, daß man sie fesselt!

*Andere Männer sprechen wider ihn an. Hale wendet sich in einem Fieber von Schuld und Unsicherheit von der Türe ab, um den Anblick zu vermeiden. Mary Warren bricht in Tränen aus und sitzt weinend da.*

GILES *ruft Hale zu*: Und ihr schweigt immer noch, Pastor? Es ist Betrug, Ihr wißt, daß es Betrug ist! Was wartet Ihr, Mann?

*Von Herrick und zwei Männern wird Proctor, halb gezogen, halb gestoßen, hereingebracht.*

PROCTOR: Ich zahl's dir heim, Herrick, verlaß dich drauf, ich zahl's dir heim!

HERRICK *keuchend*: Im Namen Gottes, John, ich kann's nicht ändern. Ich muß sie alle fesseln. Jetzt bleib hier drinnen, bis ich weg bin!

*Er geht mit den Männern.*

HALE *in großer Unsicherheit*: Herr Proctor –

PROCTOR: Aus meinen Augen!

HALE: Milde, Proctor, Milde. Was ich zu ihren Gunsten gehört habe, will ich nicht zögern, vor Gericht zu bezeugen. Gott helfe mir, ich kann sie nicht schuldig oder unschuldig sprechen – ich weiß es nicht. Nur dies bedenkt: die Welt rast, und es fruchtet nichts, daß Ihr die Ursache der Rache eines Mädchens zuschreibt.

PROCTOR: Ihr seid ein Feigling! Und wärt Ihr mit Gottes eignen Tränen geweiht, jetzt seid Ihr ein Feigling!

HALE: Proctor, ich kann nicht glauben, Gott sei durch eine so kleine Ursache so ungeheuer herausgefordert. Die Kerker sind überfüllt – unsere größten Richter sind in Salem versammelt – und der Strang droht. Mann, wir müssen nach angemessener Ursache ausschauen. Ward etwa ein Mord begangen und nie ans Licht gebracht? Ein Greuel?

Eine geheime Lästerung, die zum Himmel schreit? Sinnt auf die Ursache, Mann, und laßt mich sie Euch entdecken helfen. Denn das ist Euer Weg, glaubt es, das ist Euer einziger Weg, wenn solche Wirrnis über die Welt hereinbricht. *Er tritt zu Giles und Francis.* Haltet Rat unter euch; sinnt über eure Stadt und darüber, was vom Himmel so donnernden Zorn auf euch alle herniedergezogen hat. Ich werde beten, daß Gott unsere Augen auftue. *Hale geht.*

FRANCIS *über Hales Stimmung betroffen*: Ich hab nie von einem Mord in Salem gehört.

PROCTOR – *Hales Worte sind zu ihm gedrungen*: Laß mich allein, Francis, laß mich allein.

GILES *zitternd*: John – sag mir, sind wir verloren?

PROCTOR: Geh jetzt nach Haus, Giles. Wir reden morgen darüber.

GILES: Denk du drüber nach. Wir kommen früh, hä?

PROCTOR: Ja. Jetzt geh, Giles.

GILES: Gut Nacht, dann.

*Giles Corey und Francis Nurse gehen. Kurze Pause.*

MARY *mit einem furchtbaren Quieken*: Herr Proctor, sie lassen sie ganz sicherlich heimgehn, wenn man's ihnen erst richtig beweist.

PROCTOR: Du kommst mit mir zum Gericht, Mary. Du wirst es vor Gericht sagen.

MARY: Ich kann nicht Mord auf Abigail laden.

PROCTOR *geht drohend auf sie zu*: Du wirst dem Gericht sagen, wie diese Puppe herkam und wer die Nadel hineinstach.

MARY: Sie wird mich töten, wenn ich das sag! *Proctor kommt näher.* Sie wird Euch des Ehebruchs anklagen, Herr!

PROCTOR *innehaltend*: Sie hat dir erzählt!

MARY: Ich wußt es, Herr. Sie wird Euch damit verderben, ich weiß es.

PROCTOR *langsam und mit tiefem Abscheu vor sich selbst*: Nun gut. Dann ist's mit ihrer Heiligkeit aus. *Mary weicht vor ihm zurück.* Wir stürzen gemeinsam in unsern Abgrund; du wirst dem Gericht sagen, was du weißt.

MARY *voller Schrecken*: Ich kann nicht, sie werden sich gegen mich kehren –

*Proctor geht vor und ergreift sie, während sie wiederholt: »Ich kann nicht, ich kann nicht!«*

PROCTOR: Mein Weib wird nicht um meinetwillen sterben! Ich werd dir die Zunge lösen, doch diese Gute wird nicht um meinetwillen sterben!

MARY *mit dem Versuch, sich ihm zu entwinden*: Ich kann's nicht tun, ich kann nicht!

PROCTOR *packt sie bei der Kehle, als wollte er sie erwürgen:* Mach deinen Frieden damit! Himmel und Hölle balgen sich jetzt auf unserm Buckel, und all unsre frühre Gleißnerei ist weggerissen – mach deinen Frieden! *Er schleudert sie zu Boden, und während sie schluchzt: »Ich kann nicht, ich kann nicht . . .« wendet er sich mit starrem Blick zu der offenen Türe; dann halb zu sich selbst.* Frieden. Es ist eine Vorsehung und kein großer Wechsel; wir sind, wie wir von jeher waren, nur nackt. *Er geht wie einem großen Grauen entgegen, das Gesicht dem Himmel zugewandt.* Ja, nackt! Und der Wind, Gottes eisiger Wind, wird wehen! *Und sie schluchzt wieder und wieder: »Ich kann nicht, ich kann nicht, ich kann nicht«, während der Vorhang fällt.*

# ZWEITER AKT

## Erste Szene

*Ein Wald. Nacht. Vorn links fällt Licht auf einen Baumstamm. Proctor erscheint vorn links mit einer Laterne. Er blickt im Gehen zurück und bleibt dann, die Laterne hochhaltend, stehen. Hinter ihm erscheint Abigail, ein Tuch über dem Nachthemd, mit offenem Haar. Ein Augenblick fragenden Schweigens.*

PROCTOR *leuchtet umher und geht nach vorn, rechts vom Baumstamm*: Ich muß mit dir sprechen, Abigail. *Sie blickt ihn an, ohne sich zu rühren.* Willst du dich setzen?

ABIGAIL: Wie kommst du?

PROCTOR: Als Freund.

ABIGAIL *um sich blickend*: Ich mag bei Nacht den Wald nicht. Bitte komm näher. *Er tritt näher zu ihr, hält sich aber im Geist fern.* Ich wußte, daß du's warst. Als ich den Kies am Fenster hörte, wußt ich's, noch eh ich die Augen auftat. *Sie setzt sich auf das linke Ende des Baumstamms.* Ich dachte, du würdst viel früher kommen.

PROCTOR: Ich hatte oft die Absicht zu kommen.

ABIGAIL: Warum tatst du's nicht? Ich bin jetzt so allein in der Welt.

PROCTOR *als Tatsache, nicht bitter*: So? Ich hörte, daß die Leute jetzt hundert Meilen weit herkommen, um dein Gesicht zu sehn.

ABIGAIL: Ja, mein Gesicht. Siehst du mein Gesicht?

PROCTOR *hält die Laterne vor ihr Gesicht*: So bist du bekümmert?

ABIGAIL: Kamst du, mich zu höhnen?

PROCTOR *stellt die Laterne rechts ab und setzt sich rechts von ihr*: Nein, nein, ich hör nur, daß du jeden Abend in die Schenke gehst und mit dem Unterstatthalter Beilke spielst, und daß sie dir Most geben.

ABIGAIL, *als zählte das nicht*: Ich hab ein- oder zweimal Beilke gespielt. Doch es macht mir keinen Spaß.

PROCTOR *forscht sie aus*: Das ist zum Verwundern, Abby. Ich dacht dich froher anzutreffen. Man sagt mir, ein Trupp junger Burschen begleite dich jetzt auf Schritt und Tritt, wohin du auch gehst.

ABIGAIL: Ja, das tun sie. Aber ich bekomm nur geile Blicke von ihnen.

PROCTOR: Und das magst du nicht?

ABIGAIL: Ich ertrag keine geilen Blicke mehr, John – Mein Geist ist ganz und gar verwandelt. Fromme Blicke gebührten mir, da ich so für sie leide.

PROCTOR: Oh! Wieso leidest du, Abby?

ABIGAIL *zieht das Nachthemd hoch*: Ei, sieh mein Bein an. Ich bin voller Löcher von ihren verwünschten Nadeln und Nägeln. *Sie faßt sich an den Leib.* Der Stich, den dein Weib mir beibrachte, ist immer noch nicht geheilt, weißt du.

PROCTOR *jetzt ihre Tollheit erkennend*: Oh.

ABIGAIL: Manchmal denk ich, sie pickt ihn wieder auf, während ich schlaf.

PROCTOR: Ach?

ABIGAIL: Und George Jacobs – *Sie streift ihren Ärmel zurück* – er kommt wieder und wieder und schlägt mich mit seinem Stock – jede Nacht, diese ganze Woche, immer auf die gleiche Stelle. Sieh nur, was für eine Beule ich hab.

PROCTOR: Abby – George Jacobs ist seit einem Monat im Kerker.

ABIGAIL: Gott sei's gedankt, und gesegnet der Tag, da er gehenkt wird und mich wieder ruhig schlafen läßt! O John, die Welt ist so voller Heuchler. *Verwundert, aufgebracht.* Sie beten im Kerker! Man sagt mir, sie alle beten im Kerker!

PROCTOR: Können sie nicht beten?

ABIGAIL: Und mich in meinem Bett martern, dieweil fromme Worte von ihren Lippen kommen? Oh, Gottes selber wird's bedürfen, um diese Stadt gehörig zu reinigen!

PROCTOR: Abby – du willst noch weitere ausschreien?

ABIGAIL *nach vorn*: Wenn ich leb, wenn sie mich nicht morden, will ich's ganz gewiß, bis der letzte Heuchler tot ist.

PROCTOR: So gibt's keinen einzigen Guten?

ABIGAIL *weich:* Doch, einen. Du bist gut.

PROCTOR: Ich? Wieso bin ich gut?

ABIGAIL: Ei, du lehrtest mich Gutheit, darum bist du gut. Du führtest mich durch ein Feuer, und all meine Unwissenheit ward weggebrannt. Es war ein Feuer, John, wir lagen im Feuer. Und seit jener Nacht darf keine Frau mich mehr schlecht heißen, oder ich wüßt ihr Antwort. Früher weint ich immer über meine Sünden, wenn der Wind mir die Röcke hob; und ward rot vor Scham, wenn eine alte Rebecca mich liederlich schalt. Und dann branntest du meine Unwissenheit hinweg. So kahl wie einen Dezemberbaum sah ich alle – wenn sie gleich Heiligen zur Kirche gingen, die Kranken zu speisen eilten, und in ihren Herzen Heuchler! Und Gott gab mir Kraft, sie Lügner zu heißen, und

Gott ließ die Menschen auf mich hören, und bei Gott, ich will die Welt von ihnen säubern, aus Liebe zu Ihm! O John, was für ein Weib will ich dir sein, wenn die Welt wieder rein ist! *Sie küßt in großer Bewegung seine Hand.* Du wirst staunen, wenn du mich Tag um Tag als ein Himmelslicht in deinem Haus siehst, ein – *Er steht auf und weicht erschrocken, bestürzt zurück.* Warum bist du kalt?

PROCTOR *sachlich, aber mit einem Unbehagen, wie vor etwas Unwirklichem*: Mein Weib kommt morgen vor Gericht, Abigail.

ABIGAIL *abwesend*: Dein Weib?

PROCTOR: Du wußtest sicherlich davon?

ABIGAIL *zu sich kommend*: Ja, ich erinnere mich. *Um der Pflicht zu genügen.* Wie – wie – geht's ihr gut?

PROCTOR: So gut's ihr gehen mag, nach sechsunddreißig Tagen an solch einem Ort.

ABIGAIL: Du sagtest, du kämst als Freund.

PROCTOR: Sie wird nicht verurteilt werden, Abby.

ABIGAIL *in ihren heiligsten Gefühlen getroffen. Aber sie fragt*: Du holtest mich aus meinem Bett, um von ihr zu sprechen?

PROCTOR: Um dir zu sagen, Abby, was ich morgen vor Gericht tun will. Ich möcht dich nicht überrumpeln, sondern dir rechte Zeit zum Nachdenken geben, wie du dich retten magst.

ABIGAIL *ungläubig und mit aufsteigender Angst*: Mich retten?

PROCTOR: Wenn du morgen mein Weib nicht befreist, Abby, will und muß ich dich verderben.

ABIGAIL *mit versagender Stimme – staunend*: Wie – mich verderben?

PROCTOR: Ich hab felsenharten urkundlichen Beweis, daß du wußtest, wie jene Puppe an mein Weib kam; und daß du selber Mary Warren jene Nadel hineinstecken hießest.

ABIGAIL *will aufbegehren – ein Kind, das unaussprechlich enttäuscht ist, da sein Wunsch abgeschlagen wird; aber sie faßt sich*: Ich hieß Mary Warren –?

PROCTOR: Du weißt, was du tust, so toll bist du nicht!

ABIGAIL *zum Himmel aufrufend*: O ihr Heuchler! So gewannt ihr auch ihn? *Zu ihm.* John, warum läßt du sie dich schicken?

PROCTOR: Ich warn dich, Abby.

ABIGAIL: Sie schicken dich! Sie stehlen deine Ehrlichkeit und –

PROCTOR: Ich hab meine Ehrlichkeit gefunden.

ABIGAIL: Nein, dies ist dein Weib, die aus dir spricht, dein greinend, neidisch Weib! Dies ist Rebeccas Stimme, Martha Coreys Stimme. Du warst kein Heuchler!

PROCTOR *packt sie beim Arm und hält sie*: Ich erweis dich als die Betrügerin, die du bist!

ABIGAIL: Und was sagst du ihnen, wenn sie dich fragen, warum denn Abigail so Mörderisches tun sollte?

PROCTOR – *es ist schwer, es nur auszusprechen*: Ich sag ihnen, warum.

ABIGAIL: Was sagst du ihnen? Du bekennst dich zu Unzucht? Vor Gericht?

PROCTOR: Wenn du's so willst, so werd ich's sagen! *Sie stößt ein ungläubiges Lachen aus.* Ich werd es sagen! *Sie lacht lauter, jetzt noch sicherer, daß er es niemals tun wird. Er schüttelt sie roh.* Wenn du noch hören kannst, hör dies! Kannst du hören? *Sie zittert, zu ihm aufblickend, als wäre er von Sinnen.* Du sagst dem Gericht, daß du keine Gesichte hast; daß du keine Geister mehr siehst; und nie wieder schreist du Hexerei aus, oder ich mach dich als die Hur bekannt, die du bist!

ABIGAIL *faßt ihn*: Nimmer im Leben! Ich kenn dich, John – in diesem Augenblick singst du insgeheim ein Halleluja, daß dein Weib gehenkt wird!

PROCTOR *wirft sie nieder*: Du tolle, du mörderische Dirne! *Er geht nach rechts.*

ABIGAIL *steht auf*: Oh, wie schwer ist's, wenn die Maske fällt! Doch sie fällt, sie fällt! *Sie hüllt sich ein, bereit, wegzugehn.* Du hast deine Pflicht in ihrem Namen getan. Es ist deine letzte Heuchelei, hoff ich. Ich bet, daß du wiederkommst, und dann mit liebrer Botschaft für mich. Ich weiß, das wirst du – da nun deine Pflicht getan ist. Gut Nacht, John. *Sie entfernt sich zurückgewandt nach links und winkt ihm zum Abschied.* Fürchte nichts. Ich werd dich morgen retten. *Indem sie sich umdreht und vorn links weggeht.* Vor dir selber werd ich dich retten.

*Proctor bleibt bestürzt, voller Entsetzen zurück. Er nimmt seine Laterne auf und geht langsam nach hinten links, während es dunkel wird und der Vorhang fällt.*

## ZWEITE SZENE

*Die Sakristei des Bethauses von Salem, die jetzt als Vorraum des Gerichts dient.*

*Wenn der Vorhang aufgeht, ist der Raum leer, bis auf das Sonnenlicht, das durch zwei hohe Fenster an der Rückwand hereinströmt. Es ist ein ernster, ja unheimlicher Raum, mit*

*seinem schweren vorspringenden Gebälk und seinen Wänden aus Brettern von verschiedener Breite. Rechts führen zwei Türen in das eigentliche Bethaus, wo das Gericht tagt; links eine weitere Türe nach draußen.*
*Rechts und links je eine einfache Bank. In der Mitte ein langer Versammlungstisch mit darumgestellten Stühlen und einem schweren Lehnstuhl.*
*Durch die Wand rechts hört man die Stimme des Staatsanwalts Richter Hathorne, der eine Frage stellt; darauf eine Frauenstimme — Martha Coreys —, die antwortet.*

HATHORNES STIMME: Nun, Martha Corey, wir haben genugsam Beweis in Händen, daß Ihr Euch dem Lesen von Wahrsagebüchern hingabt. Leugnet Ihr das?
MARTHAS STIMME: Ich bin unschuldig als Hexe. Ich weiß nicht, was eine Hexe ist.
HATHORNES STIMME: Wie wißt Ihr dann, daß Ihr keine Hexe seid?
MARTHAS STIMME: Wenn ich eine wär, wüßt ich's.
HATHORNES STIMME: Warum plagt Ihr diese Kinder?
MARTHAS STIMME: Ich plag sie nicht. Ich verschmäh das!
GILES STIMME *brüllend*: Ich hab Beweis für das Gericht!
*Aufgeregte Zwischenrufe aus der Stadtbevölkerung.*
DANFORTHS STIMME: Ihr bleibt an Eurem Platz.
GILES STIMME: Thomas Putnam giert nach Land!
DANFORTHS STIMME: Büttel, schaff diesen Mann hinaus!
GILES STIMME: Ihr hört Lügen, Lügen!
*Die Zwischenrufe steigern sich zum Gebrüll.*
HATHORNES STIMME: Nehmt ihn fest, Exzellenz!
GILES STIMME: Ich hab Beweis. Warum wollt Ihr meinen Beweis nicht hören?
*Die Tür geht auf, und halb getragen wird Giles von Herrick in die Sakristei gebracht.*
GILES: Hände weg, verdamm dich, laß mich los!
HERRICK: Giles, Giles!
GILES: Geh mir aus dem Weg, Herrick! Ich bring Beweis —
HERRICK: Du kannst nicht dahineingehen, Giles; es ist ein Gericht! *Hale kommt vom Gerichtssaal herein.*
HALE: Bitte, seid einen Augenblick ruhig.
GILES: Geht Ihr hinein, Herr Hale, und verlangt, daß ich sprech.
HALE: Einen Augenblick, Herr, einen Augenblick.
GILES: Mein Weib wird gehenkt!
*Richter Hathorne kommt herein. Er ist in den Sechzigern, ein erbitterter, hartherziger Salemer Richter.*

HATHORNE: Wie könnt Ihr's wagen, in diesem Gericht Lärm zu schlagen! Seid Ihr närrisch geworden, Corey?

GILES: Ihr seid noch nicht Richter in Boston, Hathorne. Ihr heißt mich nicht närrisch!

*Der Unterstatthalter kommt herein, gefolgt von Ezekiel Cheever und Parris. Schweigen entsteht bei seinem Eintritt. Danforth ist ein würdevoller Sechziger, mit einem gewissen Maß von Humor und Spitzfindigkeit, was jedoch eine strikte Ergebenheit seinem Amt und seiner Sache gegenüber nicht beeinträchtigt. Er kommt vor zu Giles, der einen Zornausbruch erwartet.*

DANFORTH *faßt Giles direkt ins Auge*: Wer ist dieser Mann?

PARRIS: Giles Corey, Herr, und einen streitsüchtigeren –

GILES *zu Parris*: Ich bin gefragt, und ich bin alt genug zu antworten! *Zu Danforth, der ihn beeindruckt, mit einem mühsamen Lächeln.* Mein Name ist Corey, Herr, Giles Corey. Ich hab sechshundert Morgen Land und Wald dazu. Es ist mein Weib, die Ihr eben verurteilt. *Er weist nach dem Gerichtssaal.*

DANFORTH: Und wie meint Ihr mit so ungebührlichem Lärm ihrer Sache zu dienen? Jetzt geht. Nur Euer hohes Alter bewahrt Euch vor dem Kerker.

GILES *schreitet zur Verteidigung*: Sie berichten Euch Lügen über mein Weib, Herr, ich –

DANFORTH: Maßt Ihr Euch an zu entscheiden, was dies Gericht glauben und was es verwerfen soll?

GILES: Euer Exzellenz, keiner denkt an Mißachtung gegen –

DANFORTH: Mißachtung, wahrlich! Es ist Auflehnung, Mann. Dies ist das höchste Gericht der obersten Regierung dieser Provinz, wißt Ihr das?

GILES *beginnt zu weinen*: Euer Exzellenz, ich hab nur gesagt, sie läse Bücher. Herr, und sie kommen und holen sie mir weg wegen –

DANFORTH: Bücher! Was für Bücher?

GILES *von hilflosem Schluchzen unterbrochen*: Sie ist meine dritte, Herr; keine der andern war so auf Bücher versessen, und ich wollt den Grund dafür wissen, versteht Ihr, aber von Hexe hab ich nie was gesagt. *Er weint offen heraus.* Ich hab mich bei der Frau gegen die Liebe versündigt, ich hab mich bei ihr gegen die Liebe versündigt. *Er verdeckt beschämt sein Gesicht.*

*Danforth schweigt rücksichtsvoll.*

HALE: Exzellenz, er beruft sich auf starken Beweis zur Verteidigung seines Weibes. Ich glaube, von Rechts wegen solltet Ihr –

DANFORTH: So lege er seinen Beweis in der gehörigen Form einer eidlichen Aussage vor. Unser Verfahren hier ist Euch gewiß bekannt, Herr Hale. *Zu Herrick.* Räum dieses Zimmer.

HERRICK: Jetzt komm, Giles. *Er schiebt Corey sanft hinaus.*

FRANCIS *der inzwischen aus dem Gerichtssaal hereingekommen ist*: Wir sind verzweifelt, Herr; seit drei Tagen kommen wir jetzt her und können kein Gehör finden.

DANFORTH: Wer ist dieser Mann?

FRANCIS: Francis Nurse, Euer Exzellenz.

HALE: Sein Weib ist Rebecca, die heute morgen verurteilt ward.

DANFORTH: Wahrlich! Ich bin erstaunt, Euch bei solchem Aufruhr zu treffen. Ich habe nur Gutes von Euch gehört, Herr Nurse.

HATHORNE: Ich glaube, Herr, man sollte sie beide wegen Mißachtung festnehmen.

DANFORTH *zu Francis*: Schreibt Euer Gesuch nieder, und zu gegebener Zeit will ich –

FRANCIS: Exzellenz, wir haben Beweis für Eure Augen; Gott verhüte, daß Ihr sie davor verschließt. Die Mädchen, Herr, die Mädchen sind Lug und Trug.

DANFORTH: Was sagt Ihr?

FRANCIS: Wir haben Beweis dafür, Herr. Sie täuschen Euch allesamt.

*Danforth ist empört, doch er befaßt sich mit Francis.*

HATHORNE: Dies ist Mißachtung, Herr, Mißachtung!

DANFORTH: Ruhe, Richter Hathorne. Wißt Ihr, wer ich bin, Herr Nurse?

FRANCIS: Sicherlich, Herr, und ich mein, um das zu sein, müßt Ihr ein weiser Richter sein.

DANFORTH: Und wißt Ihr, daß von Marblehead bis Lynn an die vierhundert im Kerker sind, auf Grund meiner Unterschrift?

FRANCIS: Ich –

DANFORTH: Und zweiundsiebenzig zum Strang verurteilt, kraft dieser Unterschrift?

FRANCIS: Exzellenz, nie hätt ich gedacht, es zu so einem mächtigen Richter zu sagen, aber Ihr werdet getäuscht.

*Giles Corey kommt von links herein. Aller Blicke wenden sich ihm zu, als er Mary Warren mit Proctor winkt, ihm zu folgen. Mary hält die Augen gesenkt, und Proctor hat sie am Ellbogen gefaßt, als wäre sie nahe am Zusammenbrechen.*

PARRIS *bei Marys Anblick betroffen*: Mary Warren! *Er geht hin und beugt sich zu ihrem Gesicht hinunter.* Was tust du hier?

PROCTOR *indem er Parris sanft aber fest, mit einer schützenden Gebärde beiseite schiebt:* Sie möcht mit dem Unterstatthalter sprechen.

DANFORTH *entrüstet, zu Herrick:* Sagtest du mir nicht, Mary Warren läge krank zu Bette?

HERRICK: So war's, Euer Ehren. Als ich sie vorige Woche zu Gericht holen ging, sagte sie, daß sie krank wär.

GILES: Sie rang diese ganze Woche mit ihrer Seel, Euer Ehren; jetzt kommt sie, Euch die Wahrheit zu sagen.

DANFORTH: Wer ist dies?

PROCTOR: John Proctor, Herr. Elizabeth Proctor ist mein Weib.

PARRIS: Habt acht vor diesem Mann, Exzellenz, dieser Mann ist Unheil.

HALE *erregt:* Ich glaube, Ihr müßt das Mädchen hören, Herr, sie –

DANFORTH, *der großes Interesse für Mary Warren gefaßt hat und nur die Hand gegen Hale hebt:* Ruhe. Was möchtest du uns sagen, Mary Warren?

*Proctor sieht sie an, doch sie bringt kein Wort heraus.*

PROCTOR: Sie sah nie irgendwelche Geister, Herr.

DANFORTH *sehr erschrocken und erstaunt, zu Mary:* Sah nie irgendwelche Geister!

GILES *eifrig:* Nie.

PROCTOR *in seinen Rock greifend:* Sie unterschrieb eine eidliche Aussage, Herr –

DANFORTH *sogleich:* Nein, nein, ich nehme keine schriftlichen Aussagen an. *Er überlegt rasch und wendet sich von ihr zu Proctor.* Hört, Herr Proctor, gabt Ihr und Eure Freunde dies in der Stadt bekannt?

PROCTOR: Nein.

PARRIS: Sie kommen, das Gericht zu stürzen, Herr! Dieser Mann ist –

DANFORTH: Bitte, Herr Parris. Wißt Ihr, Herr Proctor, daß die gesamte Beweisführung des Staates in diesen Verhandlungen auf dem Glauben beruht, die Stimme des Himmels spreche aus diesen Kindern?

PROCTOR: Ja, Herr, das weiß ich.

DANFORTH *überlegt, mit dem Blick auf Proctor, und wendet sich dann zu Mary:* Und du, Mary Warren, wie kamst du dazu, Menschen auszuschreien, sie sendeten ihren Geist über dich?

MARY: Es war Vortäuschung, Herr.

DANFORTH: Ich höre dich nicht.

PROCTOR: Es war Vortäuschung, sagt sie.

DANFORTH: Ah? Und die anderen Mädchen? Susanna Walcott und – die übrigen? Die täuschen auch vor?

MARY: Ja, Herr.

DANFORTH *mit großen Augen*: Wahrlich. *Dies verwirrt ihn. Er wendet sich an Proctor, um in dessen Gesicht zu forschen.*

PARRIS *schwitzend*: Exzellenz, sicherlich gedenkt Ihr nicht, eine so niederträchtige Lüge vor allem Gericht verlauten zu lassen!

DANFORTH: Wahrlich nicht, doch es befremdet mich sehr, daß sie wagt, mit solch einer Mär herzukommen. Nun, Herr Proctor, eh ich entscheide, ob ich Euch hören soll oder nicht, bin ich verpflichtet, Euch dies zu sagen. Wir brennen hier ein heißes Feuer, das alle Verhehlung zum Schmelzen bringt.

PROCTOR: Das weiß ich, Herr.

DANFORTH: Laßt mich fortfahren. Ich verstehe gut, daß die Liebe einen Mann zur Verteidigung seines Weibes zu Außerordentlichem treiben kann. Seid Ihr in Eurem Gewissen überzeugt, Herr, daß Euer Beweis die Wahrheit ist?

PROCTOR: Ja. Und Ihr werdet's sicherlich erkennen.

DANFORTH: Und Ihr gedachtet dies vor dem ganzen Gericht und in aller Öffentlichkeit zu enthüllen?

PROCTOR: Das dacht ich, ja – mit Eurer Erlaubnis.

DANFORTH *die Augen zusammenkneifend*: Nun, Herr, was ist Eure Absicht dabei?

PROCTOR: Ei, ich – ich möcht mein Weib befreien, Herr.

DANFORTH: Nirgends in Eurem Herzen, noch verborgen in Eurem Geist lauert der Wunsch, dies Gericht zu untergraben?

PROCTOR *mit kaum merklichem Stocken*: Ei, nein, Herr.

CHEEVER *räuspert sich, aufmerkend*: Ich – Eure Exzellenz.

DANFORTH: Herr Cheever.

CHEEVER: Ich halt's für meine Pflicht, Herr – *Freundlich, zu Proctor.* Ihr könnt's nicht leugnen, Proctor. *Zu Danforth.* Als wir sein Weib holten, verwünschte er das Gericht und zerriß Euren Verhaftsbefehl.

PARRIS: Da hört Ihr's!

DANFORTH: Tat er das, Herr Hale?

HALE *holt Atem*: Ja, das tat er.

PROCTOR: Es war eine Aufwallung, Herr. Ich wußte nicht, was ich tat.

DANFORTH *sieht ihn forschend an*: Herr Proctor.

PROCTOR: Ja, Herr.
DANFORTH *blickt ihm fest in die Augen*: Saht Ihr je den Teufel?
PROCTOR: Nein, Herr.
DANFORTH: Ihr seid in jeder Hinsicht ein glaubenstreuer Christ?
PROCTOR: Das bin ich, Herr.
PARRIS: Ein Christ, der nicht mehr als einmal im Mond zur Kirche kommt!
DANFORTH *hält an sich – er ist neugierig*: Nicht zur Kirche kommt?
PROCTOR: Ich – ich heg keine Liebe für Herrn Parris. Ich mach kein Geheimnis draus. Doch Gott lieb ich sicherlich.
CHEEVER: Er pflügt am Sonntag, Herr.
DANFORTH: Pflügt am Sonntag!
CHEEVER *entschuldigend*: Ich halt's für ein Zeugnis, Proctor. Ich bin ein Amtlicher des Gerichts, ich kann's nicht verschweigen.
PROCTOR: Ich – ich hab ein- oder zweimal am Sonntag gepflügt. Ich hab drei Kinder, Herr, und mein Land trug wenig bis vergangnes Jahr.
GILES: Ihr fändet mehr Christen, die am Sonntag pflügen, wenn's der Wahrheit nach ging.
HALE: Euer Ehren, ich kann nicht glauben, daß Ihr den Mann auf Grund solchen Zeugnisses richtet.
DANFORTH: Ich richte nichts. *Pause. Er läßt Proctor nicht aus den Augen, der seinem Blick zu begegnen bemüht ist.* Ich sag's Euch offen, Herr – ich sah Wunderdinge in diesem Gericht. Ich sah Menschen vor meinen Augen von Geistern gewürgt; ich sah sie von Nadeln gestochen und von Messern zerschlitzt. Ich habe bis hieher nicht den kleinsten Grund zu dem Verdacht, daß die Mädchen mich täuschen. Versteht Ihr, was ich meine?
PROCTOR: Exzellenz, befremdet's Euch nicht, daß so viele dieser Frauen so lang mit so rechtschaffnem Ruf gelebt haben und –
PARRIS: Lest Ihr die Bibel, Herr Proctor?
PROCTOR: Ja, ich les sie.
PARRIS: Ich glaub's nicht, sonst wüßtest Ihr wohl, daß Kain ein rechtschaffener Mann war und dennoch Abel tötete.
PROCTOR: Ja, das sagt Gott uns. *Zu Danforth.* Doch wer sagt uns, daß Rebecca Nurse sieben Neugeborene tötete, indem sie ihren Geist über sie aussandte? Nur die Mädchen sind's, und diese hier wird schwören, daß sie Euch belog.
*Danforth überlegt und winkt Hathorne heran. Hathorne*

*beugt sich hinüber, und er flüstert ihm ins Ohr. Hathorne nickt.*

HATHORNE: Ja, sie ist's.

DANFORTH: Herr Proctor, heute morgen sandte Euer Weib mir ein Gesuch, worin sie angibt, nunmehr schwanger zu sein.

PROCTOR: Mein Weib schwanger!

DANFORTH: Kein Anzeichen bestätigt es – wir haben sie untersucht.

PROCTOR: Aber wenn sie sagt, sie sei schwanger, muß es so sein! Diese Frau lügt nicht, Herr Danforth.

DANFORTH: Lügt nicht?

PROCTOR: Nie, Herr, nie.

DANFORTH: Es schien uns zu gelegen, um glaubhaft zu sein. Indes, wenn ich Euch jetzt sagte, daß ich ihr einen weiteren Mond geben will; und wenn die natürlichen Anzeichen sichtbar werden, sie noch ein weiteres Jahr leben soll, bis sie entbunden hat – was meint Ihr dazu? *Proctor schweigt betroffen.* Sprecht. Ihr sagt, Eure einzige Absicht sei, Euer Weib zu retten. Nun gut, sie ist gerettet, zumindest für dies Jahr, und ein Jahr ist lang. Was sagt Ihr, Herr? Es ist gleich getan. *Im Kampf mit sich blickt Proctor nach Francis und Giles.* Wollt Ihr diese Beschuldigung fallenlassen?

PROCTOR: Ich – ich glaub, ich kann nicht.

DANFORTH *jetzt mit fast unmerklicher Härte im Ton*: So reicht Eure Absicht um einiges weiter.

PARRIS: Er kam, dies Gericht zu stürzen, Euer Ehren!

PROCTOR: Dies sind meine Freunde. Ihre Frauen sind auch angeklagt –

DANFORTH *mit unvermittelter Lebhaftigkeit*: Ich richte Euch nicht, Herr. Ich bin bereit, Euer Zeugnis zu hören.

PROCTOR: Ich komm nicht, dem Gericht zu schaden; ich will nur –

DANFORTH *fällt ihm ins Wort*: Herrick, geh hinein und heiße Richter Stoughton und Richter Sewall die Verhandlung auf eine Stunde unterbrechen. Und sie mögen in die Schenke gehen, wenn sie wollen. Alle Zeugen und Gefangenen sind im Hause zu behalten.

HERRICK: Ja, Herr. *Sehr ehrerbietig.* Wenn's verstattet ist, Herr, ich kenn diesen Mann mein Leben lang. Er ist ein guter Mann, Herr.

DANFORTH, – *der indirekte Vorwurf gegen ihn verstimmt ihn*: Sicherlich, Büttel. *Herrick grüßt und geht.* Nun, Herr Proctor, was für Zeugnis habt Ihr für uns? Und ich bitte Euch, seid klar, offen wie das Himmelszelt und ehrlich.

PROCTOR *während er einige Schriftstücke hervorholt*: Ich bin kein Rechtsgelehrter, und so –

DANFORTH: Wer reinen Herzens ist, bedarf keines Rechtsgelehrten. Verfahrt nach Eurem Gutdünken.

PROCTOR *übergibt Danforth ein Schriftstück*: Wollt Ihr zunächst dies lesen, Herr? Es ist eine Art Bescheinigung. Die Unterzeichneten bekunden ihre gute Meinung von Rebecca und meinem Weib und Martha Corey.

*Danforth blickt auf das Schriftstück hinunter.*

PARRIS *um Danforths Spott zu wecken*: Ihre gute Meinung!

*Doch Danforth liest weiter, und Proctor ist ermutigt.*

PROCTOR: Sie alle sind Bauern mit eigenem Boden, Mitglieder der Kirche. *Behutsam auf einen Punkt hinweisend.* Wenn Ihr's beachten wollt, Herr – sie kennen die Frauen seit vielen Jahren und bemerkten nie das geringste davon, daß sie mit dem Teufel zu schaffen hätten.

*Parris kommt nervös herüber und liest über Danforths Schulter.*

DANFORTH *blickt eine lange Liste hinunter*: Wie viele Namen sind dies?

FRANCIS: Einundneunzig, Eure Exzellenz.

PARRIS *schwitzend*: Diese Leute sollten vorgeladen werden. *Danforth blickt fragend zu ihm auf.* Zum Verhör.

FRANCIS *zornbebend*: Herr Danforth, ich gab allen mein Wort, daß sie keinen Schaden leiden, wenn sie dies unterschreiben.

PARRIS: Es ist ein klarer Angriff auf das Gericht!

HALE *bemüht, sich zu beherrschen*: Ist jede Verteidigung ein Angriff auf das Gericht? Kann niemand –?

PARRIS: Alle unschuldigen und gläubigen Menschen sind der Gerichte in Salem froh! Diese hier murren. *Zu Danforth.* Und ich denke, Ihr werdet von jedem einzelnen wissen wollen, was seine Unzufriedenheit mit Euch veranlaßt.

HATHORNE: Ich glaube, sie sollten verhört werden, Herr.

DANFORTH: Es ist nicht notwendig ein Angriff auf das Gericht, meine ich. Indes –

FRANCIS: Diese alle sind glaubenstreue Christen, Herr.

DANFORTH: Dann haben sie sicherlich nichts zu fürchten. *Übergibt das Schriftstück Cheever.* Herr Cheever, fertigt für alle diese Verhaftsbefehle aus – Festnahme zum Zweck des Verhörs. *Zu Proctor.* Nun, Herr was für weitere Belehrung habt Ihr für uns? *Zu Francis, der von Schrecken erstarrt da steht.* Ihr könnt Euch setzen, Herr Nurse.

FRANCIS: Ich hab Unheil über diese Menschen gebracht; ich hab –

DANFORTH: Nein, Alter, das habt Ihr keineswegs, wenn sie ein reines Gewissen haben. Doch Ihr müßt einsehen, Herr, daß einer entweder für dies Gericht ist, oder als dagegen gelten muß; es gibt keinen Mittelweg. Diese unsrige ist eine harte Zeit, eine genaue Zeit – wir leben nicht mehr in der Dämmerstunde, da das Böse sich mit dem Guten mischte und die Welt vernebelte. Kraft Gottes Gnade ist jetzt hell die Sonne aufgegangen, und wer das Licht nicht scheut, wird es sicherlich preisen. Ich hoffe, Ihr zählt zu diesen. *Mary Warren schluchzt unvermittelt.* Ich sehe, sie ist nicht munter.

PROCTOR: Nein, das ist sie nicht, Herr. *Er beugt sich zu Mary hinunter und nimmt sie bei der Hand; ruhig.* Jetzt erinner dich, was der Engel Raphael zu dem Knaben Tobias sprach. Erinner dich.

MARY *kaum vernehmlich*: Ja.

PROCTOR: »Tue, was recht ist, und kein Haar soll dir gekrümmt werden.«

MARY: Ja.

DANFORTH: Vorwärts, Mann, wir warten auf Euch.

*Herrick kommt zurück und nimmt seinen Posten an der Türe ein.*

GILES: John, mein Zeugnis, gib ihm meins.

PROCTOR Ja. *Er überreicht Danforth ein weiteres Schriftstück.* Dies ist Herrn Coreys Zeugnis.

DANFORTH: Ah? *Er blickt darauf hinunter. Jetzt tritt Hathorne hinter ihn und liest mit.*

HATHORNE *mißtrauisch*: Welcher Rechtsgelehrte fertigte das aus, Corey?

GILES: Ihr wißt, mein Lebtag dang ich keinen Rechtsgelehrten, Hathorne.

DANFORTH *hat zu Ende gelesen*: Es ist sehr gut abgefaßt. Mein Kompliment. Herr Parris, wollt Ihr Herrn Putnam herholen, wenn er anwesend ist? *Hathorne nimmt das Schriftstück und tritt damit ans Fenster. Parris entfernt sich in den Gerichtssaal.* Ihr habt in der Rechtspflege keine Übung, Herr Corey?

COREY *sehr geschmeichelt*: Doch, Herr, die allerbeste – ich war dreiunddreißigmal in meinem Leben vor Gericht, und stets als Kläger dazu.

DANFORTH: Oh, dann seid Ihr sehr aufsässig.

GILES: Ich bin nicht aufsässig; ich kenn nur meine Rechte, Herr, und will sie haben. Euer Vater, wißt Ihr, verhandelte einen von meinen Fällen – so vor fünfunddreißig Jahr, glaub ich.

DANFORTH: So?
GILES: Er hat Euch nie davon gesprochen?
DANFORTH: Nein, ich wüßte nicht.
GILES: Das wundert mich, er gab mir neun Pfund Schadensgeld. War ein gerechter Richter, Euer Vater. Seht Ihr, zu jener Zeit hatt ich eine weiße Stute, und jener Bursche kommt und borgt sich diese Stute – *Parris kommt mit Thomas Putnam herein. Bei seinem Anblick schwindet Giles' Behaglichkeit; er wird hart.* Aha, da ist er.
DANFORTH: Herr Putnam, ich habe hier eine Anklage von Corey wider Euch. Er erklärt, daß Ihr kalt Eure Tochter anhieltet, Hexerei über George Jacobs zu schreien, der sich jetzt im Kerker befindet.
PUTNAM: Es ist eine Lüge.
DANFORTH *wendet sich zu Giles*: Herr Putnam erklärt, Eure Beschuldigung sei eine Lüge. Was sagt Ihr dazu?
GILES *wütend, mit geballten Fäusten*: Einen Furz auf Thomas Putnam, das sag ich dazu!
DANFORTH: Welchen Beweis habt Ihr für Eure Beschuldigung, Herr?
GILES: Das ist mein Beweis! *Er deutet auf das Schriftstück.* Wenn Jacobs wegen Hexerei gehenkt wird, verwirkt er sein Eigentum – das ist Gesetz! Und keiner außer Putnam hat das Geld, einen so großen Besitz zu kaufen. Dieser Mann tötet seine Nachbarn für ihr Land!
DANFORTH: Doch der Beweis, Herr, der Beweis.
GILES *auf seine Aussage weisend*: Da ist der Beweis! Ich hab's von einem ehrlichen Mann, der's Putnam selber sagen hörte! An dem Tag, sagte er, da seine Tochter Jakobs ausschrie, hätt' sie ihm ein schön Stück Land geschenkt.
HATHORNE: Und der Name dieses Mannes?
GILES *betroffen*: Was für ein Name?
HATHORNE: Des Mannes, der Euch diese Auskunft gab.
GILES *zögert; dann*: Nun, ich – ich kann Euch seinen Namen nicht nennen.
HATHORNE: Und warum nicht?
GILES *zögert; dann bricht er los*: Ihr wißt sehr gut, warum nicht! Ihr werft ihn in den Kerker, wenn ich ihn nenn!
HATHORNE: Das ist Mißachtung des Gerichts, Herr Danforth!
DANFORTH *um das zu umgehen*: Ihr werdet uns sicherlich den Namen sagen.
GILES: Das werd ich nicht. Ich hab einmal meines Weibes Namen gesagt und werd dafür lang genug in der Hölle schmoren. Ich sag nichts.
DANFORTH: Dann bleibt mir keine andere Wahl, als Euch

wegen Mißachtung des Gerichts festzunehmen; ist Euch das klar?

GILES: Dies ist ein Verhör; Ihr könnt mich wegen Mißachtung eines Verhörs nicht einsperren.

DANFORTH: Oh, ein wahrer Rechtsgelehrter! Wünscht Ihr, daß ich das Gericht hier in voller Sitzung erkläre? Oder wollt Ihr gutwillig antworten?

GILES *stammelnd*: Ich kann Euch keinen Namen nennen, Herr, ich kann nicht.

DANFORTH: Ihr seid ein alter Narr. Herr Cheever, beginnt mit dem Protokoll. Das Gericht ist nunmehr in Sitzung. Ich frage Euch, Herr Corey –

PROCTOR *hineinplatzend*: Euer Ehren – er bekam's vertraulich mitgeteilt, Herr, und er –

PARRIS: Der Teufel lebt von solchen Vertraulichkeiten! *Zu Danforth.* Ohne Vertraulichkeiten gäbe es keine Verschwörung, Euer Ehren!

HATHORNE: Ich glaube, sie muß zerschlagen werden, Herr –

DANFORTH *zu Giles*: Alter, wenn Euer Gewährsmann die Wahrheit sagt, soll er als aufrechter Mensch offen herkommen. Doch wenn er sich in Ungenanntheit verbirgt, muß ich wissen, warum. Nun wohl, Herr, Regierung und Kirche fordern von Euch den Namen desjenigen, der Herrn Thomas Putnam für einen gemeinen Mörder ausgab.

HALE: Exzellenz –

DANFORTH: Herr Hale.

HALE: Wir können nicht mehr darüber wegsehen. Es ist ungeheure Furcht vor diesem Gericht im Lande –

DANFORTH: So ist ungeheure Schuld im Lande. Fürchtet Ihr, hier verhört zu werden?

HALE: Ich mag nur Gott fürchten, Herr, aber nichtdestoweniger ist Furcht im Lande.

DANFORTH *jetzt aufgebracht*: Macht die Furcht im Lande nicht mir zum Vorwurf; es besteht Furcht im Lande, weil eine Verschwörung im Gange ist, Christus im Lande niederzustürzen!

HALE: Doch daraus folgt nicht, daß jeder Angeklagte teil daran hat.

DANFORTH: Kein Unschuldiger kann dies Gericht fürchten, Herr Hale! Keiner! *Zu Giles.* Ihr seid in Verhaft wegen Mißachtung dieses Gerichts. Jetzt setzt Euch und geht mit Euch zu Rate, oder Ihr werdet in den Kerker gesetzt, bis Ihr bereit seid, alle Fragen zu beantworten.

*Giles Corey stürzt auf Putnam los. Proctor springt vor und hält ihn auf.*

PROCTOR: Nicht, Giles!

GILES *über Proctors Schulter zu Putnam*: Ich schneid Euch die Kehl durch, Putnam; ich töt Euch doch noch!

PROCTOR *drängt ihn auf einen Stuhl*: Ruhe, Giles, Ruhe. *Er läßt ihn los.* Wir werden den Beweis führen. Jetzt tun wir's. *Er wendet sich zu Danforth.*

GILES: Sag nichts mehr, John. *Auf Danforth weisend.* Er spielt nur mit dir! Er will uns allesamt henken!

*Mary Warren bricht in Schluchzen aus.*

DANFORTH: Dies ist ein Gericht des Rechtes, Mann. Ich dulde keinen Schimpf hier!

PROCTOR: Vergebt ihm, Herr, um seines hohen Alters willen. Ruhe, Giles, wir werden jetzt alles beweisen. *Er hebt Marys Kinn.* Du darfst nicht weinen, Mary. Denk an den Engel, was er zu dem Knaben sprach. Daran halt dich jetzt; da ist dein Fels. *Mary wird still. Er holt ein Schriftstück hervor und wendet sich zu Danforth.* Dies ist Mary Warrens Zeugnis. Ich – ich möcht Euch bitten, Herr, Euch, wenn Ihr dies lest, zu erinnern, daß sie bis vor zwei Wochen nicht anders war, als heut die übrigen Mädchen sind! *Er spricht vernünftig, all seine Furcht, seinen Zorn, seine Besorgnis zurückdrängend.* Ihr saht sie schreien, sie heulte, sie schwor, daß Geister sie würgten; ja, sie bezeugte, daß der Satan in Gestalt von Frauen, die jetzt im Kerker sind, ihre Seel zu gewinnen suchte und dann, als sie's abschlug –

DANFORTH: Dies alles wissen wir.

PROCTOR: Ja, Herr. Jetzt schwört sie, daß sie niemals den Satan sah; noch, undeutlich oder klar, einen Geist, der vom Satan gesandt sein mochte, sie zu plagen. Und sie erklärt, daß ihre Freundinnen jetzt lügen. *Proctor ist im Begriff, Danforth das Schriftstück zu übergeben, als Hale in zitternder Erregung zu Danforth tritt.*

HALE: Exzellenz, einen Augenblick. Ich glaube, dies rührt ans Innerste der Frage.

DANFORTH *mit tiefer Befürchtung*: Ja, wahrhaftig.

HALE: Ich kann nicht sagen, er ist ehrlich; ich kenne ihn zu wenig. Jedoch von Rechts wegen, Herr, kann eine so schwerwiegende Behauptung nicht von einem Bauern verteidigt werden. Im Namen Gottes, Herr, haltet hier ein; schickt ihn nach Hause und laßt ihn mit einem Rechtsgelehrten wiederkommen –

DANFORTH *geduldig*: Nun hört, Herr Hale –

HALE: Exzellenz, ich habe zweiundsiebenzig Todesurteile unterschrieben. Ich bin ein Diener des Herrn, und ich darf kein Leben opfern ohne so makellosen Beweis, daß kein leisester Gewissensskrupel daran zweifeln könnte.

DANFORTH: Herr Hale, sicherlich zweifelt Ihr nicht an meiner Gerechtigkeit.

HALE: Ich habe heute morgen mit meiner Unterschrift Rebecca Nurses Seele geopfert, Euer Ehren. Ich verhehle es nicht, noch jetzt zittert meine Hand wie von einer Wunde! Ich bitte Euch, Herr, diesen Beweis laßt von einem Rechtsgelehrten führen.

DANFORTH: Glaubt mir, Herr Hale, für einen Mann von so gewaltigem Wissen seid Ihr höchst verwirrt – ich hoffe, Ihr vergebt mir. Ich bekleide das Richteramt seit zweiunddreißig Jahren, Herr, aber ich wäre in Verlegenheit, würde ich aufgerufen, diese Leute zu verteidigen. Erwägt doch einmal – *Zu Proctor und den anderen* – und bitte tut ihr alle das gleiche. Wie verteidigt man den Angeklagten bei einem gewöhnlichen Verbrechen? Man ruft Zeugen auf, seine Unschuld zu beweisen. Aber Hexerei ist ipso facto, in ihrer äußeren Form wie ihrem Wesen nach, ein unsichtbares Verbrechen, nicht wahr? Wer also kann möglicherweise Zeuge sein? Die Hexe und das Opfer. Niemand sonst. Nun können wir nicht erwarten, daß die Hexe sich selber anklagt; zugegeben? Also müssen wir uns auf ihre Opfer verlassen – und sie legen Zeugnis ab, die Kinder legen allerdings Zeugnis ab. Was die Hexen betrifft, so wird niemand leugnen, daß wir auf ihrer aller Geständnis höchst begierig sind. Was also bleibt einem Rechtsgelehrten zu tun? Ich denke, ich habe mich verständlich gemacht. Nicht wahr?

HALE: Aber dies Mädchen sagt aus, die anderen seien unwahr, und wenn dem so ist –

DANFORTH: Das eben bin ich im Begriff zu erwägen, Herr. Was könnt Ihr mehr von mir verlangen? Es sei denn, Ihr zweifelt an meiner Rechtlichkeit.

HALE *geschlagen*: Nein, Herr, wahrhaftig nicht. Erwägt's denn.

DANFORTH: Und bringt Ihr Euer Herz zur Ruhe. Des Mädchens Zeugnis, Herr Proctor.

*Proctor übergibt es ihm. Hathorne erhebt sich, tritt an Danforths Seite und beginnt zu lesen. Parris kommt an seine andere Seite. Danforth sieht Proctor an und wendet sich dann dem Schriftstück zu. Hale steht auf, gesellt sich zu der Gruppe und liest gleichfalls. Proctor blickt zu Giles hinüber. Francis betet still mit verschlungenen Händen. Cheever wartet geruhsam, der erhabene, pflichtgetreue Be-*

*amte. Mary schluchzt einmal auf. Proctor streicht ihr ermutigend über den Kopf. Dann hebt Danforth den Blick, steht auf, zieht sein Taschentuch heraus und schneuzt sich. Die anderen treten beiseite, als er gedankenvoll zum Fenster hinübergeht.*

PARRIS *kaum imstande, seine Wut und Angst zu bändigen:* Ich möchte fragen –

DANFORTH – *sein erster wirklicher Ausbruch, der seine Verachtung für Parris verrät:* Herr Parris, ich bitte Euch, schweigt! *Er steht und blickt stumm aus dem Fenster. Dann, da er zu verstehen gegeben hat, daß er bestimmt.* Herr Cheever, wollt Ihr in den Gerichtssaal gehen und die Mädchen herholen? *Cheever steht auf und geht zur hinteren Türe hinaus. Danforth wendet sich zu Mary.* Mary Warren, wie kamst du zu dieser Wandlung? Bedrohte Herr Proctor dich zwecks dieser Aussage?

MARY: Nein, Herr.

DANFORTH: Bedrohte er dich je?

MARY *schwächer:* Nein, Herr.

DANFORTH *spürt ein Schwachwerden:* Bedrohte er dich?

MARY: Nein, Herr.

DANFORTH: Also sagst du mir, daß du in meinem Gericht auftratest und frech logst, wissend, daß diese Menschen auf dein Zeugnis hin gehenkt würden? *Sie antwortet nicht.* Antworte mir!

MARY *fast unhörbar:* Ja, Herr.

DANFORTH: Was hat man dich gelehrt? Weißt du nicht, daß Gott alle Lügner verdammt? *Sie kann nicht sprechen.* Oder lügst du jetzt?

MARY: Nein, Herr – jetzt bin ich mit Gott.

DANFORTH: Du bist jetzt mit Gott.

MARY: Ja, Herr.

DANFORTH *sich beherrschend:* Ich werde dir eines sagen – entweder lügst du jetzt, oder du logst vor Gericht; in jedem Fall begingst du Meineid und wirst es mit dem Kerker büßen. Du kannst nicht leichtfertig behaupten, daß du logst, Mary. Weißt du das?

MARY: Ich kann nicht mehr lügen. Ich bin mit Gott, ich bin mit Gott.

*Doch beim Gedanken daran bricht sie in Tränen aus. Die Tür rechts geht auf, und Susanna Walcott, Mercy Lewis, Betty Parris und zuletzt Abigail kommen herein. Cheever tritt zu Danforth.*

CHEEVER: Ruth Putnam und die anderen Mädchen sind nicht anwesend, Herr.

DANFORTH: Diese werden genügen. Setzt euch, Kinder. *Sie setzen sich schweigend.* Eure Freundin Mary Warren hat uns eine Aussage übergeben. Sie schwört darin, daß sie nie Geister, Erscheinungen oder sonst eine Offenbarung des Teufels sah. Ebensowohl behauptet sie, keine von euch habe diese Dinge gesehen. *Kurze Pause.* Nun, Kinder, dies ist ein Gericht des Rechtes. Das Recht, auf die Bibel gegründet, und die Bibel, von Gott dem Allmächtigen geschrieben, verbieten die Ausübung der Hexerei und belegen sie mit der Todesstrafe. Doch gleichermaßen, Kinder, verdammen das Recht und die Bibel all jene, die falsches Zeugnis ablegen. *Kurze Pause.* Nun denn. Es entgeht mir nicht, daß diese Aussage bestimmt sein mag, uns zu blenden; es mag wohl sein, daß Mary Warren vom Satan gewonnen und von ihm hergesandt ward, unsere geheiligte Absicht zu stören. Ist dem so, wird es sie den Hals kosten. Doch spricht sie die Wahrheit, so bitte ich euch nunmehr eure Falschheit abzutun und eure Heuchelei einzugestehen, denn ein rasches Geständnis wird euer Los erleichtern. *Pause.* Abigail Williams, stehe auf. *Abigail Williams erhebt sich langsam.* Ist irgend Wahres hieran?

ABIGAIL: Nein, Herr.

DANFORTH *überlegt, blickt nach Mary und zurück zu Abigail*: Kinder, ein wahres Bohreisen wird jetzt in eure Herzen gegraben, bis eure Ehrlichkeit erwiesen ist. Will eine von euch jetzt ihre Haltung ändern, oder zwingt ihr mich zu strengem Verhör?

ABIGAIL: Ich hab nichts zu ändern, Herr. Sie lügt.

DANFORTH *zu Mary*: Du willst dies dennoch weiterführen?

MARY *matt*: Ja, Herr.

DANFORTH *wendet sich zu Abigail*: In Herrn Proctors Haus ward eine Puppe gefunden, die von einer Nadel durchstochen war. Mary Warren behauptet, daß du, als sie sie machte, neben ihr saßest und ihr zusahst und Zeuge warst, als sie selber ihre Nadel zur Aufbewahrung hineinsteckte. Was sagst du dazu?

ABIGAIL *mit einem Anklang von Entrüstung*: Es ist eine Lüge, Herr.

DANFORTH *nach einer kurzen Pause*: Sahst du, dieweil du bei Herrn Proctor dientest, Puppen dort im Hause?

ABIGAIL: Gevatterin Proctor hatte alleweil Puppen.

PROCTOR: Euer Ehren, mein Weib hatte nie Puppen. Mary Warren gibt zu, daß es ihre Puppe war.

CHEEVER: Euer Exzellenz.

DANFORTH: Herr Cheever.

CHEEVER: Als ich dort im Haus mit Gevatterin Proctor sprach, sagte sie, sie hätte keine Puppen. Aber als Mädchen, sagte sie, hätt sie welche gehabt.

PROCTOR: Seit fünfzehn Jahren ist sie kein Mädchen mehr, Euer Ehren.

HATHORNE: Aber eine Puppe hält sich fünfzehn Jahre, nicht wahr?

PROCTOR: Sie hält sich, wenn sie gehalten wird. Aber Mary Warren schwört, daß sie nie Puppen in meinem Hause sah, so wenig wie sonstwer.

PARRIS: Warum konnten nicht Puppen verborgen sein, wo sie nie jemand sah?

PROCTOR *wütend*: Es könnt auch ein Drache mit fünf Beinen in meinem Hause sein, aber nie sah ihn jemand.

PARRIS: Eben dazu sind wir hier, Euer Ehren, zu entdecken, was nie jemand sah.

PROCTOR: Herr Danforth, was fruchtet's diesem Mädchen, sich abzukehren? Was kann Mary Warren gewinnen als ein strenges Verhör und Schlimmeres?

DANFORTH: Ihr beschuldigt Abigail Williams eines unerhört kalten Mordanschlags; ist Euch das klar?

PROCTOR: Ja, Herr. Ich glaub, sie sinnt auf Mord.

DANFORTH *auf Abigail weisend, ungläubig*: Dies Kind wollte Euer Weib morden?

PROCTOR: Sie ist kein Kind. Hört's nur, Herr. Vor der ganzen Gemeinde ward sie zweimal dies Jahr aus diesem Bethaus geschickt, weil sie während des Gebetes lachte.

DANFORTH *empört, zu Abigail gewandt*: Wie? Sie lachte während —

PARRIS: Exzellenz, sie war dazumal unter Titubas Einfluß, aber jetzt ist sie ernst.

GILES: Ja, jetzt ist sie ernst und bringt die Menschen an den Strang!

DANFORTH: Still, Mann.

HATHORNE: Dies gehört wirklich nicht zur Sache, Herr. Seine Beschuldigung lautet auf vorbedachten Mord.

DANFORTH: Ja. *Er sieht Abigail einen Augenblick forschend an; dann* — Weiter, Herr Proctor.

PROCTOR: Mary, jetzt sag dem Statthalter von eurem Tanzen im Wald.

PARRIS *hastig*: Exzellenz, seit ich nach Salem kam, verunglimpft dieser Mann meinen Namen. Er —

DANFORTH: Einen Augenblick, Herr. *Zu Mary, streng und verwundert.* Was ist's mit diesem Tanzen?

MARY: Ich – *Sie blickt nach Abigail, die gnadenlos auf sie niedersieht; dann, flehend zu Proctor.* Herr Proctor –

PROCTOR *einspringend*: Abigail führte die Mädchen in den Wald, Euer Ehren, und da tanzten sie nackt –

PARRIS: Euer Ehren, das –

PROCTOR *sogleich*: Herr Parris selber überraschte sie mitten in der Nacht! So ein »Kind« ist sie!

DANFORTH – *es wird zu einem Albdruck, und er wendet sich erstaunt zu Parris*: Herr Parris –

PARRIS: Ich kann nur sagen, Herr, daß ich keine nackt sah, und daß dieser Mann –

DANFORTH: Aber Ihr überraschtet sie im Wald beim Tanzen? *Den Blick auf Parris, weist er auf Abigail.* Abigail?

HALE: Exzellenz, das berichtete mir Herr Parris gleich nach meiner Ankunft aus Beverley.

DANFORTH: Leugnet Ihr das, Herr Parris?

PARRIS: Nein, Herr, doch ich sah keine nackt.

DANFORTH: Aber sie t a n z t e n ?

PARRIS *widerstrebend*: Ja, Herr.

*Danforth sieht Abigail wie mit neuen Augen an.*

HATHORNE: Exzellenz, gestattet Ihr? *Er weist auf Mary Warren.*

DANFORTH *sehr bedrängt*: Bitte.

HATHORNE: Mary, du sagst, daß du nie Geister sahst, nie von einer Offenbarung des Teufels oder des Teufels Sendboten bedroht oder geplagt wardst.

MARY *sehr matt*: Nein, Herr.

HATHORNE *mit einem Schimmer von Triumph*: Und dennoch wardst du ohnmächtig, wenn der Hexerei Angeklagte im Gericht vor dich gebracht wurden, und sagtest, ihre Geister kämen aus ihren Leibern und würgten dich?

MARY: Das war Vortäuschung, Herr!

DANFORTH: Ich verstehe nicht!

MARY: Vortäuschung, Herr.

PARRIS: Doch du wardst kalt, nicht wahr? Ich selber hob dich oftmals auf, und deine Haut war eisig. Herr Danforth, Ihr –

DANFORTH: Ich sah das oft.

PROCTOR: Sie täuschte die Ohnmacht nur vor, Exzellenz. Sie verstehn sich allesamt erstaunlich aufs Täuschen.

HATHORNE: So kann sie jetzt eine Ohnmacht vortäuschen?

PROCTOR: Jetzt?

PARRIS: Warum nicht? Jetzt greifen keine Geister sie an, denn niemand hier im Raum ist der Hexerei beschuldigt. Also werde sie jetzt kalt, täusche sie vor, jetzt angegriffen zu sein, werde sie ohnmächtig. *Er wendet sich zu Mary.* Werde ohnmächtig!

MARY: Ohnmächtig?

PARRIS: Ja, ohnmächtig. Beweise uns, wie du's im Gericht so oftmals vortäuschtest.

MARY *sieht Proctor an*: Ich kann jetzt nicht ohnmächtig werden, Herr.

PROCTOR *erschrocken, leise*: Du kannst es nicht vortäuschen?

MARY: Ich – *Sie blickt um sich, als suchte sie nach der erforderlichen Erregung.* Ich – spür's jetzt nicht, ich –

DANFORTH: Warum nicht? Was fehlt jetzt?

MARY: Ich – kann's nicht sagen, Herr, ich –

DANFORTH: Könnte es sein, daß hier keine freigelassenen bösen Geister sind, doch im Gericht solche waren?

MARY: Ich sah nie Geister.

PARRIS: So sieh jetzt keine und beweise uns, daß du aus eigener Kraft ohnmächtig werden kannst, wie du angibst.

MARY *starrt, aufs neue suchend, und schüttelt dann den Kopf*: Ich – kann's nicht.

PARRIS: So gestehst du's, nicht wahr? Es waren böse Geister, die dich ohnmächtig werden ließen!

MARY: Nein, Herr, ich –

PARRIS: Exzellenz, dies ist eitle List, das Gericht zu blenden!

MARY: Es ist keine List! *Sie springt auf.* Ich – ich ward ohnmächtig, weil ich – ich glaubte, ich säh Geister.

DANFORTH: Glaubtest, du sähst sie!

MARY: Aber ich sah sie nicht, Euer Ehren.

HATHORNE: Wie konntest du glauben, du sähst sie, wenn du sie nicht sahst?

MARY: Ich – ich kann nicht sagen, wie, aber es war so. Ich – ich hörte die anderen Mädchen schreien, und Ihr, Euer Ehren, schient ihnen zu glauben, und ich – Im Anfang war's nur Spaß, Herr, aber dann rief alle Welt Geister, Geister, und ich – Wahr und wahrhaftig, Herr Danforth, ich glaubte nur, ich säh sie, aber ich sah sie nicht.
*Danforth blickt sie aufmerksam an.*

PARRIS *lächelnd, aber nervös, da Danforth über Marys Worte betroffen scheint*: Euer Exzellenz läßt sich sicherlich von dieser simplen Lüge nicht fangen.

DANFORTH *wendet sich bedrängt zu Abigail*: Abigail. Ich bitte dich, jetzt prüfe dein Herz und sage mir dies – und hüte dich, Kind, für Gott ist jede Seele kostbar, und Seine Rache kommt fürchterlich über jene, die ohne Grund Leben vernichten. Ist es möglich, Kind, daß die Geister, die du sahst, nur ein Trugbild sind, eine Täuschung, die etwa deinen Geist kreuzt, wenn –

ABIGAIL: Oh, das – das ist eine verächtliche Frage, Herr.

DANFORTH: Kind, ich möchte, daß du sie bedenkst –

ABIGAIL: Ich ward verletzt, Herr Danforth; ich sah mein Blut strömen! Ich ward jeden Tag beinah gemordet, weil ich meine Pflicht tat und auf des Teufels Gesellen hinwies – und das ist mein Lohn? Daß ich verdächtigt, Lügen gestraft, verhört werd wie ein –

DANFORTH *schwach werdend*: Kind, ich verdächtige dich nicht –

ABIGAIL *mit einer unverhüllten Drohung*: Hütet Ihr Euch, Herr Danforth. Glaubt Ihr Euch so stark, daß die Macht der Hölle nicht Euren Sinn verwirren könnte? Hütet Euch! Es gibt –

*Aus der anklagenden Haltung wendet sie plötzlich das Gesicht und blickt – wirklich erschrocken – in die Luft hinauf.*

DANFORTH *besorgt*: Was ist's Kind?

ABIGAIL *blickt in der Luft umher und preßt die Arme an sich, als fröre sie*: Ich – ich weiß nicht. Ein Wind, ein kalter Wind kam auf. *Ihr Blick senkt sich auf Mary.*

MARY *von Schrecken ergriffen, bittend*: Abby!

MERCY *erschauernd*: Euer Ehren, ich frier!

PROCTOR: Es ist Vortäuschung!

HATHORNE *berührt Abigails Hand*: Sie ist kalt, Euer Ehren, fühlt sie an!

MERCY *mit klappernden Zähnen*: Mary, schickst du diesen Schatten über mich?

MARY: Gott, schütze mich!

SUSANNA: Ich frier, ich frier!

ABIGAIL *sichtbar erschauernd*: Es geht ein Wind, ein Wind!

MARY: Abby, tu das nicht!

DANFORTH *selbst im Zweifel und von Abigail bestärkt*: Mary Warren, behexest du sie? Ich frage dich, sendest du deinen Geist aus? *Mit einem hysterischen Schrei stürzt Mary davon. Proctor hält sie auf.*

MARY *dem Zusammenbrechen nahe*: Laßt mich, Herr, ich kann nicht, ich kann nicht –

ABIGAIL *zum Himmel aufrufend*: O himmlischer Vater, nimm diesen Schatten hinweg!

*Ohne Vorbereitung oder Zögern stürzt Proctor zu Abigail, packt sie bei den Haaren und zerrt sie hoch. Sie schreit vor Schmerz. Danforth ruft erstaunt: »Was tut Ihr?« und Hathorne und Parris gleichzeitig: »Laßt die Hände von ihr!«*

PROCTOR *brüllend, alle übertönend*: Wie kannst du den Himmel anrufen! Du Hur! Du Hur!

*Herrick wirft sich zwischen ihn und Abigail.*

HERRICK: John!

DANFORTH: Mann, Mann, was –

PROCTOR *keuchend und in tiefster Qual*: Sie ist eine Hur!

DANFORTH *starr*: Ihr beschuldigt –?

ABIGAIL: Herr Danforth, er lügt!

PROCTOR: Hört nur! Jetzt wird sie einen Schrei tun, mich damit aufzuspießen, aber –

DANFORTH: Ihr werdet dies beweisen! Dies geht nicht durch.

PROCTOR *zitternd, da sein Leben rings um ihn zusammenbricht*: Ich hab sie erkannt, Herr, ich hab sie erkannt.

DANFORTH: Ihr – Ihr seid ein Ehebrecher?

FRANCIS *entsetzt*: John, du kannst nicht ein so –

PROCTOR: O Francis, ich wollt, du hättst irgend Böses in dir, daß du mich sehn könntest, wie ich bin! *Zu Danforth.* Ein Mann wirft seinen guten Namen nicht weg. Das wißt Ihr wohl.

DANFORTH *starr*: Zu – zu welcher Zeit? An welchem Ort?

PROCTOR *mit versagender Stimme und tiefer Scham*: Am tauglichen Ort – wo meine Tiere liegen. In der letzten Nacht meines Glücks, vor etwa acht Monden. Sie diente in meinem Haus, Herr. *Er muß die Zähne zusammenbeißen, um nicht herauszuweinen.* Der Mensch mag denken, Gott schläft, aber Gott sieht alles, jetzt weiß ich's. Ich bitt Euch, Herr, ich bitt Euch, seht sie, wie sie ist. Mein Weib, mein lieb, gut Weib, ging kurz drauf hin und schickte dies Mädchen auf die Straße. Und wie sie ist, ein Haufen Eitelkeit, Herr – *Es überwältigt ihn.* Vergebt mir, Exzellenz, vergebt mir. *Voller Wut auf sich selbst wendet er sich einen Augenblick ab. Dann, als bliebe ihm keine andere Möglichkeit, als es herauszuschreien.* Sie denkt auf meines Weibes Grab mit mir zu tanzen! Und mit gutem Grund, denn ich war vernarrt in sie. Gott helf mir, ich begehrte sie, und es i s t ein Versprechen in solcher Brunst. Doch dies ist die Rache einer Hur, und das müßt Ihr sehn. Ich hab mich ganz in Eure Hand gegeben; Ihr müßt es jetzt sehn, ich weiß es –

DANFORTH *wendet sich in blassem Entsetzen zu Abigail*: Du leugnest das in jedem einzelnen Punkt?

ABIGAIL: Wenn ich hierauf antworten muß, geh ich, und ich komm nicht wieder!

*Danforth scheint zu schwanken.*

PROCTOR: Ich hab meine Ehr zur Glocke gemacht! Ich hab

meinen guten Namen zu Grab geläutet – Ihr werdet mir glauben, Herr Danforth! Mein Weib ist unschuldig, nur daß sie eine Hur mit einem einzigen Blick erkannte!

ABIGAIL *vor Danforth hintretend*: Wie seht Ihr mich an? *Danforth kann nicht sprechen.* Ich leid's nicht, daß man mich so ansieht! *Sie dreht sich um und geht zur Türe.*

DANFORTH: Du bleibst, wo du bist! *Herrick tritt ihr in den Weg. Sie steht mit flammenden Augen still.* Herr Parris, geht in den Gerichtssaal und bringt Gevatterin Proctor her.

PARRIS *einwendend*: Euer Ehren, das Ganze ist eine –

DANFORTH *scharf*: Bringt sie her! Und kein Wort von dem, was hier gesprochen ward. Und klopft an, eh Ihr hereinkommt. *Parris geht.* Jetzt werden wir auf den Grund dieses Sumpfes gelangen. *Zu Proctor.* Ihr sagt, Euer Weib ist eine ehrliche Frau?

PROCTOR: Ihr Leben lang, Herr, hat sie nie gelogen. Es gibt solche, die nicht singen können, und solche, die nicht weinen können – mein Weib kann nicht lügen. Ich hab diese Erfahrung teuer erkauft, Herr.

DANFORTH: Und sie schickte dies Mädchen als Dirne aus dem Haus?

PROCTOR: Ja, Herr.

DANFORTH: Und wußte, daß sie eine Dirne war?

PROCTOR: Ja, Herr, sie wußte es.

DANFORTH: Nun gut. *Zu Abigail.* Und wenn sie mir dies bestätigt, Kind, erbarme Gott sich deiner Seele! *Es klopft an die Türe. Er ruft hinüber:* Einen Augenblick! *Zu Abigail.* Drehe dich um. Drehe dich um. *Zu Proctor.* Ihr desgleichen. *Beide kehren sich mit dem Rücken zu ihm – Abigail mit empörter Langsamkeit.* Keiner von euch wende sich jetzt zu Gevatterin Proctor um. Niemand in diesem Raum hat ein Wort zu sprechen, noch ein Zeichen ja oder nein zu geben. *Er wendet sich zur Türe und ruft:* Tretet ein! *Die Türe geht auf. Elizabeth kommt mit Parris herein. Parris entfernt sich von ihr. Sie steht allein; ihre Augen suchen Proctor.* Herr Cheever, schreibt dies Zeugnis in aller Genauigkeit nach. Seid Ihr bereit?

CHEEVER: Ja, Herr.

DANFORTH: Tretet her, Frau. *Elizabeth kommt zu ihm, während ihr Blick an Proctors Rücken hängt.* Nur nach mir blickt, nicht nach Eurem Mann. Nur in meine Augen.

ELIZABETH *leise*: Gut, Herr.

DANFORTH: Wir vernehmen, daß Ihr vor einiger Zeit Eure Magd, Abigail Williams, entließet.

ELIZABETH: Das ist richtig, Herr.

DANFORTH: Aus welchem Grund entließt Ihr sie? *Kurze Pause. Dann gleiten Elizabeths Augen zu ihrem Mann.* Ihr blickt nur in meine Augen und nicht nach Eurem Mann. Ihr wißt die Antwort und bedürft keiner Hilfe dazu. Warum entließet Ihr Abigail Williams?

ELIZABETH *die im Gefühl einer kritischen Lage nicht weiß, was sie sagen soll, befeuchtet sich die Lippen, um Zeit zu gewinnen*: Sie – mißfiel mir. *Pause.* Und meinem Mann auch.

DANFORTH: In welcher Weise mißfiel sie Euch?

ELIZABETH: Sie war – *Sie sieht aufschlußsuchend nach Proctor.*

DANFORTH: Blickt mich an, Frau! *Elizabeth gehorcht.* War sie schlampig? Träge? Was für Störung verursachte sie?

ELIZABETH: Euer Ehren, ich – Zu jener Zeit war ich krank. Und ich – Mein Mann ist ein guter und rechtschaffener Mann. Er ist nie betrunken wie manch andere und vertut seine Zeit nicht beim Beilkespiel, sondern kennt nur seine Arbeit. Doch während meiner Krankheit – sehr Ihr, Herr, nach meinem letzten Kind war ich eine ganze Weile krank und glaubte zu bemerken, daß mein Mann sich ein wenig von mir abkehrte. Und dies Mädchen – *Sie wendet sich zu Abigail.*

DANFORTH: Blickt mich an.

ELIZABETH: Ja, Herr. Abigail Williams – *Sie bricht ab.*

DANFORTH: Was war's mit Abigail Williams?

ELIZABETH: Es kam so weit, daß ich glaubte, er hätt Gefallen an ihr. Und da verlor ich wohl eines Abends den Kopf und schickte sie aus dem Haus.

DANFORTH: Euer Mann – kehrte sich tatsächlich von Euch ab?

ELIZABETH *in großer Pein*: Mein Mann – ist ein guter Mann, Herr.

DANFORTH: So kehrte er sich nicht von Euch ab.

ELIZABETH *mit dem Versuch, zu Proctor hinüberzublicken*: Er –

DANFORTH *greift aus und hält ihr Gesicht fest*: Blickt mich an! Beging John Proctor Eures Wissen das Verbrechen des Ehebruchs? *Eine Krisis der Unentschiedenheit verschließt ihr den Mund.* Gebt mir Antwort! Ist Euer Mann ein Ehebrecher?

ELIZABETH *leise*: Nein, Herr.

DANFORTH: Bring sie weg, Büttel.

PROCTOR: Sag die Wahrheit, Elizabeth!

DANFORTH: Sie hat gesprochen. Bring sie weg!

PROCTOR *mit einem Aufschrei*: Ich hab's gestanden, Elizabeth!

ELIZABETH: O mein Gott! *Die Türe schließt sich hinter ihr.*

PROCTOR: Sie wollte nur meinen Namen schonen!

HALE: Exzellenz, diese Lüge ist verständlich; ich bitte Euch, jetzt haltet ein, eh noch ein Mensch verurteilt wird! Ich kann es vor meinem Bewußtsein nicht mehr verschließen – aus diesem Zeugnis spricht persönliche Rache. Von Anfang an erschien dieser Mann mir als wahrhaftig. Bei meinem heiligen Eid glaube ich jetzt, daß er es ist, und ich bitte Euch, ruft sein Weib zurück, eh wir –

DANFORTH: Sie sagte nichts von Ehebruch; dieser Mann hat gelogen!

HALE: Ich glaube ihm! *Auf Abigail weisend.* Dies Mädchen erschien mir immer als falsch! Sie –

*Abigail sendet einen unheimlichen, wilden, durchdringenden Schrei zur Decke auf.*

ABIGAIL: Nicht doch! Geh weg! Geh weg, sag ich!

DANFORTH: Was ist's, Kind? *Doch Abigail hält, furchtsam hinaufweisend, ihr angsterfülltes Gesicht mit verschrecktem Blick der Decke zugewandt – und Hathorne, Hale, Putnam, Cheever, Herrick und Danforth tun das gleiche.* Was ist dort? *Er wendet den Blick von der Decke ab, und jetzt ist er von Angst erfaßt; seine Stimme klingt wahrhaft gepreßt.* Kind! *Sie ist erstarrt – mit den anderen Mädchen wimmernd, den Mund offen, den Blick an die Decke gebannt.* Kinder! Warum –?

MERCY *hinaufweisend*: Da auf dem Balken! Hinter der Sparre!

DANFORTH *nach oben blickend*: Wo!

ABIGAIL: Was –? *Sie schluckt.* Was willst du, gelber Vogel?

PROCTOR: Wo ist ein Vogel? Ich seh keinen Vogel.

ABIGAIL *zur Decke*: Mein Gesicht? Mein Gesicht?

PROCTOR: Herr Hale –

DANFORTH: Still!

PROCTOR *zu Hale*: Seht Ihr einen Vogel?

DANFORTH: Still!

ABIGAIL *zur Decke, in wirklichem Gespräch mit dem »Vogel«, wie um ihn vom Angriff auf sie abzuhalten*: Aber Gott machte mein Gesicht; du willst mir doch mein Gesicht nicht zerhacken. Neid ist eine Todsünde, Mary.

MARY *springt auf, entsetzt flehend*: Abby!

ABIGAIL *unbeirrt weiter zu dem »Vogel«*: O Mary, es ist Schwarzkunst, andre Gestalt anzunehmen. Nein, ich kann nicht, ich kann nicht schweigen; es ist Gottes Werk, das ich tu.

MARY: Abby, ich bin hier!

PROCTOR *rasend*: Es ist Vortäuschung, Herr Danforth!

ABIGAIL *einen Schritt zurückweichend, wie aus Furcht, daß der Vogel gleich niederstieße*: Oh, bitte, Mary! Komm nicht herunter.

SUSANNA: Ihre Klauen, sie streckt ihre Klauen aus!

PROCTOR: Lügen, Lügen!

ABIGAIL *weiter zurückweichend, den Blick immer noch nach oben gerichtet*: Mary, bitte tu mir nichts!

MARY *zu Danforth*: Ich tu ihr ja nichts!

DANFORTH *zu Mary*: Warum sieht sie diese Erscheinung?

MARY: Nichts sieht sie!

ABIGAIL *jetzt wie hypnotisiert, starr nach vorne, genau in Marys Ton*: Nichts sieht sie!

MARY *flehend*: Abby, das darfst du nicht!

ABIGAIL UND DIE ANDEREN MÄDCHEN *starr*: Abby, das darfst du nicht!

MARY *zu den Mädchen*: Ich bin hier, ich bin hier!

DIE MÄDCHEN: Ich bin hier, ich bin hier!

DANFORTH *entsetzt*: Mary Warren! Nimm deinen Geist aus ihnen zurück.

MARY: Herr Danforth!

DIE MÄDCHEN *einfallend*: Herr Danforth!

DANFORTH: Verbandest du dich dem Teufel, sag?

MARY: Nie, nie!

DIE MÄDCHEN: Nie, nie!

DANFORTH *die Nerven verlierend*: Warum können sie dich nur wiederholen?

PROCTOR: Eine Peitsche her – ich mach dem ein Ende!

MARY: Sie spaßen! Sie –!

DIE MÄDCHEN: Sie spaßen!

MARY *hysterisch zu den Mädchen und mit den Füßen stampfend*: Abby, hör auf!

DIE MÄDCHEN *mit den Füßen stampfend*: Abby, hör auf!

MARY: Hört auf!

DIE MÄDHEN: Hört auf!

MARY *aus voller Lunge schreiend, mit erhobenen Fäusten*: Hört auf!

DIE MÄDCHEN *mit erhobenen Fäusten*: Hört auf!

*Marry Warren ist völlig verwirrt, und der überzeugenden Wirkung Abigails – wie der anderen Mädchen – erliegend, beginnt sie, die Hände halb erhoben, hilflos zu wimmern; die Mädchen wimmern genauso.*

DANFORTH: Vor nicht langer Zeit wardst du befallen. Jetzt, scheint's, befällst du andere; woher kam dir diese Macht?

MARY *starrt Abigail an*: Ich – hab keine Macht.
DIE MÄDCHEN: Ich hab keine Macht.
PROCTOR: Sie halten Euch zum Narren, Herr!
DANFORTH: Was bewirkte vor zwei Wochen deine Abkehr? Du sahst den Teufel, nicht wahr?
HALE *weist auf Abigail und die Mädchen*: Unmöglich, daß Ihr ihnen glaubt!
MARY: Ich –
PROCTOR *spürt, daß sie schwach wird*: Gott verdammt alle Lügner, Mary!
DANFORTH *hämmert es in sie hinein*: Du sahst den Teufel, du schlossest einen Bund mit Luzifer, nicht wahr?
PROCTOR: Mary, Gott verdammt alle Lügner!
*Mary murmelt etwas Unverständliches, während sie nach Abigail starrt, die weiterhin zu dem »Vogel« aufblickt.*
DANFORTH: Ich höre dich nicht. Was sagst du? *Mary murmelt wieder unverständlich.* Du gestehst, oder du wirst gehenkt! *Er dreht sie gewaltsam zu sich um.* Weißt du, wer ich bin? Ich sage, du wirst gehenkt, wenn du jetzt nicht die Wahrheit sprichst!
PROCTOR: Mary, denk an den Engel Raphael – tue, was recht ist, und –
ABIGAIL *hinaufweisend*: Die Flügel! Sie breitet die Flügel aus! Mary, bitte, nicht, nicht –!
HALE: Ich sehe nichts, Euer Ehren!
DANFORTH: Gestehst du diese Macht! *Direkt vor ihrem Gesicht.* Sprich.
ABIGAIL: Sie kommt herunter! Sie geht den Balken entlang!
DANFORTH: Wirst du jetzt sprechen!
MARY *mit entsetzensstarrem Blick*: Ich kann nicht!
DIE MÄDCHEN: Ich kann nicht!
PARRIS: Sende den Teufel von hinnen! Blicke ihm ins Antlitz! Tritt ihn nieder! Wir retten dich, Mary, nur halte stand wider ihn, und –
ABIGAIL *hinaufblickend*: Habt acht! Sie kommt!
*Sie und die Mädchen stürzen mit zugehaltenen Augen zur Wand. Dann brechen sie, wie in die Enge getrieben, in einen furchtbaren Schrei aus, und wie davon angesteckt, öffnet Mary den Mund und schreit mit ihnen. Abigail und die Mädchen entfernen sich eine nach der anderen, bis auf Mary, die irr schreiend dasteht und zu dem »Vogel« aufstarrt. Entsetzt über diesen offensichtlichen Anfall, blicken alle sie an. Proctor eilt zu ihr.*
PROCTOR: Mary, sag dem Statthalter, was sie –
*Sowie Mary ihn, kaum daß er ein Wort gesprochen hat,*

*auf sich zukommen sieht, stürzt sie mit einem wilden Schrei aus seiner Reichweite.*

MARY: Rührt mich nicht an – rührt mich nicht an! *Worauf die Mädchen bei der Türe stillstehen.*

PROCTOR *bestürzt*: Mary!

MARY *auf Proctor weisend*: Ihr seid ein Mann des Teufels! *Er bleibt wie angenagelt stehen.*

PARRIS: Gelobt sei Gott!

DIE MÄDCHEN: Gelobt sei Gott!

PROCTOR *starr*: Mary, was –?

MARY: Ich will nicht mit Euch gehenkt werden! Ich lieb Gott, ich lieb Gott.

DANFORTH *zu Mary*: Er hieß dich des Teufels Werk tun?

MARY *hysterisch auf Proctor weisend*: Er kam bei der Nacht und Tag um Tag, ich soll unterschreiben, unterschreiben, unter –

DANFORTH: Was unterschreiben?

PARRIS: Des Teufels Buch? Er kam mit einem Buch?

MARY *hysterisch, auf Proctor weisend, voller Angst vor ihm*: Meinen Namen wollt er, meinen Namen. »Ich werd dich töten«, sagt er, »wenn mein Weib gehenkt wird!« Und sagt: »Wir müssen hingehn und dies Gericht stürzen!« *Mit einem Ausdruck der Empörung und des Schreckens wirft Danforth den Kopf zu Proctor herum.*

PROCTOR *wendet sich beschwörend zu Hale*: Herr Hale!

MARY *aufschluchzend*: Er weckte mich jede Nacht, die Augen wie Kohlen, die Finger wie Krallen um meinen Hals, und ich unterschreib, ich unterschreib –

HALE: Exzellenz, dies Mädchen ist nicht bei Sinnen!

PROCTOR *unter Danforths starrem Blick*: Mary! Mary!

MARY *schreit ihn an*: Nein, ich lieb Gott; ich geh nimmer mit Euch. Ich lieb Gott, ich lieb Gott. *Sie stürzt schluchzend zu Abigail.* Abby, Abby, ich will dir nimmermehr Leid antun! *Alle sehen zu, wie Abigail in ihrer unendlichen Barmherzigkeit die Hand ausstreckt und die schluchzende Mary an sich zieht und dann zu Danforth aufblickt.*

DANFORTH: Was seid Ihr? *Proctor ist sprachlos vor Wut.* Ihr seid im Bund mit Antichrist, nicht wahr? Ich habe Eure Macht gesehen; Ihr könnt es nicht leugnen! Was habt Ihr zu sagen, Mann?

HALE: Exzellenz –

DANFORTH: Ich will von Euch nichts hören, Herr Hale! *Zu Proctor.* Bekennt Ihr Euch von der Hölle besudelt, oder haltet Ihr auch jetzt an diesem abscheulichen Bündnis fest? Was sagt Ihr?

PROCTOR *außer sich, keuchend*: Ich sag — ich sag — Gott ist tot!

PARRIS: Hört es, hört es!

PROCTOR *lacht irre; dann*: Das Feuer, das Feuer brennt! Ich hör Luzifers Stelzfuß, ich seh sein unflätig Gesicht! Und es ist mein Gesicht, und Eures, Danforth! Denn jene, die zaudern, die Menschen der Unwissenheit zu entreißen, wie ich zauderte, und wie ihr jetz zaudert, da ihr alle in euren finsteren Herzen wißt, daß dies Betrug ist — unsereinen straft Gott insbesondere, und wir werden brennen, gemeinsam werden wir brennen!

DANFORTH: Büttel! Schaff ihn, und Corey mit ihm, in den Kerker!

HALE *sich dem Ausgang zuwendend*: Ich zeige dies Verfahren an!

PROCTOR: Ihr reißt den Himmel nieder und erhebt eine Hur!

HALE: Ich zeige dies Verfahren an, ich sage mich los von diesem Gericht! *Er schlägt die Ausgangstüre hinter sich zu.*

DANFORTH *ruft ihm aufgebracht nach*: Herr Hale! Herr Hale! *Der Vorhang fällt.*

## DRITTE SZENE

*Eine Zelle im Kerker von Salem; im Herbst darauf. Rückwärts ein hohes vergittertes Fenster; nahebei eine breite, schwere Türe; an den Wänden zwei Bänke.*

*Es ist dunkel, bis auf den Mondschein, der durch die Gitterstäbe hereinfällt. Der Raum wirkt leer. Dann hört man auf einem Korridor hinter der Wand Schritte sich nähern, Schlüssel rasseln, und die Türe geht auf. Der Büttel Herrick kommt mit einer Laterne herein.*

*Er ist stark angetrunken, und seine Beine sind schwer. Er geht zu einer der Bänke und stößt behutsam an ein daraufliegendes Lumpenbündel.*

HERRICK: Sarah, wach auf! Sarah Good! *Dann geht er zu der anderen Bank hinüber.*

SARAH *richtet sich in ihren Lumpen auf*: O Majestät! Ich komm, ich komm! Tituba, er ist da, Seine Majestät ist da!

HERRICK: Geht in die Nordzelle; die hier wird gebraucht. *Er hängt seine Laterne an die Wand. Tituba setzt sich auf.*

TITUBA: Der nicht ausseht wie Seine Majestät, ausseht wie der Büttel.

HERRICK *holt eine Flasche hervor*: Vorwärts jetzt, räumt

diese Zelle. *Er trinkt; Sarah Good kommt heran und blickt ihm von unten herauf ins Gesicht.*

SARAH: Ach, du bist's, Herrick! Wahrhaftig, ich dacht, du wärst der Teufel, der uns holen käm. Könnt ich'n Schluck Most haben, dieweil's auf die Reise geht?

HERRICK *reicht ihr die Flasche*: Und wohin geht's, Sarah?

TITUBA *während Sarah trinkt*: Wir nach Barbados gehn, gleich wann der Teufel kommt mit die Federn und die Flügeln.

HERRICK: Oh? Glückliche Reise.

SARAH: 'n Paar Vögel, so werden wir gen Süden ziehn, wir beide! Oh, 'ne prächtige Verwandlung wird's, Herrick! *Sie setzt die Flasche zu einem weiteren Schluck an.*

HERRICK *nimmt ihr die Flasche vom Mund*: Gib lieber her, sonst erhebst du dich nie vom Erdboden. Kommt jetzt.

TITUBA: Ich mit ihm red für dich, wenn du mags mitkommen, Büttel.

HERRICK: Ich hätt nichts dawider, Tituba; 's ist der rechte Morgen, in die Hölle zu fliegen.

TITUBA: Oh, Barbados keine Hölle. Teufel ein Heißamann in Barbados, er singt und tanzt in Barbados. Seid ihr Leute hier, das ihn wild machen. Is zu kalt hier für ihm; er verfriert seine Seel in Massachusetts, aber in Barbados er so lieb und –

*Draußen brüllt eine Kuh; Tituba springt auf und ruft zum Fenster hinüber:* Ja, Herr! Da er is, Sarah!

SARAH: Bin schon da, Majestät.

*Beide raffen eilig ihre Lumpen zusammen, als Hopkins, ein Wärter, hereinkommt.*

HOPKINS: Der Unterstatthalter ist eingetroffen.

HERRICK *packt Tituba*: Kommt jetzt. Kommt.

TITUBA *widersetzt sich ihm*: Nein, er is da, mich holen. Ich heimgeh!

HERRICK *zerrt sie zur Türe*: Das ist nicht der Satan; bloß eine arme alte Kuh, zum Bersten voll Milch. Vorwärts jetzt, hinaus hier mit euch!

TITUBA *zum Fenster hinüberrufend*: Mich heimhol, Teufel! Mich heimhol!

SARAH *folgt der schreienden Tituba hinaus*: Sag ihm, ich komm mit, Tituba! Sag ihm, Sarah Good kommt mit!

*Aus dem Korridor ertönen weiter Titubas Rufe »Mich heimhol, Teufel. Teufel, mich heimhol!« unterbrochen von Hopkins' Befehlen, weiterzugehen. Herrick kommt zurück und macht sich daran, Lumpen und Stroh in eine Ecke zu schieben. Als er Schritte vernimmt, dreht er sich um; Dan-*

*forth und Richter Hathorne kommen herein. Sie tragen Überröcke und Hüte gegen die bittere Kälte. Hinter ihnen kommt Cheever, mit einer Dokumentenkapsel und einem flachen Holzetui, das sein Schreibzeug enthält.*

HERRICK: Guten Morgen, Exzellenz.

DANFORTH: Wo ist Herr Parris?

HERRICK: Ich geh ihn holen. *Er wendet sich zur Türe.*

DANFORTH: Büttel. *Herrick bleibt stehen.* Wann kam Pastor Hale an?

HERRICK: Es ging auf Mitternacht, glaub ich.

DANFORTH *mißtrauisch*: Was tut er hier?

HERRICK: Er geht bei denen herum, die heut gehenkt werden, Herr. Und er betet mit ihnen. Jetzt ist er bei Gevatterin Nurse. Und Herr Parris mit ihm.

DANFORTH: Wahrlich. Dieser Mann hat keine Befugnis, hier einzutreten. Warum ließest du ihn ein?

HERRICK: Ei, Herr Parris gebot mir's. Ich kann ihn nicht abweisen.

DANFORTH: Bist du betrunken, Büttel?

HERRICK: Nein, Herr; es ist kalt heut nacht, und ich hab hier kein Feuer.

DANFORTH *seinen Unwillen unterdrückend*: Hole Herrn Parris.

HERRICK: Ja, Herr.

DANFORTH: In diesem Raum herrscht ein fürchterlicher Gestank.

HERRICK: Ich hab eben erst die Leute Euretwegen hinausgeschafft.

DANFORTH: Hüte dich vor starkem Trinken, Büttel.

HERRICK: Ja, Herr. *Er wartet einen Augenblick auf weitere Befehle. Doch Danforth kehrt ihm mißbilligend den Rükken, und Herrick geht. Pause. Danforth verharrt in Gedanken.*

HATHORNE: Befragt Hale, Exzellenz; es sollte mich nicht wundern, wenn er kürzlich in Andover gepredigt hätte.

DANFORTH: Wir werden darauf kommen, sprecht nicht von Andover. Parris betet mit ihm — merkwürdig. *Er haucht in seine Hände, geht zum Fenster und blickt hinaus.*

HATHORNE: Exzellenz, ich frage mich, ob es ratsam ist, Herrn Parris so ununterbrochen bei den Gefangenen zu lassen. *Danforth wendet sich fragend zu ihm.* Ich finde bisweilen, der Mann hat etwas Irres in der letzten Zeit.

DANFORTH: Irres?

HATHORNE: Ich traf ihn gestern, als er aus seinem Hause kam, und wünschte ihm Guten Morgen — und er weinte und ging seines Weges. Ich glaube, es ist nicht gut, daß die Stadt ihn so schwächlich sieht.

DANFORTH: Vielleicht bedrückt ihn etwas.

CHEEVER *um sich zu erwärmen, mit den Füßen stampfend*: Ich glaub, es sind die Kühe, Herr.

DANFORTH: Kühe?

CHEEVER: So viele Kühe laufen jetzt, da ihre Herren im Kerker sind, auf den Straßen herum, und viel Unstimmigkeit herrscht, wem sie gehören sollen. Ich weiß, daß Herr Parris gestern den ganzen Tag mit den Bauern verhandelt hat – es ist großer Streit, Herr, um die Kühe. Über den Streit weint er, Herr; er war schon immer so einer, der über Streit weint. *Da er auf dem Korridor Schritte hört, wendet er sich um, ebenso wie Danforth und Hathorne. Danforth hebt den Kopf, als Parris hereinkommt. Er blickt hohl und ängstlich und schwitzt in seinem Überrock.*

PARRIS *eilt auf Danforth zu*: Oh, guten Morgen, Herr, habt Dank für Euer Kommen und vergebt mir, daß ich Euch so zeitig weckte. Guten Morgen, Richter Hathorne.

DANFORTH: Pastor Hale ist nicht befugt, hier –

PARRIS: Einen Augenblick, Exzellenz. *Er eilt zur Türe und schließt sie.*

HATHORNE: Ihr laßt ihn mit den Gefangenen allein?

DANFORTH: Was hat er hier zu schaffen?

PARRIS *mit bittend erhobenen Händen*: Exzellenz, hört mich an. Es ist eine Vorsehung. Pastor Hale ist gekommen, Rebecca Nurse zu Gott zurückzuführen.

DANFORTH *überrascht*: Er heißt sie gestehen?

PARRIS *setzt sich*: Hört nur. Diese drei Monde, seit sie herkam, gab mir Rebecca nicht ein Wort. Jetzt sitzt er bei ihr und ihrer Schwester und Martha Corey und zwei, drei anderen und dringt in sie, ihr Verbrechen zu gestehen und ihr Leben zu retten.

DANFORTH: Nun – das ist wahrlich eine Vorsehung. Und sie sind bereit, sie sind bereit?

PARRIS: Noch nicht, noch nicht. Doch ich dachte Euch herzurufen, Herr, daß wir erwägen, ob es nicht ratsam wäre – *Er traut sich nicht mit der Sprache heraus.* Ich dachte eine Frage aufzuwerfen, Herr, und ich hoffe, daß Ihr nicht –

DANFORTH: Herr Parris, ohne Umschweife, was besorgt Euch?

PARRIS: Es ist etwas geschehen, Herr, das – dem das Gericht Rechnung tragen muß. Meine Nichte, Herr, meine Nichte, es scheint, sie ist verschwunden.

DANFORTH: Verschwunden!

PARRIS: Ich wollte es Euch bereits früher melden, doch –

DANFORTH: Wieso? Wie lange ist sie weg?

PARRIS: Dies ist die dritte Nacht, Herr. Seht Ihr, sie sagte mir, sie bliebe eine Nacht bei Mercy Lewis. Und als sie am nächsten Tag nicht zurückkam, schickte ich um Nachfrage zu Herrn Lewis. Mercy hatte ihm gesagt, sie bliebe eine Nacht in meinem Haus!

DANFORTH: Sie sind beide weg?

PARRIS *ängstlich*: Ja, Herr.

DANFORTH *betroffen*: Ich werde eine Streifwache nach ihnen aussenden. Wo mögen sie sein?

PARRIS: Exzellenz – ich fürchte, an Bord eines Schiffes. *Danforth sieht ihn sprachlos an.* Meine Tochter sagt mir, daß sie sie vergangene Woche von Schiffen sprechen hörte, und heute nacht entdeckte ich, daß meine – meine Geldkassette erbrochen ist. *Er preßt seine Finger gegen die Augen, um die Tränen zurückzuhalten.*

DANFORTH *bestürzt*: Sie hat Euch beraubt?

PARRIS: Einunddreißig Pfund sind weg. Ich stehe ohne einen Heller da. *Er bedeckt schluchzend sein Gesicht.*

DANFORTH: Ihr seid ein kopfloser Mensch, Herr Parris! *Er geht überlegend, tief beunruhigt, auf und ab.*

PARRIS: Exzellenz, Vorwürfe fruchten nichts. Ich wüßte nicht, warum sie davonlaufen sollten, wenn nicht aus Angst, länger in Salem zu verweilen. *Er verteidigt sich.* Bedenkt's, Herr, Abigail wußte um die Vorgänge in der Stadt, und seit die Kunde von Andover hergelangte –

DANFORTH: Andover ist befriedet. Das Gericht kehrt am Freitag dorthin zurück und nimmt die Untersuchungen wieder auf.

PARRIS: Sicherlich, Herr. Doch hier geht das Gerücht von Aufruhr in Andover, und –

DANFORTH: Es ist kein Aufruhr in Andover!

PARRIS: Ich berichte Euch, was man hier sagt, Herr. Andover habe das Gericht verjagt, sagt man, und wolle nichts mit Hexerei zu schaffen haben. Eine Gruppe hier macht sich diese Nachricht zunutze, und ich sag's Euch ehrlich, Herr, ich fürchte einen Aufstand.

HATHORNE: Aufstand! Bei jeder Hinrichtung habe ich einzig große Genugtuung in der Stadt bemerkt.

PARRIS: Richter Hathorne – die bisher gehenkt wurden, waren von anderer Art. Rebecca Nurse ist keine Bridget, die drei Jahre mit Bishop lebte, ehe sie ihn ehelichte. John Proctor ist kein Isaac Ward, der seine Familie zugrunde trank. *Zu Danforth.* Ich wünschte zu Gott, es wäre anders, Exzellenz, aber diese Leute genießen hohes Ansehen in der Stadt. Laßt Rebecca auf dem Schafott stehen und ein rechtschaffen Gebet zum Himmel senden, und ich fürchte, sie wird Rache auf Euch herabrufen.

HATHORNE: Exzellenz, sie ist als Hexe verurteilt. Das Gericht hat –

DANFORTH *hebt die Hand gegen Hathorne; in tiefer Besorgnis*: Bitte. *Zu Parris*. Was also schlagt Ihr vor?

PARRIS: Exzellenz, ich würde diese Hinrichtungen eine Weile aufschieben.

DANFORTH: Aufschub gibt es nicht.

PARRIS: Die Rückkehr Pastor Hales gibt uns Hoffffnung, glaube ich – denn wenn er auch nur einen von diesen zu Gott zurückführt, so wird dieses Geständnis die übrigen in den Augen der Allgemeinheit verdammen, und niemand wird mehr daran zweifeln, daß sie alle mit der Hölle im Bunde sind. Doch wenn sie ohne Geständnis und mit der Beteuerung ihrer Unschuld sterben, so wird der Zweifel vervielfacht, viele brave Leute werden um sie weinen, und unser guter Zweck ertrinkt in ihren Tränen.

DANFORTH *tritt nach einer kurzen Überlegung zu Cheever*: Gebt mir die Liste.

*Cheever öffnet seine Dokumentenkapsel und sucht sie heraus.*

PARRIS: Vergessen wir's nicht, Herr, als ich die Gemeinde zu John Proctors Ausstoßung zusammenrief, fanden kaum dreißig Leute sich ein. Das verrät Mißbilligung, glaube ich, und –

DANFORTH *die Liste prüfend*: Aufschub gibt es nicht.

PARRIS: Exzellenz –

DANFORTH: Also – wer von diesen könnte nach Eurer Meinung zu Gott zurückgeführt werden? Ich selber werde bis Tagesanbruch mit ihm ringen. *Er reicht Parris die Liste; dieser blickt nur darauf.*

PARRIS: Die Zeit bis Tagesanbruch reicht nicht aus.

DANFORTH: Ich werde mein Äußerstes tun. Für wen von diesen hegt Ihr Hoffnung?

PARRIS *läßt jetzt die Liste ganz gehen; mit bebender Stimme, leise*: Exzellenz – ein Dolch – *Er bricht erstickt ab.*

DANFORTH: Was sagt Ihr?

PARRIS: Heute nacht beim Weggehen, als ich meine Haustüre öffne – da klirrte ein Dolch zu Boden. *Pause. Danforth sinnt darüber nach. Dann bricht Parris aus.* Diese Art Leute könnt Ihr nicht henken! Es bringt mich in Gefahr. Ich traue mich bei Nacht keinen Schritt mehr hinaus!

*Pastor Hale kommt herein. Schweigend sehen alle ihn einen Augenblick an. Er ist aufgelöst von Schmerz, erschöpft und bestimmter denn je.*

DANFORTH: Meinen Glückwunsch, Pastor Hale; es freut uns, Euch wieder an Eurem guten Werk zu sehen.

HALE *tritt jetzt zu Danforth*: Ihr müßt sie begnadigen. Sie wollen nicht wanken.

*Herrick kommt herein und bleibt wartend stehen.*

DANFORTH *versöhnlich*: Ihr irrt, Herr. Wie kann ich diese begnadigen, wenn zwölfe ob des gleichen Verbrechens bereits gehenkt wurden? Es wäre nicht gerecht.

PARRIS *mit stockendem Herzen*: Rebecca will nicht gestehen?

HALE: In wenigen Minuten geht die Sonne auf. Ich brauche mehr Zeit, Exzellenz.

DANFORTH: Jetzt hört her und gebt Euch nicht länger falschen Hoffnungen hin. Ich nehme kein einziges Gesuch um Begnadigung oder Aufschub an. Wer nicht gesteht, wird gehenkt. Zwölfe sind bereits hingerichtet; die Namen dieser sieben sind bekanntgegeben, und die Stadt erwartet, sie heute in der Frühe sterben zu sehen. Ein Aufschub jetzt würde Schwanken von meiner Seite bedeuten; Frist oder Begnadigung müßte die Schuld derer in Zweifel stellen, die bis dahin starben. Da ich Gottes Recht spreche, lasse ich seine Stimme nicht durch Gewinsel zum Schweigen bringen. Wenn Ihr Rache fürchtet, so wisset dies – ich henkte Zehntausend, die wider das Gesetz zu verstoßen wagten, und nicht ein Ozean salziger Tränen vermöchte die Festigkeit der Satzungen aufzulösen. Jetzt faßt Euch, gleich Männern, und helft mir gemäß Eurem himmlischen Auftrag. Spracht Ihr mit ihnen allen, Herr Hale?

HALE: Mit allen, außer Proctor. Er ist im Verlies.

DANFORTH *zu Herrick*: Wie steht's jetzt mit Proctor?

HERRICK: Er hockt da wie ein großer Vogel. Man wüßte nicht, daß er lebt, nähm er nicht bisweilen Nahrung zu sich.

DANFORTH *nach einer kurzen Überlegung*: Sein Weib – sein Weib muß jetzt mit ihrer Schwangerschaft recht voran sein.

HERRICK: Das ist sie, Herr.

DANFORTH: Was meint Ihr, Herr Parris? Ihr kennt diesen Mann besser; könnte ihre Gegenwart ihn erweichen?

PARRIS: Es ist möglich, Herr. Er hat sie drei Monde nicht gesehen. Ich riefe sie her.

DANFORTH *zu Herrick*: Ist er immer noch verhärtet? Schlug er noch wieder nach dir?

HERRICK: Das kann er nicht, Herr; er ist jetzt an die Mauer gekettet.

DANFORTH *überlegt; dann*: Hole Gevatterin Proctor her. Und dann bring ihn herauf.

HERRICK: Ja, Herr. *Er geht. Pause.*

HALE: Exzellenz, wenn Ihr eine Woche Aufschub gewährt und der Stadt bekanntgebt, daß Ihr um ihr Geständnis ringt, so bedeutet das Gnade von Eurer Seite, nicht Schwanken.

DANFORTH: Herr Hale, da Gott mir nicht, gleich Josua, die Macht verlieh, der Sonne Stillstand zu gebieten, kann ich die Vollstreckung ihrer Strafe nicht aufhalten.

HALE *jetzt härter*: Wenn Ihr glaubt, Gott wolle, daß Ihr Aufstand anstiftet, so irrt Ihr, Herr Danforth!

DANFORTH *rasch*: Ihr hörtet in der Stadt von Aufstand reden?

HALE: Exzellenz, Waisen wandern von Haus zu Haus; verlassenes Vieh brüllt auf den Straßen; faulendes Getreide verpestet die Luft; und niemand ist sicher, wann der Dirnen Schrei sein Leben endet — und Ihr wundert Euch noch, wenn von Aufstand geredet wird? Wundert Euch lieber, daß sie Eure Provinz nicht niederbrennen!

DANFORTH: Herr Hale, habt Ihr kürzlich in Andover gepredigt?

HALE: Gott sei's gedankt, in Andover bedürfen sie meiner nicht.

DANFORTH: Ich verstehe Euch nicht, Herr. Wozu kamt Ihr hierher zurück?

HALE: Wozu? Sehr einfach — des Teufels Werk zu tun; Christen zu raten, sich selber zu verleumden. *Sein Hohn bricht zusammen.* Auf meinem Haupt ist Blut! Seht Ihr nicht, daß Blut auf meinem Haupt ist!!

PARRIS: Still! *Denn er hat Schritte gehört. Alle wenden sich der Türe zu.*

*Herrick kommt mit Elizabeth herein. Ihre Handgelenke sind von einer schweren Kette gefesselt. Ihr Kleid ist verschmutzt; ihr Gesicht ist blaß und hohl. Herrick geht wieder.*

DANFORTH *sehr höflich*: Gevatterin Proctor. *Sie schweigt.* Ich hoffe, Ihr seid wohl.

ELIZABETH *als Mahnung*: Ich bin noch sechs Monde vor meiner Zeit.

DANFORTH: Bitte, beruhigt Euch, wir kommen nicht um Euer Leben. Wir — *Er weiß nicht zu werben, da er es nicht gewohnt ist.* Herr Hale, wollt Ihr mit der Frau sprechen?

HALE: Gevatterin Proctor, Euer Mann ist heute in der Frühe zur Hinrichtung bestimmt. *Pause.*

ELIZABETH *leise*: Ich hab's gehört.

HALE: Ihr wißt, nicht wahr, daß ich nicht dem Gericht zugehöre? *Sie scheint es zu bezweifeln.* Ich komme aus eigenem Antrieb, Gevatterin Proctor. Ich möchte das Leben Eures Mannes retten, denn wenn er stirbt, erachte ich mich als seinen Mörder. Versteht Ihr das?

ELIZABETH: Was begehrt Ihr von mir?

HALE: Gevatterin Proctor, ich bin, gleich unserem Herrn, diese drei Monde in die Wüste gegangen. Ich habe nach einem christlichen Weg gesucht, denn doppelte Verdammnis trifft einen Gottesdiener, der die Menschen zur Lüge anhält.

HATHORNE: Es ist nicht Lüge, Ihr könnt nicht von Lüge sprechen.

HALE: Es ist Lüge! Sie sind unschuldig!

DANFORTH: Ich will hiervon nichts mehr hören!

HALE *weiter zu Elizabeth*: Verkennt nicht Eure Pflicht, wie ich die meine verkannte. Ich kam in diese Stadt, gleich einem Bräutigam zu seiner Geliebten, beladen mit den hohen Gütern der Religion; die wahre Krönung heiligen Rechtes brachte ich, und was meine helle Zuversicht anrührte, das starb; und wo ich das Auge meines festen Glaubens hinwandte, da floß Blut. Hütet Euch, Gevatterin Proctor, haftet an keinem Glauben, wenn der Glaube Blut mit sich bringt. Es ist verkanntes Recht, das Euch zum Opfer treibt. Das Leben, Frau, das Leben ist Gottes köstlichste Gabe; kein noch so rühmlicher Grundsatz kann sein Opfer rechtfertigen. Ich bitte Euch, Frau, wirkt auf Euren Mann ein, daß er gesteht. Laßt ihn seine Lüge sagen. Bangt hierin nicht vor Gottes Richtspruch, denn es mag wohl sein, daß Gott einen Lügner weniger verdammt als jenen, der aus Stolz sein Leben wegwirft. Wollt Ihr mit ihm sprechen? Ich fürchte, er hört auf keinen anderen.

ELIZABETH *leise*: Ich glaub, dies ist des Teufels Stimme.

HALE *in höchster Verzweiflung*: Frau, vor Gottes Recht sind wir wie das Vieh Wir vermögen Seinen Willen nicht zu lesen!

ELIZABETH: Ich kann nicht mit Euch streiten, Herr; mir fehlt die Gelehrsamkeit dazu.

DANFORTH *tritt zu ihr*: Gevatterin Proctor, wir riefen Euch nicht her, gelehrt zu streiten. Ist keine Weibesliebe in Euch? Er wird bei Sonnenaufgang sterben. Euer Mann. Begreift Ihr das? *Sie blickt ihn nur an.* Was sagt Ihr? Wollt

Ihr mit ihm kämpfen? *Sie schweigt.* Seid Ihr aus Stein? Ehrlich, Frau, hätte ich kein ander Zeugnis Eures unnatürlichen Lebens, so genügten diese Eure trockenen Augen zum Beweis, daß Ihr Eure Seele der Hölle hingabt! Selbst ein Unmensch weinte ob solchen Jammers! Hat der Teufel jede Mitleidsträne in Euch vertrocknet? *Sie schweigt.* Schafft sie weg. Es ist fruchtlos, daß sie mit ihm redet!

ELIZABETH *leise*: Laßt mich mit ihm reden, Herr.

PARRIS *hoffnungsvoll*: Ihr wollt mit ihm kämpfen? *Sie zögert.*

ELIZABETH: Ich kann nichts versprechen. Laßt mich mit ihm reden. *Von draußen kommt das Geräusch über Stein schlürfender Schritte. Alle wenden sich um. Pause. Dann kommt Herrick mit John Proctor herein. Seine Hände sind gefesselt. Er ist ein anderer Mensch, bärtig, verdreckt, mit trüben, wie von Spinnweben überzogenen Augen. Innerhalb der Türe, da sein Blick auf Elizabeth fällt, bleibt er stehen. Die von einem zum anderen flutende Bewegung hindert einen Augenblick alle, zu sprechen. Dann tritt Hale, sichtlich ergriffen, zu Danforth.*

HALE *leise*: Bitte, laßt sie allein, Exzellenz.

DANFORTH *drängt Hale ungeduldig beiseite*: Herr Proctor, Ihr seid in Kenntnis gesetzt, nicht wahr? *Proctor schweigt, den Blick auf Elizabeth.* Ich sehe einen hellen Schein am Himmel; jetzt haltet Rat mit Eurem Weib, und Gott möge Euch helfen, der Hölle den Rücken zu kehren. *Proctor schweigt, den Blick auf Elizabeth.*

HALE *leise*: Exzellenz, laßt –

*Danforth eilt, Hale streifend, hinaus. Hale folgt ihm. Cheever zögert und folgt dann auch; hinter ihm Hathorne; Herrick geht.*

PARRIS *aus sicherer Entfernung*: Wenn Ihr einen Becher Most wünscht, Herr Proctor, kann ich sicherlich – *Proctor wendet ihm einen eisigen Blick zu; er bricht ab und hebt seine Handflächen gegen Proctor.* So leite Euch Gott! *Er geht. Allein. Proctor geht auf sie zu; bleibt stehen. Es ist, als kreiste die Welt um sie. Es ist jenseits von Schmerz, darüber. Er streckt die Hand aus wie nach einer nicht ganz wirklichen Erscheinung, und als er sie berührt, kommt ein seltsamer, weicher Laut aus seiner Kehle, halb Lachen, halb Staunen. Er streichelt ihre Hand. Sie legt ihre Hand auf die seine. Dann setzt er sich, ermattet. Sie setzt sich ihm gegenüber.*

PROCTOR: Das Kind?

ELIZABETH: Es wächst.

PROCTOR: Ist keine Kunde von den Buben?

ELIZABETH: Sie sind wohl. Rebeccas Samuel hütet sie.

PROCTOR: Du sahst sie nicht?

ELIZABETH: Nein. *Sie spürt eine Anwandlung von Schwäche und bezwingt sie.*

PROCTOR: Du bist ein – Wunder, Elizabeth.

ELIZABETH: Du – wardst gefoltert?

PROCTOR: Ja.

*Pause. Sie kämpft gegen das Meer, in dem sie zu ertrinken droht.*

PROCTOR: Jetzt kommen sie um mein Leben.

ELIZABETH: Ja. Ich weiß es. *Pause.*

PROCTOR: Keiner – gestand noch?

ELIZABETH: Viele sollen gestanden haben.

PROCTOR: Wer?

ELIZABETH: Hundert oder mehr, heißt's. Eine ist Gevatterin Ballard; und dann Isaiah Goodkind. Viele.

PROCTOR: Rebecca?

ELIZABETH: Nein, Rebecca nicht. Sie ist schon mit einem Fuß im Himmel; ihr kann nichts mehr was anhaben.

PROCTOR: Und Giles?

ELIZABETH: Du hörtest's nicht?

PROCTOR: Ich hör nichts, wo ich bewahrt werd.

ELIZABETH: Giles ist tot!

PROCTOR *sieht sie ungläubig an*: Wann ward er gehenkt?

ELIZABETH *leise, sachlich*: Er ward nicht gehenkt. Er wollte auf seine Anklage nicht ja noch nein sagen; denn leugnete er, ward er sicherlich gehenkt und sein Besitz öffentlich ausgeboten! So schwieg er und starb als ein rechtmäßiger Christ. Und so kommt sein Hof auf seine Söhne. Das ist rechtens so; sie konnten ihn nicht wegen Hexerei verurteilen, wenn er auf seine Anklage nicht ja oder nein sagte.

PROCTOR: Wie starb er dann?

ELIZABETH *weich*: Sie erdrückten ihn, John.

PROCTOR: Erdrückten ihn?

ELIZABETH: Sie legten ihm schwere Steine auf die Brust, bis er ja oder nein sagte. *Mit einem zärtlichen Lächeln für den Alten.* Es heißt, daß er nur zwei Worte sagte. »Mehr Gewicht«, sagte er. Und starb.

PROCTOR *starr – ein Faden mehr im Gewebe seiner Seelenangst*: »Mehr Gewicht«.

ELIZABETH: Ja. Er war ein gottesfürchtiger Mann, der Giles Corey. *Pause.*

PROCTOR *mit Aufbietung großer Willenskraft, aber ohne sie*

*direkt anzusehen*: Ich hab dran gedacht zu gestehen, Elizabeth. *Sie äußert nichts.* Was meinst du? Wenn ich ihnen das einräum.

ELIZABETH: Ich kann dich nicht richten, John.

*Pause.*

PROCTOR *einfach – eine bloße Frage*: Was willst du, daß ich tu?

ELIZABETH: Wie du's willst, wollt ich's. *Kurze Pause.* Ich wünsch, daß du lebst, John. Das ist sicher.

PROCTOR *nach einer Pause, mit aufflackernder Hoffnung*: Giles' Weib? Gestand sie?

ELIZABETH: Nein.

*Pause.*

PROCTOR: Es ist Vortäuschung, Elizabeth.

ELIZABETH: Was?

PROCTOR: Ich kann nicht wie ein Heiliger aufs Schaffott steigen. Es ist Betrug. Ich bin nicht der Mensch. *Sie schweigt.* Meine Ehrlichkeit ist dahin, Elizabeth; ich bin kein guter Mensch. Nichts wird durch diese Lüge verdorben, das nicht lang zuvor verdorben war.

ELIZABETH: Und doch hast du bisher nicht gestanden. Das zeugt von Gutheit in dir.

PROCTOR: Ich schweig nur aus Trotz. Es ist schwer, Hunden eine Lüge einzuräumen. *Pause. Jetzt wendet er sich direkt zu ihr.* Ich möcht deine Vergebung, Elizabeth.

ELIZABETH: Ich hab dir nichts zu vergeben, John, ich bin –

PROCTOR: Ich wollt, daß du ein wenig Ehrlichkeit darin siehst. Die nie logen, mögen jetzt sterben, um ihre Seelen rein zu halten. Bei mir ist's Vortäuschung, Elizabeth, Eitelkeit, die Gott nicht blenden, noch meine Kinder vor Unbill bewahren wird. *Pause.* Was sagst du?

ELIZABETH *über das ständig drohende, gewaltsam aufsteigende Schluchzen hinweg*: John, es nutzt nichts, daß ich dir vergeb, wenn du selber dir nicht vergibst. *Jetzt wendet er sich in tiefer Qual ein wenig ab.* Es geht nicht um meine Seel, John, um deine geht's. *Er steht langsam auf, wie in physischem Schmerz, mit einem übermenschlichen Verlangen, seine Antwort zu finden. Es ist schwer für sie, es zu sagen, und sie ist den Tränen nahe.* Nur dessen sei gewiß, denn ich weiß es jetzt: was du auch tust, ein guter Mensch tut es. *Er wendet ihr seinen zweifelnden, forschenden Blick zu.* Ich hab in diesen drei Monden mein Herz geprüft, John. *Pause.* Ich hab mir eigene Sünden zuzuzählen. Es braucht ein kalt Weib, Untreu herbeizuführen.

PROCTOR *gepeinigt*: Nicht, nicht –

ELIZABETH *schüttet jetzt ihr Herz aus*: Es wär besser, du kenntest mich!

PROCTOR: Ich will's nicht hören! Ich kenn dich!

ELIZABETH: Du nimmst meine Sünden auf dich, John –

PROCTOR *in höchster Not*: Nein, meine eigenen sind's, meine eigenen!

ELIZABETH: John, ich dünkte mich so einfach, so dürftig von Gestalt, daß keine ehrliche Liebe mir gelten konnte! Mißtrauen küßte dich, wenn ich dich küßte; nie verstand ich, meiner Liebe Worte zu geben. Ein kalt Heim war's, das ich dir bot.

*Sie weicht angstvoll zurück, da Hathorne hereinkommt.*

HATHORNE: Nun, Proctor? Gleich wird die Sonne aufgehen.

*Proctors Brust schwillt, er starrt ihn an und wendet sich dann zu Elizabeth. Sie tritt zu ihm, wie zur Verteidigung; ihre Stimme bebt.*

ELIZABETH: Tu, wie du willst. Doch laß niemand Richter über dich sein. Kein höherer Richter ist unter dem Himmel als Proctor selber! Vergib mir, John, vergib mir – ich hab noch keine solche Gutheit in der Welt gekannt! *Sie bedeckt weinend ihr Gesicht.*

*Proctor wendet sich von ihr zu Hathorne; er ist nicht mehr auf Erden; seine Stimme klingt hohl.*

PROCTOR: Ich wünsch mein Leben.

HATHORNE *auffahrend, überrascht*: Ihr wollt gestehen?

PROCTOR: Ich will mein Leben haben.

HATHORNE *vieldeutig*: Gott sei gelobt! Es ist eine Vorsehung!

*Er eilt hinaus, und man hört ihn durch den Korridor rufen: »Er will gestehen! Proctor will gestehen!«*

PROCTOR *ist aufschreiend mit einem Satz an der Türe*: Warum brüllt Ihr's? *Er wendet sich gepeinigt zu Elizabeth zurück.* Es ist schlecht, nicht wahr? Es ist schlecht.

ELIZABETH *angsterfüllt, weinend*: Ich kann dich nicht richten, John, ich kann nicht!

PROCTOR: Wer also richtet mich? *Plötzlich die Hände zusammenschlagend.* Herrgott im Himmel, was ist John Proctor, was ist John Proctor? *Er läuft wie ein Tier hin und her, und eine Wut tobt in ihm, ein verzweifeltes Suchen.* Ich glaub, daß es ehrlich ist, ich glaub's; ich bin kein Heiliger. *Als hätte sie ihm widersprochen, unwillig zu ihr.* Rebecca mag als Heilige gehn; bei mir ist's Betrug!

*Man hört im Korridor unterdrückt erregte Stimmen.*

ELIZABETH: Ich bin nicht dein Richter, ich kann's nicht sein. *Als spräche sie ihn los.* Tu, wie du willst, tu, wie du willst!

PROCTOR: Gäbst du dich zu so einer Lüge her? Sprich. Gäbst

du dich je dazu her? *Sie kann nicht antworten.* Du tätst es nicht; wenn Feuerzungen auf dich einredeten, du tätst es nicht! Es ist schlecht. Nun wohl – es ist schlecht, und ich tu's!

*Hathorne kommt mit Danforth herein, gefolgt von Cheever, Parris und Hale. Sie kommen rasch und geschäftig, als wäre das Eis gebrochen.*

DANFORTH *im Gefühl großer Erleichterung und Dankbarkeit*: Dank sei dem Herrn, Mann, Dank sei dem Herrn; der Himmel wird Euch hierfür segnen. *Cheever ist mit Feder, Tinte und Papier zu einer der Bänke geeilt. Proctor beobachtet ihn.* Ans Werk denn. Seid Ihr bereit, Herr Cheever?

PROCTOR *mit kaltem, kaltem Grauen über ihre Betriebsamkeit*: Warum müßt ihr's schreiben?

DANFORTH: Nun, zur rechten Unterweisung der Stadt, Mann; es wird an der Kirchentüre angeschlagen! *Zu Parris drängend.* Wo bleibt der Büttel?

PARRIS *eilt zur Türe und ruft in den Korridor hinaus*: Herrick, eilt Euch!

DANFORTH: Nun denn, Mann, um Herrn Cheevers willen sprecht langsam und ohne Umschweife. *Er ist jetzt bei der Protokollaufnahme und diktiert Cheever, der schreibt.* Herr Proctor, saht Ihr in Eurem Leben den Teufel? *Proctor preßt die Zähne aufeinander.* Vorwärts, Mann, der Himmel wird hell; die Stadt wartet am Schafott; ich möchte diese Botschaft hinausgeben. Saht Ihr den Teufel?

PROCTOR: Ja.

PARRIS: Gelobt sei Gott!

DANFORTH: Und was war seine Forderung, wenn er zu Euch kam? *Proctor schweigt. Danforth hilft ihm.* Hieß er Euch sein Werk auf Erden tun?

PROCTOR: Ja.

DANFORTH: Und Ihr verdingtet Euch zu seinem Dienst? *Danforth wendet sich um, als Rebecca Nurse, gestützt von Herrick, erscheint; sie vermag kaum zu gehen.* Kommt herein, kommt herein, Frau!

REBECCA *aufleuchtend, als sie Proctor erblickt*: O John! So bist du wohl, wie?

*Proctor kehrt sein Gesicht der Wand zu.*

DANFORTH: Mut, Mann, Mut – laßt sie Zeuge Eures guten Beispiels sein, auf daß auch sie zu Gott finde. Jetzt hört's, Gevatterin Nurse! Fahrt fort, Herr Proctor. Verdingtet Ihr Euch zu des Teufels Dienst?

REBECCA *bestürzt*: Wie, John!

PROCTOR *zwischen den Zähnen, das Gesicht von Rebecca abgewandt*: Ja.

DANFORTH: Nun, Frau, Ihr seht wohl, daß es nichts fruchtet, bei dieser Verschwörung zu beharren. Wollt Ihr mit ihm gestehen?

REBECCA: O John – Gott gieße Seine Gnade über dich aus!

DANFORTH: Ich frage, wollt Ihr gestehen, Gevatterin Nurse?

REBECCA: Wie, es ist Lüge; es ist Lüge; wie kann ich mich selber verdammen? Das kann ich nicht, das kann ich nicht.

DANFORTH: Herr Proctor. Saht Ihr, wenn der Teufel zu Euch kam, Rebecca Nurse in seiner Gesellschaft? *Proctor schweigt.* Vorwärts, Mann, faßt ein Herz – saht Ihr sie mit dem Teufel?

PROCTOR *fast unhörbar*: Nein.

*Danforth, der jetzt Gefahr wittert, tritt mit einem Blick auf Proctor zum Tisch und nimmt ein Schriftstück zur Hand – die Liste der Verurteilten.*

DANFORTH: Saht Ihr ihre Schwester, Mary Easty, mit dem Teufel?

PROCTOR: Nein.

DANFORTH *sieht Proctor durchdringend an*: Saht Ihr Martha Corey mit dem Teufel?

PROCTOR: Nein.

DANFORTH *begreift – legt das Schriftstück langsam hin*: Saht Ihr irgendwen mit dem Teufel?

PROCTOR: Nein.

DANFORTH: Proctor, Ihr mißversteht mich. Ich bin nicht ermächtigt, Euer Leben gegen eine Lüge zu verhandeln. Ganz gewiß saht Ihr jemand mit dem Teufel. *Proctor schweigt.* Herr Proctor, zwanzig Personen haben bereits bezeugt, daß sie diese Frau mit dem Teufel sahen.

PROCTOR: So ist's bewiesen. Warum muß ich's noch sagen?

DANFORTH: »Muß«? Nun, Ihr solltet es mit Freuden sagen, wenn Eure Seele in Wahrheit von aller Liebe zur Hölle gereinigt ist!

PROCTOR: Sie denken als Heilige zu sterben. Ich mag ihren guten Namen nicht schänden.

DANFORTH *forschend, ungläubig*: Herr Proctor, Ihr denkt, daß sie als Heilige sterben?

PROCTOR *ausweichend*: Diese Frau hat nie gedacht, des Teufels Werk zu tun.

DANFORTH: Hört, Herr. Mir scheint, Ihr verkennt Eure Pflicht hier. Es kommt nicht darauf an, was sie dachte – sie ist des unnatürlichen Kindsmordes überführt, wie Ihr überführt seid, daß Ihr Euren Geist über Mary Warren aussandtet.

Allein um Eure Seele geht es hier, und Ihr beweist ihre Reinheit, oder Ihr könnt in einem christlichen Land nicht leben. Wollt Ihr mir jetzt sagen, welche Personen in des Teufels Gesellschaft sich mit Euch verschworen? *Proctor schweigt.* War Eures Wissens Rebecca Nurse je –

PROCTOR: Ich gesteh meine eignen Sünden; ich kann keinen andern richten. *Aufschreiend, voller Abscheu.* Ich hab keine Zunge dafür.

HALE *rasch, zu Danforth*: Exzellenz, mit seinem Geständnis ist's genug. Laßt ihn unterschreiben, laßt ihn unterschreiben.

PARRIS *fieberhaft*: Es tut uns großen Dienst, Herr. Es ist ein gewichtiger Name. Es wird in der Stadt wirken, daß Proctor gesteht. Ich bitte Euch, laßt ihn unterschreiben. Die Sonne ist herauf, Excellenz!

DANFORTH *überlegt; dann unzufrieden*: Also, vorwärts, unterschreibt Eure Aussage. *Zu Cheever.* Gebt sie ihm. *Cheever tritt mit dem Geständnis und einer Feder zu Proctor.* Vorwärts, Mann unterschreibt.

PROCTOR *nach einem Blick auf das Schriftstück*: Ihr wart alle Zeuge – genug damit.

DANFORTH: Ihr wollt nicht unterschreiben?

PROCTOR: Ihr wart alle Zeuge; was braucht's mehr?

DANFORTH: Treibt Ihr Scherz mit mir? Ihr unterschreibt, oder es ist kein Geständnis, Mann!

*Keuchend, in tiefster Not, legt Proctor jetzt das Schriftstück hin und unterschreibt.*

PARRIS: Der Herr sei gepriesen!

*Kaum setzt Proctor die Feder ab, greift Danforth nach dem Geständnis. Doch Proctor reißt es an sich, und nun steigt wilder Schrecken und grenzenlose Wut in ihm auf.*

DANFORTH *verblüfft, aber höflich die Hand ausstreckend*: Bitte, Herr.

PROCTOR: Nein.

DANFORTH *als begriffe Proctor nicht*: Herr Proctor, ich muß das –

PROCTOR: Nein, nein. Ich hab's unterschrieben. Ihr habt's gesehn. Damit Schluß! Ihr braucht dies nicht.

PARRIS: Proctor, die Stadt muß Beweis dafür haben, daß –

PROCTOR: Der Teufel hol die Stadt! Ich gesteh Gott, und Gott hat meinen Namen hierauf gesehn! Es ist genug!

DANFORTH: Nein, Herr, es ist –

PROCTOR: Ihr wolltet meine Seele retten, nicht wahr? Da! Ich hab gestanden; es ist genug!

DANFORTH: Ihr habt nicht ge –

PROCTOR: Ich hab gestanden! Gibt's keine gültige Buße, sie sei denn öffentlich? Gott braucht meinen Namen nicht an die Kirche genagelt! Gott sieht meinen Namen; Gott weiß, wie schwarz meine Sünden sind! Es ist genug!

DANFORTH: Herr Proctor –

PROCTOR: Ihr benützt mich nicht! Ich bin nicht Sarah Good oder Tituba, ich bin John Proctor! Ihr benützt mich nicht! Es gehört nicht zur Seelenrettung, daß Ihr mich benützt!

DANFORTH: Ich habe nicht die Absicht, Euch –

PROCTOR: Ich hab drei Kinder – wie soll ich sie lehren, aufrecht auf Erden zur wandeln, wenn ich meine Freunde verriet?

DANFORTH: Ihr habt Eure Freunde nicht verraten –

PROCTOR: Täuscht mich nicht! Ich verleumde sie allesamt, wenn dies an die Kirche genagelt wird, am gleichen Tag, da sie gehenkt werden, weil sie schwiegen!

DANFORTH: Herr Proctor, ich brauche einen guten und rechtsgültigen Beweis, daß Ihr –

PROCTOR: Ihr seid das höchste Gericht, Euer Wort ist gut genug! Sagt ihnen, daß ich gestand; sagt, John Proctor brach in die Knie und weinte wie ein Weib; sagt, was Ihr wollt, aber mein Name kann nicht –

DANFORTH *argwöhnisch*: Es ist das gleiche, nicht wahr? Ob ich es berichte oder Ihr es unterschreibt?

PROCTOR – *er weiß, daß es unsinnig ist*: Nein, es ist nicht das gleiche! Was andere sagen und was ich unterschreib, das ist nicht das gleiche!

DANFORTH: Wie? Wollt Ihr etwa dies Geständnis ableugnen, wenn Ihr frei seid?

PROCTOR: Nichts will ich ableugnen!

DANFORTH: So gebt mir eine Erklärung, Herr Proctor, warum Ihr nicht –

PROCTOR *mit einem Aufschrei aus tiefster Brust*: Weil es mein Name ist! Weil ich ihn mein Lebenlang tragen muß! Weil ich lüg und mich selber der Lüge zeih! Weil ich nicht den Staub an den Füßen derer wert bin, die in den Tod gehn! Wie soll ich ohne meinen Namen leben? Ich gab Euch meine Seele; laßt mir meinen Namen!

DANFORTH *weist auf das Geständnis in Proctors Hand*: Ist diese Aussage eine Lüge? Wenn sie eine Lüge ist, nehme ich sie nicht an! Nun? Ich treibe keinen Handel mit Lügen, Mann! *Proctor rührt sich nicht.* Ihr legt Euer ehrliches Geständnis in meine Hand, oder ich kann Euch nicht vorm Strang bewahren. *Proctor antwortet nicht.* Welchen Weg wählt Ihr, Mann?

*Mit keuchender Brust und starrem Blick zerreißt Proctor das Schriftstück und zerknüllt es; er weint vor rasender Wut, aber aufrecht.*

DANFORTH: Büttel!

PARRIS *hysterisch, als wäre das zerrissene Schriftstück sein Leben*: Proctor! Proctor!

HALE: Mann, Ihr werdet sterben! Das könnt Ihr nicht!

PROCTOR *die Augen voller Tränen*: Ich kann. Und das ist Euer erstes Wunder, daß ich kann. Jetzt habt Ihr Euer Zauberkunststück vollbracht, denn jetzt mein ich wirklich einen Fetzen Gutheit in John Proctor zu sehn. Nicht genug, ein Banner draus zu machen, doch weiß genug, ihn vor solchen Hunden zu bewahren. *Elizabeth stürzt, von Angst überwältigt, zu ihm und weint in seine Hand.* Schenk ihnen keine Träne! Tränen ergötzen sie! Jetzt zeig Würde, zeig ein steinern Herz und vertilg sie damit! *Er hat sie zu sich hochgezogen und küßt sie jetzt mit großer Inbrunst.*

REBECCA: Fürchte nichts! Ein ander Gericht erwartet uns alle!

DANFORTH: Hängt sie hoch über die Stadt! Wer um diese weint, weint um Verderbnis! *Er fegt an ihnen vorbei hinaus. Herrick tritt zu Rebecca, um sie abzuführen. Sie bricht fast zusammen, doch Proctor hält sie, und sie blickt entschuldigend zu ihm auf.*

REBECCA: Ich hab kein Frühstück gehabt.

HERRICK: Kommt, Mann.

*Herrick führt sie ab; Hathorne und Cheever folgen ihnen. Elizabeth steht und starrt auf den leeren Türrahmen.*

PARRIS *in Todesangst, zu Elizabeth*: Geht ihm nach, Gevatterin Proctor! Noch ist es Zeit!

*Draußen zerreißt ein Trommelwirbel die Luft. Parris fährt auf. Elizabeth wankt dem Fenster zu.*

PARRIS: Geht ihm nach! *Er stürzt zur Türe hinaus, wie um sein Schicksal aufzuhalten.* Proctor! Proctor!

*Wieder ein kurzes Trommeln.*

HALE: Frau, sprecht zu ihm! *Er will zur Türe eilen und kehrt dann zu ihr zurück.* Frau! Es ist Stolz, es ist Eitelkeit. *Sie vermeidet seinen Blick und strebt weiter dem Fenster zu. Er fällt auf die Knie.* Helft ihm! Was fruchtet's ihm, zu bluten? Soll der Staub ihn preisen? Sollen die Würmer seine Wahrheit kundtun? Geht ihm nach und nehmt ihm seine Scham!

ELIZABETH *hat das Fenster erreicht und greift haltsuchend nach den Gitterstäben; mit einem Aufschrei*: Er hat jetzt seine Gutheit. Verhüte Gott, daß ich sie ihm nehm!

*Der letzte Trommelwirbel erdröhnt und steigert sich zu voller Wucht. Hale weint in verzweifeltem Gebet; die aufgehende Sonne ergießt sich über ihr Antlitz; und die Trommeln rasseln wie Knochen in der Morgenluft.*

*Der Vorhang fällt*

*Stimmen im Korridor*

*Nicht lange nach dem Erlöschen des Fiebers wurde Parris durch Abstimmung seines Amtes enthoben, wanderte zur Landstraße hinaus und verscholl.*
*Der Legende nach tauchte Abigail später in Boston als Prostituierte auf.*
*Zwanzig Jahre nach der letzten Hinrichtung sprach die Regierung den noch lebenden Opfern und den Familien der Toten Entschädigung zu. Indessen weist alles darauf hin, daß einige Personen auch jetzt noch nicht gewillt waren, ihre gesamte Schuld zuzugeben, und daß auch jetzt noch der Parteigeist lebendig war, denn einige der Nutznießer waren in Wahrheit durchaus keine Opfer, sondern vielmehr Angeber.*
*Elizabeth Proctor heiratete noch einmal, vier Jahre nach Proctors Tod.*
*In einer feierlichen Versammlung erklärte die Gemeinde die Ausstoßung für ungültig – dies im März des Jahres 1712. Doch es geschah auf Anordnung der Regierung. Immerhin legte das Richterkollegium eine schriftliche Aussage nieder, mit der Bitte um Vergebung an all jene, die gelitten hatten.*
*Einige der den Opfern zugehörigen Höfe wurden dem Verfall überlassen, und länger als ein Jahrhundert wollte niemand sie kaufen oder bewohnen.*
*Praktisch war die Macht der Theokratie in Massachusetts gebrochen.*

# DER TOD
# DES HANDLUNGSREISENDEN

*Zwei Akte*

*und ein Requiem*

## PERSONEN

Willy Loman
Linda, *seine Frau*
Biff } *seine Söhne*
Happy }
Ben, *sein Bruder*

Charley
Bernard
Howard
Stanley

Das Weib
Jenny
Fräulein Forsythe
Letta

## ERSTER AKT

*Man hört eine zarte, liebliche Melodie auf einer Flöte. Ihr Thema sind das Gras, die Bäume und der Himmel. Der Vorhang geht auf.*
*Wir sehen das Haus des Handlungsreisenden. Eckige Silhouetten türmen sich dahinter empor und umringen es von allen Seiten. Auf das Haus und die Vorderbühne fällt das blaue Licht des Himmels; die Umgebung hingegen glüht in einem bösen Orange. Als es heller wird, erkennt man, daß das kleine, zerbrechlich wirkende Haus von massiven Mietshäusern umgeben ist, die es beinahe erdrücken. Die Atmosphäre hat etwas Traumhaftes. Die Küche in der Mitte allerdings wirkt durch den Küchentisch mit den drei Stühlen und dem Eisschrank durchaus real. Noch sonst sieht man weiter kein Inventar. Von der Küche gelangt man hinten durch einen Vorhang ins Wohnzimmer. Rechts von der Küche, auf einem um etwa sechzig Zentimeter erhöhten Podium, ist ein Schlafzimmer, in dem sich nur zwei eiserne Bettstellen und ein Stuhl befinden. Auf einem Brett über einem der Betten steht eine für athletische Leistungen verliehene silberne Trophäe. Das Fenster blickt auf eines der seitlich gelegenen Mietshäuser.*
*Hinter der Küche auf einem Podium befindet sich, zur Zeit kaum erkennbar, das Schlafzimmer der Söhne. Man sieht undeutlich zwei Betten und an der hinteren Wand ein Dachfenster. (Dieses Schlafzimmer liegt über dem nicht sichtbaren Wohnzimmer.) Auf der linken Seite führt eine gewundene Treppe von der Küche in dieses Zimmer.*
*Die Dekoration ist zum Teil völlig, zum Teil stellenweise transparent. Die Dachlinie des Hauses ist angedeutet; darunter und darüber sieht man die Mietskasernen. Vor dem Haus befindet sich eine Vorbühne, die sich über die Rampe hinaus ins Orchester vorschiebt. Sie dient als Hof und Garten; außerdem spielen dort die Szenen, die sich in der Stadt, und alle Szenen, die in Willys Phantasie sich zutragen. Solange die Handlung in der Gegenwart spielt, richten sich die Schauspieler nach den imaginären Zimmerwänden und betreten das Haus nur durch die Tür links. Doch in den Szenen, die in der Vergangenheit spielen, werden diese Grenzen durchbrochen, und die Schauspieler betreten oder verlassen die Räume, indem sie durch die »Wand« auf die Vorderbühne treten.*
*Von rechts tritt Willy Loman, der Handlungsreisende, auf; er trägt zwei große Musterkoffer. Die Flöte spielt weiter. Er*

*hört sie, ist sich dessen aber nicht bewußt. Er ist über sechzig und unauffällig gekleidet. Während er über die Bühne der Haustür zugeht, erkennt man, daß er sich in einem Zustand tiefster Erschöpfung befindet. Er schließt die Tür auf und betritt die Küche. Dort stellt er erleichtert seine Last ab und bemerkt dabei, wie sehr seine Handflächen schmerzen. Irgendein Seufzer entringt sich ihm, wie etwa »Ach, du liebe Zeit«. Er macht die Haustür zu und trägt dann die Musterkoffer durch den Türvorhang ins Wohnzimmer.*

*Linda, seine Frau, hat sich rechts in ihrem Bett bewegt. Jetzt steht sie auf, zieht einen Schlafrock an und horcht. Sie ist fast immer heiter und hat sich in ihren Erwartungen hinsichtlich Willys Betragen eiserne Zurückhaltung auferlegt — sie liebt ihn nicht nur, sie bewundert ihn, als würde sie durch seine quecksilbrige Natur, seine Launen, seine Luftschlösser und gelegentlichen Grausamkeiten nur um so deutlicher an die stürmischen Sehnsüchte in seinem Inneren gemahnt, Sehnsüchte, die sie zwar teilt, aber aus Mangel an Temperament nicht äußern und denen sie nicht nachgeben kann.*

LINDA *hört Willy draußen und ruft besorgt*: Willy!

WILLY: Ja, ja. Ich bin wieder da.

LINDA: Warum denn? Ist was passiert? *Kleine Pause.* Ist irgendwas passiert, Willy?

WILLY: Nein, es ist nichts passiert.

LINDA: Du hast doch nicht etwa das Auto kaputtgefahren?

WILLY *leicht irritiert*: Ich sage doch, es ist nichts passiert. Hast du mich nicht verstanden?

LINDA: Ist dir nicht gut?

WILLY: Ich bin todmüde. *Die Flötenmusik hat aufgehört. Er sitzt, ein wenig benommen, neben ihr am Bett.* Ich hab's nicht geschafft. Ich hab's einfach nicht geschafft, Linda.

LINDA *sehr behutsam, weich:* Wo warst du den ganzen Tag? Du siehst elend aus.

WILLY: Ich bin nur bis Yonkers gekommen. Dann habe ich angehalten und eine Tasse Kaffee getrunken. Vielleicht war's der Kaffee.

LINDA: Was?

WILLY *nach einer Pause*: Plötzlich konnte ich nicht weiterfahren. Der Wagen rutschte immer nach rechts rüber, weißt du?

LINDA *hilfsbereit*: Ach. Vielleicht hat's wieder am Steuer gelegen. Ich glaube, Angelo versteht nichts von dem Studebaker.

WILLY: Nein, es liegt an mir, es liegt an mir selbst. Plötzlich stelle ich fest, daß ich achtzig Sachen draufhabe, und an die letzten fünf Minuten kann ich mich nicht erinnern. Ich bin – ich kann mich anscheinend nicht mehr konzentrieren.

LINDA: Vielleicht liegt's an deiner Brille. Du hast dir ja nie neue Gläser geholt.

WILLY: Nein, meine Augen sind in Ordnung. Ich bin im Zwanzig-Kilometertempo zurückgekommen. Fast vier Stunden habe ich von Yonkers bis hierher gebraucht.

LINDA *gibt es auf*: Du mußt eben ausspannen, Willy. So kann es nicht weitergehen.

WILLY: Ich bin doch gerade aus Florida zurückgekommen.

LINDA: Du hast dich eben nicht richtig ausgeruht. Dir geht zu viel im Kopf herum, und gerade deine Gedanken müßtest du ausruhen.

WILLY: Morgen früh fahre ich wieder los. Vielleicht fühle ich mich dann besser. *Sie zieht ihm die Schuhe aus.* Diese verdammten Einlagen machen mich noch rasend.

LINDA: Nimm ein Aspirin. Soll ich's dir holen? Das beruhigt.

WILLY *mit einem gewissen Staunen*: Wie ich so gefahren bin, verstehst du, hab ich mich sehr wohl gefühlt. Ich hab mir sogar die Landschaft angeguckt. Stell dir vor, ich und die Landschaft angucken, wo ich mein ganzes Leben lang Woche für Woche auf der Walze bin. Aber es ist da oben so schön, Linda, die Bäume sind so groß, und die Sonne ist warm. Ich hab die Windschutzscheibe aufgemacht und mich von der warmen Luft streicheln lassen. Und dann, plötzlich, bin ich von der Straße abgekommen! Ich sage dir, ich hatte völlig vergessen, daß ich fuhr. Wenn ich auf der anderen Seite über den weißen Strich gekommen wäre, hätte ich glatt jemanden zu Tode fahren können. Ich also wieder rauf – und fünf Minuten später träum ich schon wieder und wär beinahe –– *Er drückt zwei Finger gegen die Augen.* Mir gehen so Sachen durch den Kopf, so komische Sachen.

LINDA: Willy – du mußt noch mal mit den Leuten reden. Ich sehe nicht ein, warum du nicht auch in New York arbeiten kannst.

WILLY: Sie brauchen mich nicht in New York. Sie brauchen mich für Neu-England. In Neu-England leiste ich was.

LINDA: Aber du bist doch schon sechzig. Man kann von dir nicht mehr erwarten, daß du jede Woche losfährst.

WILLY: Ich muß nach Portland telegrafieren. Morgen früh um zehn sollte ich Brown und Morrison die Kollektion zeigen. Herrgottnochmal, da wäre ich was losgeworden! *Er will sein Jackett anziehen.*

LINDA *nimmt ihm das Jackett ab*: Warum gehst du nicht morgen zu Howard und sagst ihm, daß du einfach in New York arbeiten mußt? Du bist viel zu nachgiebig, Willy.

WILLY: Wenn der alte Wagner noch leben würde, wäre ich der Mann in New York! Der war richtig, der verstand sein Fach. Von seinem Sohn, diesem Howard, hat er nicht viel gehalten. Als ich das erste Mal nach dem Norden gefahren bin, wußten Wagner & Co. nicht mal, wo Neu-England liegt!

LINDA: Warum erzählst du das nicht Howard, Willy?

WILLY *ermutigt*: Ich tu's, jawohl, ich tu's. Ist Käse da?

LINDA: Ich mach dir ein Brot.

WILLY: Nein, schlaf du nur. Ich trink 'n bißchen Milch. Ich komm gleich wieder rauf. Sind die Jungens da?

LINDA: Sie schlafen. Happy hat Biff heute abend ausgeführt.

WILLY *interessiert*: So?

LINDA: Es war nett, wie sich die beiden hintereinander im Badezimmer rasiert haben. Und dann zusammen ausgegangen sind. Merkst du's nicht? Das ganze Haus riecht nach Gesichtswasser.

WILLY: Stell dir das vor. Da rackert man sich sein ganzes Leben lang ab, um das Haus abzuzahlen. Schließlich gehört's einem, und es ist keiner da, der drin wohnt.

LINDA: Tja, man verschwendet nun einmal viel Kraft im Leben. Das geht allen so.

WILLY: Nein, nein, manche – manch einer bringt's zu was. Hat Biff was gesagt, heute morgen, nachdem ich weg war?

LINDA: Du hättest nicht an ihm herumnörgeln sollen, Willy, besonders nicht, wo er gerade erst angekommen war. Du mußt nicht immer so heftig mit ihm sein.

WILLY: Wann zum Kuckuck war ich denn heftig? Ich hab ihn nur gefragt, ob er was verdient. Nennst du das herumnörgeln?

LINDA: Aber, Willy, woher soll er denn was verdienen?

WILLY *unruhig und verärgert*: Er hat so etwas Ungreifbares an sich. Er ist launisch geworden. Hat er sich entschuldigt, nachdem ich weg war, heute morgen?

LINDA: Ihm sind sämtliche Felle weggeschwommen, Willy. Du weißt doch, wie er dich bewundert. Ich glaube, sobald er zu sich gefunden hat, wird's auch mit euch beiden besser gehen, und ihr zankt euch dann nicht mehr.

WILLY: Wie kann er denn auf einer Farm zu sich finden! Ist das vielleicht ein Leben? Als Knecht? Im Anfang, als er noch jung war, hab ich gedacht, na ja, er ist jung, es kann gar nichts schaden, wenn er sich ein bißchen umtut und alles mögliche anfängt. Aber darüber sind jetzt mehr als zehn Jahre vergangen, und er verdient immer noch keine fünfunddreißig Dollar die Woche!

LINDA: Er wird schon zu sich finden, Willy.

WILLY: Mit vierunddreißig Jahren wird das auch langsam Zeit!

LINDA: Scht!

WILLY: Wenn er nur nicht so ein gottverdammter Faulpelz wäre!

LINDA: Willy, bitte!

WILLY: Stinkfaul ist der Bursche!

LINDA: Sie schlafen. Geh, hol dir was zu essen. Nun geh schon.

WILLY: Wieso ist er überhaupt hergekommen? Ich möchte bloß wissen, warum der nach Hause gekommen ist.

LINDA: Ich weiß nicht. Ich glaube, er kommt sich sehr verloren vor, Willy – sehr verloren.

WILLY: Biff Loman und sich verloren vorkommen! Das reichste Land der Welt, ein junger Mann mit einem so – sympathischen Äußeren und kommt sich verloren vor. Dabei, arbeiten hat er gelernt. Eins muß man Biff lassen – faul ist er nicht.

LINDA: Oh nein.

WILLY *voller Mitgefühl, entschlossen*: Ich muß morgen mit ihm reden. Ich werde ihm gut zureden. Ich werde ihm einen Posten als Vertreter verschaffen. Der konnte im Handumdrehen was werden. Mein Gott! Erinnerst du dich noch, wie sie ihm in der Schule alle nachgelaufen sind. Er brauchte nur jemanden anzugucken, und schon waren sie selig. Wenn er die Straße lang ging ... *Er versinkt in Erinnerungen.*

LINDA *versucht, ihn zu sich zu bringen*: Willy, Willy, ich hab dir heute einen neuen amerikanischen Käse besorgt. Rahmkäse.

WILLY: Warum kaufst du amerikanischen Käse, wo ich so gerne Schweizer esse?

LINDA: Ach, nur so zur Abwechslung, dachte ich –

WILLY: Ich pfeife auf Abwechslungen! Ich wünsche Schweizer Käse. Warum geschieht immer das Gegenteil von dem, was ich will?

LINDA *mit einem begütigenden Lachen*: Es sollte eine Überraschung sein.

WILLY: Herrgottnochmal, warum ist denn hier kein Fenster offen.

LINDA *mit unendlicher Geduld*: Alle Fenster sind offen, Willy.
WILLY: Wie man uns hier eingepfercht hat. Lauter Steine und Fenster und Fenster und Steine.
LINDA: Wir hätten das Grundstück nebenan dazukaufen sollen.
WILLY: Die ganze Straße ist voller Autogestank, man kriegt überhaupt keine frische Luft mehr. Kein Gras wächst mehr, nicht mal Mohrrüben gedeihen im Garten. Diese Mietskasernen müßten gesetzlich verboten werden. Erinnerst du dich noch an die zwei alten Ulmen da? Wo Biff und ich die Hängematten angebracht haben?
LINDA: Ja, es war, als wäre man gar nicht in der Stadt.
WILLY: Man hätte den Bauherrn einsperren lassen sollen, der sie schlagen ließ. Die ganze Gegend haben sie verunstaltet. *In Gedanken verloren.* Ich muß immer häufiger an die Zeit zurückdenken, Linda. Um diese Jahreszeit kamen Flieder und Glyzinien. Und dann die Pfingstrosen und die Narzissen. Dieser Duft in diesem Zimmer!
LINDA: Na ja, irgendwo müssen die Menschen ja schließlich wohnen.
WILLY: Nein, es gibt einfach mehr Menschen heutzutage.
LINDA: Ich glaube nicht, daß es mehr Menschen gibt. Ich glaube –
WILLY: Es gibt mehr Menschen! Dadurch wird ja dieses Land ruiniert! Die Bevölkerung nimmt überhand. Die Konkurrenz macht einen fertig! Dieser Gestank aus dieser Mietskaserne! Und auf der anderen Seite ist noch eine . . . wie macht man eigentlich Rahmkäse?
*Bei Willys letzten Worten haben sich Biff und Happy in ihren Betten aufgerichtet und lauschen.*
LINDA: Geh runter und koste ihn.
WILLY *zu Linda, schuldbewußt*: Du machst dir doch meinetwegen keine Sorgen, nicht, Liebling?
BIFF: Was is denn los?
HAPPY: Hör doch!
LINDA: Du bist viel zu tüchtig, als daß man sich deinetwegen Sorgen zu machen brauchte.
WILLY: Du bist mein Stab und meine Stütze, Linda.
LINDA: Du mußt nur etwas ausspannen. Du machst aus einer Mücke einen Elefanten.
WILLY: Ich zanke mich nicht mehr mit ihm herum. Wenn er nach Texas zurück will, soll er gehen.
LINDA: Er wird schon seinen Weg machen.
WILLY: Bestimmt. Manch einer fängt eben erst später an. Thomas Edison, glaub ich, auch, oder dieser Gummikönig,

B. F. Goodrich. Einer von beiden war sogar taub. *Er geht zur Tür.* Ich glaube an Biff.

LINDA: Und Willy – wenn es Sonntag warm ist, fahren wir ein bißchen raus. Und wir machen die Windschutzscheibe auf und nehmen uns Essen mit.

WILLY: Nein, bei dem neuen Wagen kann man die Windschutzscheiben nicht aufmachen.

LINDA: Aber du hast sie doch heute aufgemacht.

WILLY: Ich? Nein. *Er bleibt stehen.* Na – ist das komisch! Ist das nicht eine merkwürdige – *Er bricht erstaunt und erschrocken ab, von weitem hört man wieder die Flöte.*

LINDA: Was denn, Liebling?

WILLY: Das ist aber wirklich zu merkwürdig.

LINDA: Was?

WILLY: Ich hab an den Chevrolet gedacht. *Kleine Pause.* 1928 . . . hatte ich doch den roten Chevrolet – *Er bricht ab.* Komisch, was? Ich hätte schwören können, daß ich heute den Chevrolet gefahren habe.

LINDA: So was kommt vor. Irgendwas hat dich sicher an ihn erinnert.

WILLY: Merkwürdig. Ts. Erinnerst du dich noch an die Zeit? Wie Biff den Wagen auf neu frisiert hat? Der Autohändler wollte nicht glauben, daß der schon über hunderttausend Kilometer draufhatte. *Er schüttelt den Kopf.* Ach! *Zu Linda.* Schlaf nur, ich bin gleich wieder oben. *Er geht hinaus.*

HAPPY *zu Biff*: Kinder, Kinder, wahrscheinlich hat er wieder den Wagen kaputtgefahren.

LINDA *ruft Willy nach*: Gib auf die Treppe acht, Willy! Der Käse ist im mittleren Fach! *Sie geht zum Bett zurück, nimmt sein Jackett und geht hinaus.*

*Das Zimmer der Jungen wird hell. Man hört Willy, ohne ihn zu sehen, mit sich selber reden: »über hunderttausend Kilometer«, und ein kurzes Lachen. Biff steht auf, kommt ein wenig nach vorn und horcht. Biff ist zwei Jahre älter als sein Bruder Happy; er ist gut gewachsen, aber er sieht zur Zeit abgespannt aus und scheint weniger selbstbewußt zu sein als sein Bruder. Er hat weniger Erfolg als Happy, denn seine Träume sind ausschweifender und unerfüllbarer. Happy ist groß und kräftig. Eine starke Erotik geht von ihm aus; viele Frauen haben das schon zu spüren bekommen. Er ist wie sein Bruder ein Gestrandeter, aber auf eine andere Art, denn er würde sich selbst gegenüber niemals eine Niederlage zugeben und ist daher, obwohl er zufriedener erscheint, tiefer verwirrt und gleichzeitig hartgesottener.*

HAPPY *steigt aus dem Bett*: Wenn das so weitergeht, wird er noch seinen Führerschein los. Allmählich krieg ich richtig Angst um ihn, Biff.

BIFF: Seine Augen machen nicht mehr mit.

HAPPY: Nein, ich bin ja mit ihm gefahren. Die Augen sind's nicht. Er kann sich einfach nicht mehr konzentrieren. Vergangene Woche hat er mich in die Stadt mitgenommen. Bei grünem Licht hält er an, und wenn's rot wird, fährt er weiter. *Er lacht.*

BIFF: Vielleicht ist er farbenblind.

HAPPY: Papa? Was Farben angeht, hat er die besten Augen in der ganzen Branche. Das weißt du doch.

BIFF *setzt sich auf sein Bett*: Ich geh wieder schlafen.

HAPPY: Du bist doch nicht mehr böse mit Papa, was Biff?

BIFF: Wird schon stimmen, was er sagt.

WILLY *unter ihnen, im Wohnzimmer*: Jawohl, über hunderttausend Kilometer — hundertachtundzwanzigtausend Kilometer!

BIFF: Du rauchst?

HAPPY *hält ihm ein Päckchen hin*: Willst du eine?

BIFF *nimmt eine*: Wenn jemand raucht, kann ich nicht einschlafen.

WILLY: Und das ganz auf neu, hä-hä!

HAPPY *mit echtem Gefühl*: Komisch, Biff, was? Daß wir beide hier wieder schlafen. In den alten Betten. *Er tätschelt sein Bett.* Was haben wir in diesen zwei Betten nicht schon alles bequatscht, was? Unser ganzes Leben.

BIFF: Tja, 'ne Menge Ideen und Pläne.

HAPPY *mit einer tiefen und männlichen Lache*: Mindestens fünfhundert Weiber würden gern wissen, was wir in der Bude hier beredet haben. *Beide lachen leise.*

BIFF: Weißt du noch, die dicke Betsy sowieso — Herrgott, wie hieß sie doch gleich — die aus der Bushwick Allee?

HAPPY *kämmt sich das Haar*: Die mit dem Schäferhund?

BIFF: Ja, die. Ich habe dich bei ihr eingeführt, weißt du noch?

HAPPY: Ja, das war meine erste — glaube ich. Kinder, war das ein Luder! *Sie lachen, fast roh.* Alles, was ich über Frauen weiß, hast du mir beigebracht. Vergiß das nicht.

BIFF: Ich wette, du weißt gar nicht mehr, wie schüchtern du warst. Besonders mit Mädchen.

HAPPY: Bin ich heute noch, Biff.

BIFF: Na, hör mal!

HAPPY: Ich laß mir's nur nicht anmerken. Trotzdem, mir scheint, meine Schüchternheit hat ab- und deine zugenommen. Was ist bloß los mit dir, Biff? Wo hast du deinen alten Humor und dein Selbstvertrauen? *Er schüttelt Biffs Knie. Biff steht auf und geht ruhelos im Zimmer umher.* Was hast du bloß?

BIFF: Warum macht sich der Alte dauernd über mich lustig?

HAPPY: Tut er ja gar nicht, er –

BIFF: Sobald ich den Mund aufmache, hat er'n höhnischen Zug im Gesicht. Ich brauch nur in seine Nähe zu kommen.

HAPPY: Er will nur, daß was aus dir wird, weiter nichts. Ich wollte schon lange mal mit dir über Papa reden, Biff. Irgendwas – stimmt nicht bei ihm. Er – redet mit sich selber.

BIFF: Das ist mir heute morgen auch aufgefallen. Aber er hat ja schon immer vor sich hin gemurmelt.

HAPPY: Aber doch nicht so. Es wurde so schlimm, daß ich ihn nach Florida geschickt habe. Und weißt du was? Er redet fast die ganze Zeit mit dir.

BIFF: Was sagt er denn über mich?

HAPPY: Ich komme nicht recht dahinter.

BIFF: Was sagt er über mich?

HAPPY: Ich glaube, die Tatsache, daß du noch nichts Rechtes gefunden hast, daß du immer noch in der Luft hängst . . .

BIFF: Es gibt da ein paar Dinge, die ihn bedrücken, Happy.

HAPPY: Was denn?

BIFF: Ach, nichts. Aber schiebt nicht immer alles auf mich.

HAPPY: Du, ich glaube, wenn nur ein Anfang da wäre – ich meine – gibt's denn da draußen eine Zukunft für dich?

BIFF: Ich will dir was sagen, Hap, ich weiß gar nicht, was ich mir unter einer Zukunft vorstellen soll. Ich weiß gar nicht – was ich wollen soll.

HAPPY: Wie meinst du das?

BIFF: In den sechs oder sieben Jahren, seit ich von der Schule bin, habe ich versucht, mich hochzuarbeiten. Als Packer, als Vertreter, in allen möglichen Berufen. Aber es ist eine miese Existenz. Sich an heißen Sommermorgenden in die U-Bahn zu klemmen. Den Sinn seines Lebens darin zu sehen, die und die Ware zu führen, Leute anzurufen, irgendwas zu kaufen oder zu verkaufen. Sich fünfzig Wochen lang abzustrampeln, nur um zwei Wochen Ferien zu haben, wenn man sich in Wirklichkeit nichts weiter wünscht, als mit nacktem Oberkörper draußen an der frischen Luft zu sein. Und dieser ewige Konkurrenzkampf! Auf die Art soll man sich eine Zukunft bauen.

HAPPY: Ja, macht's dir denn Spaß auf der Farm? Bist du denn zufrieden da draußen?

BIFF *mit immer größerer Bewegung*: Hap, ich hab mindestens zwanzig bis dreißig verschiedene Stellungen gehabt, seit ich vor dem Krieg von zu Hause weg bin, und es nimmt immer das gleiche Ende. Ich bin erst vor kurzem dahinter gekommen. In Nebraska, wo ich Viehhüter war, und in Dakota und in Arizona und jetzt in Texas. Deshalb bin ich ja wohl nach Hause gekommen, weil es mir jetzt klar geworden ist. Auf der Farm, wo ich war, ist jetzt Frühling, weißt du? Und sie haben ungefähr fünfzehn neue Füllen. So was Wunderbares und so was – Schönes wie so 'ne Stute mit ihrem neugeborenen Füllen kannst du dir gar nicht vorstellen. Und es ist da jetzt kühl, weißt du? In Texas ist es jetzt kühl, und es ist Frühling. Aber wo ich auch bin, sobald der Frühling kommt, hab ich das Gefühl, mein Gott, aus mir ist ja immer noch nichts geworden! Herrgott, was tue ich denn weiter als mit Pferden rumspielen für 28 Dollar die Woche! Ich bin vierunddreißig Jahre alt, ich muß ja an meine Zukunft denken. Und dann komme ich nach Hause gerannt. Aber, sobald ich hier bin, weiß ich nichts mit mir anzufangen. *Nach einer Pause.* Es war mir immer besonders wichtig, mein Leben nicht zu verplempern, und jedesmal, wenn ich wieder herkomme, merke ich, daß ich's doch verplempert habe.

HAPPY: Du bist ein Dichter, weißt du das, Biff? Ein – ein Idealist bist du!

BIFF: Nein, ich hab mich festgefahren. Vielleicht sollte ich heiraten. Vielleicht sollte ich versuchen, in irgendwas reinzukommen. Vielleicht liegt's daran. Ich bin noch immer 'n Junge, ich bin nicht verheiratet, ich hab keinen Beruf, ich bin eben – nicht richtig erwachsen. Bist du denn zufrieden, Hap? Du bist doch vorwärtsgekommen, nicht? Bist du zufrieden?

HAPPY: Kann man nicht gerade behaupten!

BIFF: Warum denn nicht? Du verdienst doch gut, oder?

HAPPY *mit Kraft und Ausdruck*: Alles was ich tun kann, ist, darauf zu warten, daß unser Abteilungsleiter stirbt. Vielleicht werde ich dann sein Nachfolger. Er ist ein guter Freund von mir, hat sich gerade auf Long Island ein tolles Haus bauen lassen. Zwei Monate hat er drin gewohnt, dann hat er's verkauft, und jetzt läßt er sich ein neues Ding bauen. Sobald er's fertig hat, macht's ihm keinen Spaß mehr. Und ich weiß, mir würde es haargenau so gehen. Verdammt noch mal, ich weiß nicht, zu was ich arbeite. Manchmal sitze ich ganz allein in meiner Wohnung. Und denke an die Miete, die ich dafür zahle. Und komme mir blödsinnig vor. Dabei ist es doch genau das, was ich mir gewünscht habe. Meine eigene Wohnung, ein Auto und massenhaft Weiber. Trotzdem fühlt man sich einsam, zum Kotzen.

BIFF *voller Überschwang*: Hör zu, warum kommst du nicht mit mir nach dem Westen?

HAPPY: Wir zwei beiden, meinst du?

BIFF: Klar, wir könnten uns 'ne Farm kaufen. Vieh züchten und unsere Muskeln in Bewegung setzen. Leute, die wie wir gebaut sind, sollten im Freien arbeiten.

HAPPY *greift es lebhaft auf*: Die Loman-Brüder, was?

BIFF *mit großer Zuneigung*: Klar, wir wären bald bekannt wie die bunten Hunde.

HAPPY *gefangen*: Genau das wünsch ich mir immer, Biff. Manchmal möchte ich mir mitten im Laden die Kleider vom Leibe reißen und diesen dämlichen Abteilungsleiter k.o. schlagen. Ich meine, wo ich die ganze Bande in dem Laden krumm und lahm schlagen könnte, da muß ich mich von diesen halben Portionen herumkommandieren lassen, bis mir das Ganze hier steht.

BIFF: Soviel ist sicher, mein Junge, wenn du dabei wärst, wär ich da draußen glücklich.

HAPPY *mitgerissen*: Weißt du, Biff, die um mich rum sind so falsch, daß einem langsam alle Ideale flöten gehen...

BIFF: Wenn wir zusammen sind, Kleiner, dann steht einer für den anderen ein, und man hat jemanden, dem man trauen kann.

HAPPY: Wenn ich mit dir zusammen wäre –

BIFF: Nämlich, Hap, wir sind einfach nicht dazu geschaffen, hinter Geld herzujagen. Ich weiß gar nicht, wie man das macht.

HAPPY: Ich auch nicht!

BIFF: Also – abgemacht!

HAPPY: Nur – was springt dabei raus?

BIFF: Aber sieh dir doch deinen Freund an. Setzt sich 'n Riesenkasten hin und hat nicht die nötige Ruhe, um drin zu wohnen.

HAPPY: Ja, aber wenn der ins Geschäft kommt, da kriechen sie alle vor ihm. Zweiundfünfzigtausend Dollar Jahreseinkommen erscheinen in der Drehtür, und dabei hab ich im kleinen Finger mehr als der im Kopf.

BIFF: Aber du hast doch gerade gesagt –

HAPPY: Ich muß einigen von diesen ausgestopften Hemden zeigen, daß Hap Loman es schafft. Ich will genau so behandelt werden, wenn ich ins Geschäft komme, wie der.

Dann gehe ich mit dir mit, Biff. Wir zwei kommen noch zusammen, da kannst du Gift drauf nehmen. Denk doch mal an die beiden von heute abend. Waren die nicht ganz große Klasse?

BIFF: Ja, prima, so was hab ich seit Jahren nicht gehabt.

HAPPY: So was kann ich jederzeit haben, Biff. Immer, wenn mir der kalte Kaffee hochkommt. Nur, weißt du, es ist so ähnlich wie beim Kegeln. Ich leg sie auf'n Rücken, und es sagt mir nichts. Machst du dir noch viel daraus?

BIFF: Nee. Ich hätt gern 'n Mädel für immer, eine, an der was dran ist.

HAPPY: So was wünsch ich mir auch.

BIFF: Du! Du hältst es doch bei keiner aus.

HAPPY: Warum nicht! Bei einer, die Charakter hat und anständig ist! Wie Mutter, weißt du? Du hältst mich bestimmt für ein ganz großes Schwein, wenn ich dir das jetzt sage. Diese Charlotte, mit der ich heute abend zusammen war, heiratet in fünf Wochen. *Er probiert seinen neuen Hut auf.*

BIFF: Allen Ernstes?

HAPPY: Klar, und ihr Zukünftiger hat Aussicht, bei unserer Firma zweiter Direktor zu werden. Ich weiß nicht, was da in mich gefahren ist, vielleicht ist es nur Konkurrenzneid oder so. Aber ich hab sie kaputtgemacht und werd sie außerdem nicht mehr los. Und das ist jetzt schon der dritte von meinen Vorgesetzten, mit dem ich das so mache. Feiner Zug von mir, was? Und um dem Ganzen die Krone aufzusetzen, geh ich auch noch zu ihrer Hochzeit! *Unwillig, aber lachend.* Genau wie ich keine Bestechungsgelder annehmen dürfte. Hier und da stecken mir die Fabrikanten einen Hunderter zu, damit ich ihnen einen Auftrag zuschustere. Du weißt, ich bin ein ehrlicher Kerl, aber es ist das gleiche wie mit dem Mädel. Ich find mich selber zum Kotzen deswegen. Weil – ich will das Mädel ja gar nicht, und doch nehm ich's und – ich find's herrlich!

BIFF: Komm, laß uns weiterschlafen.

HAPPY: Jetzt sind wir genau so schlau wie vorher, was?

BIFF: Ich glaube, mir ist was eingefallen, was ich versuchen will.

HAPPY: Was denn?

BIFF: Entsinnst du dich an Bill Oliver?

HAPPY: Klar, Oliver ist heute ein großer Mann. Willst du bei dem wieder arbeiten?

BIFF: Nein, aber wie ich damals aufgehört habe, hat er mir was gesagt. Er hat mir den Arm um die Schulter gelegt und hat gesagt: »Biff, wenn Sie je was brauchen, kommen Sie zu mir.«

HAPPY: Hm, ich erinnere mich. Klingt nicht schlecht.

BIFF: Zu dem gehe ich hin. Wenn ich zehntausend Dollar kriegen könnte oder auch nur sieben- oder achttausend, könnte ich mir 'ne wunderschöne Farm kaufen.

HAPPY: Du, der hilft dir. Der hat nämlich viel von dir gehalten, Biff. Das tun die anderen natürlich auch. Du bist beliebt, Biff. Darum sage ich ja, komm zurück, und wir ziehen zusammen. Und, Biff, so viel Mädels, wie du willst ...

BIFF: Nee, wenn ich 'ne Farm habe, kann ich arbeiten, was mir Spaß macht, und bin trotzdem jemand. Nur – nur fragt es sich, ob Oliver immer noch glaubt, daß ich den Karton Bälle geklaut habe.

HAPPY: Ach, das hat er sicher längst vergessen. Sind ja fast zehn Jahre her. Du bist zu empfindlich. Außerdem hat er dich ja nicht richtig rausgeschmissen.

BIFF: Na, ich glaube, er wollte es aber. Darum bin ich ja gegangen. Ich war mir nie sicher, ob er's gewußt hat oder nicht. Aber ich weiß, daß er große Stücke auf mich gehalten hat. Ich war der einzige, der den Laden abschließen durfte.

WILLY *darunter*: Wäschst du den Motor, Biff?

HAPPY: Scht!

*Biff blickt auf Happy, der horchend nach unten starrt. Man hört Willy im Wohnzimmer murmeln.*

HAPPY: Hörst du das? *Sie lauschen. Willy lacht warm.*

BIFF *wird ärgerlich*: Er muß doch wissen, daß Mutter ihn hören kann.

WILLY: Mach deinen Sweater nicht schmutzig, Biff!

*Biff verzieht schmerzlich das Gesicht.*

HAPPY: Schrecklich, was? Geh nicht mehr weg! Du wirst hier schon was finden. Du mußt bei uns bleiben. Ich weiß nicht mehr, was ich mit ihm machen soll, er wird immer doller.

WILLY: Ganz auf neu!

BIFF: Mutter hört das bestimmt?

WILLY: Allen Ernstes, Biff, du hast 'n Rendezvous? Wundervoll!

HAPPY: Schlaf jetzt. Aber sprich morgen früh mit ihm, ja?

BIFF *geht widerstrebend ins Bett*: Wo sie im Haus ist, Kinder!

HAPPY *legt sich hin*: Du müßtest mal richtig mit ihm reden.

*In ihrem Zimmer wird es langsam dunkel.*

BIFF *vor sich hin*: Dieser egoistische, dämliche ...

HAPPY: Scht... Schlaf, Biff.

*Das Zimmer ist dunkel. Noch ehe sie aufgehört haben zu reden, erkennt man undeutlich Willys Umrisse in der dunklen Küche. Er macht den Eisschrank auf, sucht darin herum und nimmt eine Milchflasche heraus. Die Mietshäuser verschwinden: Haus und Umgebung werden jetzt fast von Blättern verdeckt. Musik ertönt, als die Blätter erscheinen.*

WILLY: Mußt dich mit den Mädels nur 'n bißchen vorsehen, Biff, weißt du? Mach keine Versprechungen. Keinerlei Versprechungen. So 'n Mädel, mußt du wissen – die glauben nämlich alles, was man ihnen sagt, und du bist noch sehr jung, Biff, du bist zu jung, um dich schon zu binden. *Die Küche wird hell. Während Willy redet, macht er den Eisschrank zu und geht nach vorn zum Küchentisch. Er gießt Milch in ein Glas. Er ist ganz in sich versunken und lächelt schwach.*

WILLY: Viel zu jung, Biff. Werde du erst mal mit deiner Schule fertig. Wenn du das hinter dir hast, gibt's genug Mädels für dich. *Er lacht behaglich zu einem Küchenstuhl hinüber.* Ach nee! Die Mädels zahlen für dich? *Er lacht.* Junge, Junge, du bist ja ein Teufelskerl. *Willy wendet sich jetzt einem Punkt außerhalb der Bühne zu, er spricht durch die Küchenwand hindurch, und seine Stimme nimmt die Lautstärke einer normalen Unterhaltung an.*

WILLY: Und ich wundere mich, warum du den Wagen so sorgfältig aufbügelst. Ha! Vergeßt nicht die Radkappe, Jungens. Ran mit dem Lederlappen an die Radkappe. Happy, nimm Zeitungspapier für die Fenster, das geht am einfachsten. Zeig ihm, wie man's macht, Biff! Siehst du, Happy? Knüll's zusammen, benütz es wie 'n Lappen. Ha, so, so ist's richtig. Gut so, Hap. *Er macht eine Pause, nickt dann ein paar Mal befriedigt und blickt nach oben.* Biff, das erste, was wir machen müssen, sobald wir Zeit haben, ist, daß wir den großen Ast da überm Haus absägen. Sonst bricht er am Ende noch beim Sturm ab und macht's Dach kaputt. Weißt du was? Wir nehmen einen Strick und machen ihn fest, und dann klettern wir mit ein paar Sägen rauf und holen ihn runter. Wenn ihr mit dem Wagen fertig seid, Jungens, dann kommt zu mir. Ich hab 'ne Überraschung für euch.

BIFF *hinter der Bühne, von draußen*: Was denn, Papa?

WILLY: Nein, erst wird fertiggemacht. Man soll nie mitten in 'ner Arbeit aufhören – merkt euch das. *Sieht zu den »großen Bäumen« hinauf.* Biff, oben in Albany hab ich 'ne sehr schöne Hängematte gesehen. Die kaufe ich auf der nächsten Fahrt, und dann hängen wir sie zwischen diese beiden Ulmen. Wär das nicht 'ne Sache? Unter den Zweigen da hin- und herzuschaukeln. Kinder, das wäre . . .

*Der junge Biff und der junge Happy kommen aus der Richtung, in die Willy gesprochen hat. Happy trägt Wassereimer und Schmutzlappen. Biff, in einem Sweater mit einem »S« drauf, hat einen Fußball unterm Arm.*

BIFF *zeigt in Richtung des Autos nach draußen*: Na, ist das fachmännisch, Papa?

WILLY: Großartig. Großartig, Jungens. Das habt ihr gut gemacht, Biff.

HAPPY: Und wo ist die Überraschung, Papa?

WILLY: Hinten im Wagen.

HAPPY: Au fein! *Er läuft ab.*

BIFF: Was ist es denn, Papa? Erzähl mir doch, was du gekauft hast.

WILLY *knufft ihn lachend*: Na, natürlich etwas, was ihr brauchen könnt.

BIFF *läuft Happy nach*: Was ist es, Happy?

HAPPY *von draußen*: Ein Punchingball!

BIFF: Oh, Papa!

WILLY: Mit Gene Tunneys Autogramm darauf!

*Happy kommt mit dem Punchingball auf die Bühne gelaufen.*

BIFF: Woher weißt du denn, daß wir uns den gewünscht haben?

WILLY: Das ist das beste für euch, damit ihr richtig zuschlagen lernt.

HAPPY *legt sich auf den Rücken und macht mit den Füßen Tretbewegungen*: Ich nehme jetzt ab, hast du's schon gemerkt, Papa?

WILLY *zu Happy*: Seilspringen ist auch gut.

BIFF: Hast du schon meinen neuen Fußball gesehen?

WILLY *begutachtet ihn*: Wo hast du denn den her?

BIFF: Der Turnlehrer hat gesagt, ich brauche Training.

WILLY: So so. Und dazu hat er dir den Ball gegeben?

BIFF: Och, ich hab ihn mir aus dem Geräteraum geborgt. *Er grinst durchtrieben.*

WILLY *lacht mit über den Diebstahl*: Du mußt ihn zurückbringen.

HAPPY: Ich hab dir ja gesagt, daß Papa das nicht will.

BIFF *ärgerlich*: Na gut, dann bringe ich ihn eben zurück!

WILLY *greift in den drohenden Streit ein, zu Happy*: Er muß ja schließlich mit einem vorschriftsmäßigen Ball trainieren, nicht? *Zu Bill.* Der Turnlehrer freut sich schon bestimmt über deinen Eifer!

BIFF: Ach, der freut sich schon die ganze Zeit darüber, Papa.

WILLY: Weil er dich mag. Wenn jemand anders den Ball genommen hätte, gäb's einen Riesenkrach. Also, was gibt's sonst Neues, Jungens, was gibt's Neues?

BIFF: Wo fährst du denn diesmal hin, Papa? Wir haben dich schrecklich vermißt.

WILLY *legt erfreut einen Arm um jeden Jungen, und sie gehen zur Vorbühne*: So so, ihr habt mich vermißt?

BIFF: Immerzu hast du uns gefehlt.

WILLY: Was ihr nicht sagt. Ich will euch was verraten, Jungens. Aber ihr dürft's keinem weitersagen. Eines Tages werde ich mein eigenes Geschäft haben, und dann brauche ich nie mehr von zu Hause weg.

HAPPY: So wie Onkel Charley?

WILLY: Viel größer als das von Onkel Charley! Charley ist nicht – beliebt. Er ist schon beliebt, aber nicht – sehr beliebt.

BIFF: Wo warst du diesmal, Papa?

WILLY: Tja, ich hab mich auf die Socken gemacht und bin nach dem Norden gefahren, nach Providence. Hab den Bürgermeister getroffen.

BIFF: Den Bürgermeister von Providence?

WILLY: Er hat in der Hotelhalle gesessen.

BIFF: Was hat er gesagt?

WILLY: Er hat »Guten Morgen« gesagt. Und ich habe gesagt: »'ne schöne Stadt haben Sie hier, Herr Bürgermeister.« Und dann haben wir zusammen Kaffee getrunken. Und dann bin ich nach Waterbury gefahren. Waterbury ist eine schöne Stadt. Eine große Uhrenstadt, die berühmten Waterburyuhren kommen daher. Hab da 'n paar schöne Abschlüsse gemacht. Und von da nach Boston – Boston ist die Wiege der Revolution. Eine schöne Stadt. Und dann noch in ein paar andere Städte in Massachusetts und weiter nach Portland und Bangor und dann direkt nach Hause!

BIFF: Ich möchte so gern mal mit dir fahren, Papa.

WILLY: Sobald es Sommer wird.

HAPPY: Bestimmt?

WILLY: Jawohl, du und Hap und ich, und ich zeige euch alle Städte. Amerika ist voll von schönen Städten mit netten, ordentlichen Leuten. Und man kennt mich. Jungens, man kennt mich in jedem Nest in Neu-England. Die nettesten Leute. Und wenn ich euch beide mitbringe, dann gilt das Sesam-öffne-dich für uns alle, denn das sage ich euch,

Kinder, ich habe Freunde. Ich kann mein Auto in jeder Straße von Neu-England parken, und die Schupos passen darauf auf, als wenn's ihnen gehörte. Also im Sommer, wie?

HAPPY UND BIFF *zusammen*: Au ja!

WILLY: Wir nehmen unser Badezeug mit.

HAPPY: Wir tragen deine Musterkoffer, Papa!

WILLY: Na, das wird 'ne Sache! Ich seh mich schon in die Bostoner Läden gehen, und meine Jungens tragen die Musterkoffer. Das gibt 'ne Sensation!

*Biff stolziert herum und übt den Ball weiterreichen.*

WILLY: Bist du nervös wegen des Spiels, Biff?

BIFF: Nicht, wenn du dabei bist.

WILLY: Was redet man denn so von dir in der Schule, seit sie dich zum Mittelstürmer gemacht haben?

HAPPY: In der Pause ist immer ein ganzes Rudel von Mädeln hinter ihm her.

BIFF *nimmt Willys Hand*: Sonnabend, Papa – diesen Sonnabend. Für dich breche ich durch und stürme bis zum Tor.

HAPPY: Du mußt den Ball weitergeben.

BIFF: Das eine Spiel mache ich für Papa. Achte auf mich, Papa, und wenn ich die Haube abnehme, bedeutet das, daß ich losstürme. Dann paß auf, wie ich durchbreche!

WILLY *küßt Biff*: Wenn ich das in Boston erzähle!

*Bernard tritt auf, in Knickerbockers. Er ist jünger als Biff, ernst und brav, ein Junge, der Sorgen hat.*

BERNARD: Wo bleibst du denn, Biff? Du wolltest doch heute mit mir lernen.

WILLY: Ach, sich mal an, Bernard. Warum siehst du denn so miesepetrig aus?

BERNARD: Er muß büffeln, Onkel Willy. Er hat nächste Woche Prüfung.

HAPPY *spöttisch, wirbelt Bernard herum*: Box mit mir, Bernard!

BERNARD: Biff! *Er macht sich von Happy los.* Du, Biff, ich hab gehört, wie Mr. Birnbaum gesagt hat, daß er dich durchrasseln läßt, wenn du nicht bald anfängst, Mathematik zu pauken, und dann ist es aus mit dem Examen. Ich hab's selbst gehört!

WILLY: Dann lerne jetzt lieber, Biff. Los, an die Arbeit.

BERNARD: Ich hab's selber gehört.

BIFF: Guck mal, Papa, hast du denn schon meine Turnschuhe gesehen? *Er hält einen Fuß hoch, um sie Willy zu zeigen.*

WILLY: Das hast du aber schön draufgedruckt!

BERNARD *putzt sich die Brille*: Nur weil er Virginia Universität auf seine Turnschuhe gedruckt hat, kommt er noch lange nicht durchs Examen, Onkel Willy!

WILLY *ärgerlich*: Was redest du da eigentlich? Er hat Stipendien für drei Universitäten, und die wollen ihn durchfallen lassen?

BERNARD: Aber ich hab gehört, wie Mr. Birnbaum gesagt hat –

WILLY: Hör auf mit dem Käse, Bernard! *Zu seinen Söhnen.* So ein Waschlappen!

BERNARD: Also gut, Biff, ich warte zu Hause auf dich.

*Bernard ab. Die Lomans lachen.*

WILLY: Bernard ist wohl nicht allzu beliebt, was?

BIFF: Er ist schon beliebt, aber nicht sehr.

HAPPY: Genau das, Papa.

WILLY: Sag ich ja. Bernard kann noch so gute Zeugnisse kriegen, aber draußen im Geschäftsleben, da seid ihr zehnmal besser als der. Das ist ja der Grund, weshalb ich dem Allmächtigen auf Knien danke, daß ihr beide wie die jungen Götter ausseht. Wer im Geschäftsleben aufzutreten versteht, für wen man sich persönlich interessiert, der bringt's zu was. Sei beliebt, und alles andere macht sich von selbst. Nehmt mich, zum Beispiel. Mich läßt keiner warten, wenn ich zu einem Kunden komme. »Willy Loman ist da!« Mehr brauchen sie nicht zu wissen, und schon werde ich vorgelassen.

BIFF: Hast du die anderen an die Wand gedrückt, Papa?

WILLY: In Providence hab ich sie an die Wand gedrückt, bis ihnen die Puste ausging, und in Boston hab ich sie mit'm steifen Arm aus dem Fenster gehalten.

HAPPY *liegt wieder auf dem Rücken und macht Tretbewegungen*: Ich nehme ab, hast du's schon gemerkt, Papa?

*Die Linda von damals tritt ein, mit einer Schleife im Haar, sie trägt einen Wäschekorb.*

LINDA *mit jugendlicher Frische*: Na, mein Lieber!

WILLY: Liebling!

LINDA: Wie fährt sich denn der Chevrolet?

WILLY: Linda, der Chevrolet ist der großartigste Wagen, der je gebaut worden ist. *Zu seinen Söhnen.* Seit wann laßt ihr denn eure Mutter die Wäsche rauftragen?

BIFF: Faß mit an, mein Sohn!

HAPPY: Wohin damit, Mutter?

LINDA: Hängt sie auf die Leine. Aber geh du lieber runter zu deinen Freunden, Biff. Der ganze Keller ist voll von Jungens. Sie wissen nicht, was sie mit sich anfangen sollen.

BIFF: Och, wenn Papa nach Hause kommt, können die warten.

WILLY *lacht anerkennend*: Geh runter und sag ihnen, was sie machen sollen, Biff.

BIFF: Ich laß sie den Heizkeller ausfegen.

WILLY: Recht so, Biff.

BIFF *geht durch die Küchenwand zur hinteren Tür und ruft hinunter*: Mal alle herhören! Der Heizkeller muß ausgefegt werden! Ich komme gleich runter!

STIMMEN: In Ordnung! Wird gemacht, Biff.

BIFF: George, Sam und Frank, ihr kommt raus in den Hof! Wir hängen Wäsche auf! Vorwärts, Hap – Tempo, Tempo!
*Er trägt mit Happy den Korb hinaus.*

LINDA: Wie die parieren!

WILLY: Man muß sich seine Leute eben erziehen. Ich sage dir, ich hätte Tausende und Abertausende verkaufen können, aber ich mußte nach Hause kommen.

LINDA: Das ganze Viertel wird bei dem Endspiel dabei sein. Hast du gut verkauft?

WILLY: Für fünfhundert in Providence und siebenhundert in Boston.

LINDA: Nein! Wart mal, ich hab einen Bleistift hier. *Sie zieht Bleistift und Papier aus der Schürzentasche.* Da macht deine Provision . . . Zweihundert – mein Gott! Zweihundertundzwölf Dollar!

WILLY: Ganz genau hab ich es zwar noch nicht ausgerechnet, aber . . .

LINDA: Also wieviel hast du verkauft?

WILLY: Für circa – äh – hundertachzig in Providence. Das heißt, nein – es waren – rund gerechnet zweihundert auf der ganzen Reise.

LINDA *unverzagt*: Zweihundert brutto. Das sind . . . *Sie rechnet.*

WILLY: Das Dumme war, daß drei Geschäfte in Boston wegen Inventur teilweise geschlossen hatten. Sonst hätte ich einen Rekord aufgestellt.

LINDA: Das sind immerhin siebzig Dollar und ein paar Pennies. Das ist doch sehr gut.

WILLY: Was haben wir zu zahlen?

LINDA: Am ersten die sechzehn Dollar für den Eisschrank –

WILLY: Wieso sechzehn?

LINDA: Der Ventilator war kaputt, das macht ein Dollar achtzig.

WILLY: Aber der Eisschrank ist doch ganz neu.

LINDA: Der Mann hat gesagt, das ist nun mal nicht anders. Bis sie sich eingelaufen haben, weißt du.
*Sie gehen langsam durch die Wand in die Küche.*

WILLY: Hoffentlich sind wir mit dem Ding nicht reingefallen.

LINDA: Sie machen die größte Reklame.

WILLY: Ich weiß, der Eisschrank ist gut. Was sonst?

LINDA: Dann die neun-sechzig für die Waschmaschine. Und am fünfzehnten sind drei-fünfzig für den Staubsauger fällig. Und für das Dach sind auch noch einundzwanzig Dollar zu bezahlen.

WILLY: Leckt es denn noch?

LINDA: Nein, sie haben es wunderbar in Ordnung gebracht. Dann schuldest du Frank noch was für den Vergaser.

WILLY: Ich denke nicht dran, den Mann zu bezahlen! Dieser verdammte Chevrolet, man sollte die Herstellung solcher Nuckelpinnen verbieten.

LINDA: Jedenfalls schuldest du ihm drei-fünfzig. Alles in allem sind es bis zum fünfzehnten rund hundertzwanzig Dollar.

WILLY: Hundertundzwanzig Dollar! Mein Gott, wenn das Geschäft nicht anzieht, weiß ich nicht, was ich machen soll!

LINDA: Laß man, nächste Woche wirst du schon mehr verkaufen.

WILLY: Ah, nächste Woche mache ich sie fix und fertig. Ich fahre nach Hartford. In Hartford bin ich beliebt. Das Dumme ist nur, Linda, die Leute nehmen mich, glaube ich, nicht ernst. *Sie gehen zur Vorbühne.*

LINDA: Ach, rede doch keinen Unsinn.

WILLY: Ich merke es schon beim Reinkommen. Es sieht so aus, als ob sie sich über mich lustig machen.

LINDA: Warum denn? Warum sollen sie sich über dich lustig machen? Dummes Zeug, Willy.

*Willy kommt ganz nach vorn. Linda geht in die Küche und beginnt, Strümpfe zu stopfen.*

WILLY: Ich weiß nicht, warum, aber ich bin Luft für sie. Sie nehmen nicht Notiz von mir.

LINDA: Aber du machst doch sehr gute Geschäfte, Willy. Du hast deine siebzig bis hundert Dollar die Woche.

WILLY: Dafür schufte ich aber auch zehn, zwölf Stunden am Tag. Andere – ich weiß nicht – andere haben's leichter. Ich weiß nicht wieso – aber ich kann meinen Mund nicht halten –, ich rede zu viel. Man darf nicht so viel Worte machen. Charley, zum Beispiel. Der sagt so gut wie gar nichts und wird respektiert.

LINDA: Du redest gar nicht zu viel, du bist nur lebhaft.

WILLY *lächelnd*: Naja, ich sag mir eben, zum Teufel noch mal, das Leben ist kurz, Spaß muß sein. *Vor sich hin.* Ich reiße zu viel Witze! *Sein Lächeln erstirbt.*

LINDA: Wieso? Du bist –

WILLY: Ich seh nach nichts aus. Ich bin – 'ne komische Figur, Linda. Ich wollte es dir nicht sagen, aber als ich Weihnachten zufällig bei F. H. Stewarts reinkomme, höre ich doch, wie ein Vertreter, den ich auch kenne, also beim Reinkommen hör ich den doch irgendwas von – Walroß sagen. Ich – ich hab ihm eine gelangt. Ich laß mir so was nicht bieten. So was laß ich mir einfach nicht bieten. Aber sie machen sich lustig über mich. Das weiß ich.

LINDA: Liebling ...

WILLY: Ich muß was dagegen tun. Ich weiß, ich muß was dagegen tun. Vielleicht ziehe ich mich nicht vorteilhaft an.

LINDA: Willychen, du bist der schönste Mann der Welt.

WILLY: Aber nein, Linda.

LINDA: Für mich ja. *Kleine Pause.* Der schönste.

*Aus der Dunkelheit hört man das Lachen einer Frau. Willy beachtet es nicht, obwohl die Frau noch lacht, während Linda weiterspricht.*

LINDA: Und die Jungens, Willy. Es gibt wenige Väter, die von ihren Kindern so vergöttert werden wie du.

*Man hört Musik und erkennt auf der linken Seite der Bühne undeutlich eine Frau, die sich hinter einem Paravent anzieht.*

WILLY *mit starkem Gefühl*: Du bist meine Allerbeste, Linda, du bist ein Prachtkerl, weißt du das? Wenn ich unterwegs bin – wenn ich unterwegs bin, möchte ich dich manchmal packen und dich küssen, bis dir die Luft wegbleibt.

*Das Lachen wird jetzt lauter, und Willy bewegt sich nach links, wo es immer heller wird. Die Frau kommt hinter dem Paravent hervor, bleibt stehen, setzt sich den Hut auf und besieht sich lachend in einem »Spiegel«.*

WILLY: Manchmal nämlich fühle ich mich so einsam – besonders, wenn die Geschäfte schlecht gehen und ich niemanden habe, mit dem ich reden kann. Dann habe ich das Gefühl, daß ich nie mehr was verkaufe, daß ich nicht für dich sorgen kann und daß wir nichts zum Leben haben, auch nicht für die Jungens. *Während er spricht, verstummt das Lachen der Frau allmählich. Die Frau betrachtet sich kokett im »Spiegel«.* Es gibt so vieles, was ich erreichen möchte ...

FRAU: Etwa mich? Bei uns war's aber umgekehrt: ich habe d i c h genommen.

WILLY *geschmeichelt*: Du hast mich genommen?

FRAU, *die recht anständig aussieht, in Willys Alter*: Allerdings. Ich habe all die Vertreter beobachtet, wie sie tagein und tagaus an meinem Schreibtisch vorbeikamen. Aber du bist so ein lustiger Vogel, und wir verstehen uns doch ganz gut, nicht?

WILLY: Freilich, freilich. *Er nimmt sie in die Arme.* Warum willst du denn schon gehen?

FRAU: Es ist zwei ...

WILLY: Nein, komm doch mit rein! *Er will sie reinziehen.*

FRAU: Was sollen denn meine Schwestern von mir denken? Wann kommst du wieder?

WILLY: Ich nehme an, in zwei Wochen. Kommst du wieder mit rauf?

FRAU: Na klar. Bei dir kann man lachen. Das tut einem wohl. *Sie drückt seinen Arm und küßt ihn.* Du bist ein richtiger Schatz!

WILLY: So – du hast mich genommen, wie?

FRAU: Klar. Du bist nämlich süß. Und ein solcher Spaßvogel.

WILLY: Also, wenn ich das nächste Mal in Boston bin, sehen wir uns.

FRAU: Ich sorge dafür, daß du gleich zu den Einkäufern kommst.

WILLY: Bon. *Gibt ihr einen Klaps auf den Hintern.* Da – zum Abgewöhnen!

FRAU *tätschelt ihn, lachend*: Du bist doch zu komisch, Willy. *Plötzlich packt er sie und küßt sie heftig.* Du drückst mich ja tot! Und vielen Dank für die Strümpfe. Davon kann man nie genug haben. Also dann, gute Nacht.

WILLY: Gute Nacht. Und laß dir kein Klavier ins Auge wehen!

FRAU: Oh, Willy!

*Die Frau bricht in ein Gelächter aus, das in Lindas Lachen übergeht. Die Frau verschwindet im Dunkeln. Die Küche wird jetzt hell. Linda sitzt wie vorher am Küchentisch, stopft aber jetzt ein Paar Seidenstrümpfe.*

LINDA: Wirklich, Willy. Der schönste Mann. Du hast gar keinen Grund anzunehmen, daß –

WILLY *tritt aus dem linken Bild, das langsam verschwindet, zu Linda.* Ich mach alles wieder gut, Linda, ich –

LINDA: Du hast nichts gutzumachen, Willy. Du machst deine Sache sehr schön, besser als –

WILLY *bemerkt, daß sie stopft*: Was soll denn das?

LINDA: Ich stopfe nur meine Strümpfe. Sie sind zu teuer –

WILLY *nimmt sie ihr ärgerlich aus der Hand*: In meinem Haus werden keine Strümpfe gestopft! Weg damit! *Linda steckt die Strümpfe in die Tasche.*

BERNARD *kommt hereingelaufen*: Wo bleibt er denn? Er muß doch arbeiten!

WILLY *kommt nach vorn, sehr erregt*: Du mußt ihm vorsagen!

BERNARD: Tu ich ja, aber bei der Prüfung geht das nicht! Die ist offiziell! Da mach ich mich strafbar.

WILLY: Wo ist er? Den versohle ich, dem hau ich den Hintern voll!

LINDA: Den Fußball sollte er auch zurückgeben, Willy – das war nicht recht.

WILLY: Biff! Wo steckt er denn? Warum klaut er bloß immerzu?

LINDA: Und, Willy, mit den Mädels treibt er's auch zu toll. Alle Mütter haben Angst vor ihm.

WILLY: Den schlag ich windelweich.

BERNARD: Und das Auto fährt er ohne Führerschein!

*Man hört das Lachen der Frau.*

WILLY: Halt den Mund!

LINDA: Alle Mütter –

WILLY: Halt den Mund!

BERNARD, *während er sich vorsichtig zurückzieht und verschwindet*: Mr. Birnbaum sagt, es geht ihm dreckig.

WILLY: Mach, daß du rauskommst!

BERNARD: Wenn er sich nicht auf die Hosen setzt, fliegt er in Mathe durch! *Er geht ab.*

LINDA: Er hat recht, Willy, du mußt –

WILLY *richtet seine Wut gegen sie*: Unser Junge ist in Ordnung! Möchtest du lieber, daß er so 'n Waschlappen ist wie Bernard? Der Junge hat was los, der ist eine Persönlichkeit ...

*Während er spricht, geht Linda, den Tränen nahe, ins Wohnzimmer. Willy ist allein in der Küche, er sinkt in sich zusammen und starrt vor sich hin. Die Blätter sind verschwunden. Es ist wieder Nacht, und im Hintergrund türmen sich die Mietshäuser.*

Und was für eine! Was für eine! Was stiehlt er denn schon? Er gibt doch alles zurück! Aber warum stiehlt er? Bin ich etwa dran schuld? Von mir hat er immer nur Gutes gelernt.

*Happy kommt im Pyjama die Treppe herunter; Willy bemerkt ihn plötzlich.*

HAPPY: Komm, ich bring dich nach oben.

WILLY *setzt sich an den Küchentisch*: Hm! Warum mußte sie denn den Fußboden wieder selber bohnern? Dabei kippt sie jedesmal beim Bohnern um. Das weiß sie doch!

HAPPY: Scht! Nicht so laut. Warum bist du denn zurückgekommen, heute abend?

WILLY: Ich habe einen Todesschrecken bekommen. In Yonkers hätte ich um ein Haar ein Kind überfahren. Mein Gott! Warum bin ich damals nicht mit meinem Bruder Ben nach Alaska gegangen! Ben! Der Mann war ein Genie, der Mann war der Fleisch gewordene Erfolg! Was für eine Mordsdummheit! Er wollte mich absolut mithaben.

HAPPY: Es hat doch keinen Sinn, daß du dir –

WILLY: Ich sage euch! Der Mann ist mit 'm Bündel auf dem Buckel losgezogen und hat es zu Diamantenfeldern gebracht!

HAPPY: Möchte zu gern mal wissen, wie er das gemacht hat.

WILLY: Das ist doch kein Geheimnis! Der Mann wußte, was er wollte und ist losgezogen und hat sich's verschafft. Geht in den Dschungel, kommt wieder raus und ist mit einundzwanzig Jahren reich! Die Welt ist eine Nuß: sie läßt sich nicht zwischen weichen Kissen knacken!

HAPPY: Ich hab dir doch gesagt, Papa, daß ich für dich sorgen will.

WILLY: Mit deinen lächerlichen siebzig Dollar die Woche willst du für mich sorgen? Und deine Weiber und dein Wagen und deine Wohnung, und da willst du für mich sorgen? Herrgott, ich bin heute nicht mal über Yonkers hinausgekommen! Wo bleibt ihr Jungens, wo bleibt ihr? Der Wald brennt! Ich kann nicht mehr Autofahren!

CHARLEY *ist in der Tür erschienen. Er ist ein massiger Mann, von langsamer Rede, lakonisch, unbeweglich. In allem, was er sagt, liegt, ungeachtet der Worte, ein Ausdruck von Mitleid und jetzt auch von Angst. Er ist in Schlafrock und Pyjama und trägt Hausschuhe. Er kommt herein*: Irgendwas passiert?

HAPPY: Nein, nein, Charley, alles in Ordnung ...

WILLY: Was gibt's?

CHARLEY: Ich hab Lärm gehört. Dachte, es wäre was passiert. Was machen wir nur mit diesen Wänden? Du brauchst nur zu niesen, und drüben bei mir fliegt einem der Hut vom Kopf.

HAPPY: Komm, wir gehen schlafen, Papa.

*Charley macht Happy ein Zeichen zu gehen.*

WILLY: Geh nur zu, ich bin noch nicht müde.

HAPPY *zu Willy*: Und mach dir keine Sorgen, hörst du? *Ab.*

WILLY: Warum bist du noch auf?

CHARLEY *setzt sich Willy gegenüber an den Tisch*: Konnte nicht schlafen. Ich hatte Sodbrennen.

WILLY: Du weißt eben nicht, wie man ißt.
CHARLEY: Ich esse mit dem Mund.
WILLY: Keine Ahnung hast du. Du müßtest über Vitamine und so was Bescheid wissen.
CHARLEY: Wie wär's mit einem Spielchen? Zum Müdewerden.
WILLY *zögernd*: Meinetwegen. Hast du Karten?
CHARLEY *nimmt ein Spiel aus der Tasche*: Ja, hab ich. Irgendwo. Was ist das mit den Vitaminen?
WILLY *gibt*: Die sind knochenbildend. Chemie!
CHARLEY: Was haben denn Knochen mit Sodbrennen zu tun?
WILLY: Quatsch nicht! Du hast doch keinen Schimmer.
CHARLEY: Reg dich nicht auf.
WILLY: Rede nicht über Dinge, von denen du nichts verstehst.
*Sie spielen. Pause.*
CHARLEY: Wieso bist du denn zu Hause?
WILLY: Hab 'ne kleine Panne gehabt.
CHARLEY: Ah, so. *Pause.* Ich würde gern 'n bißchen verreisen.
WILLY: Was du nicht sagst.
CHARLEY: Willst du was zu tun haben?
WILLY: Hab dir schon mal gesagt, ich bin versorgt. *Nach einer kleinen Pause.* Warum zum Teufel bietest du mir eigentlich Arbeit an?
CHARLEY: Reg dich nicht auf.
WILLY: Dann reg du mich nicht auf.
CHARLEY: Ich sehe den Sinn nicht ein. Du brauchst doch so nicht weiterzumachen.
WILLY: Ich hab sehr gut zu tun. *Kleine Pause.* Was kommst du eigentlich immer wieder angelaufen?
CHARLEY: Soll ich gehen?
WILLY *nach einer Pause, in sich zusammensinkend*: Ich begreife das nicht. Er will nach Texas zurück. Herrgott, was soll das nur?
CHARLEY: Laß ihn gehen.
WILLY: Ich kann ihn nicht ernähren, Charley. Ich bin blank, ich bin völlig blank.
CHARLEY: Er verhungert schon nicht. Keiner von denen verhungert. Mach dir keine Sorgen um ihn.
WILLY: Um was soll ich mir sonst Sorgen machen?
CHARLEY: Du nimmst es zu schwer. Zum Teufel noch mal. Wenn eine Bierflasche kaputtgeht, kriegt man sein Groschenpfand auch nicht zurück.
WILLY: Du hast leicht reden.
CHARLEY: Ich habe gar nicht leicht reden.

WILLY: Hast du die Decke gesehen, die ich im Wohnzimmer eingezogen habe?

CHARLEY: Ja, schönes Stück Arbeit. Mir schleierhaft, wie man so 'ne Decke einzieht. Wie machst du das?

WILLY: Weshalb fragst du?

CHARLEY: Ach, ich meine bloß.

WILLY: Willst du etwa eine Decke einziehen?

CHARLEY: Kann ich doch gar nicht.

WILLY: Dann laß mich gefälligst mit deiner dämlichen Frage in Ruhe.

CHARLEY: Du regst dich schon wieder auf.

WILLY: Ein Mann, der nicht mit Werkzeug umgehen kann, ist kein Mann. Du bist 'ne Niete.

CHARLEY: Sag nicht so was, Willy.

ONKEL BEN *kommt mit einem Koffer und einem Schirm rechts um das Haus und betritt die Vorbühne. Er ist ein robuster Mann, etwa sechzig Jahre, er trägt einen Schnurrbart und hat ein gebieterisches Aussehen. Er ist sich seines Wertes wohl bewußt, und eine Aura von Weitgereistheit umgibt ihn. Er tritt genau während Willys folgender Worte auf.*

WILLY: Ich bin so schrecklich müde, Ben.

*Bens Musik ertönt. Ben sieht sich überall um.*

CHARLEY: Spiel ruhig weiter; dann schläft sich's besser. Hast du eben Ben zu mir gesagt?

*Ben sieht auf die Uhr.*

WILLY: Komisch. Einen Moment lang hast du mich an meinen Bruder Ben erinnert.

BEN: Ich komme nur auf ein paar Minuten.

*Er schlendert umher und mustert alles. Willy und Charley spielen weiter.*

CHARLEY: Hast du nie wieder von ihm gehört? Seit damals?

WILLY: Hat Linda dir nicht erzählt? Vor ein paar Wochen kam ein Brief von seiner Frau aus Afrika. Er ist gestorben.

CHARLEY: Ach.

BEN *kichernd*: Das ist also Brooklyn?

CHARLEY: Vielleicht kriegst du was von seinem Geld?

WILLY: Bewahre. Er hat sieben Söhne. Mit dem hatte ich nur einmal eine Chance ...

BEN: Ich muß zu meinem Zug, Wilhelm. Muß mir in Alaska ein paar Grundstücke ansehen.

WILLY: Soviel ist klar! Wäre ich seinerzeit mit ihm nach Alaska gegangen, wäre heute alles völlig anders.

CHARLEY: Ach was, du wärst da oben erfroren.

WILLY: Was redest du da?

BEN: In Alaska gibt's enorme Möglichkeiten, Wilhelm. Wundert mich, daß du nicht dort bist.

WILLY: Gewiß, enorme Möglichkeiten.

CHARLEY: He?

WILLY: Er war der einzige in meinem Leben, der's richtig gemacht hat.

CHARLEY: Wer?

BEN: Wie geht's euch denn?

WILLY *streicht den Gewinn ein, lächelnd*: Gut, gut.

CHARLEY: Weht ein scharfer Wind heute.

BEN: Lebt Mutter bei euch?

WILLY: Nein, sie ist schon lange tot.

CHARLEY: Wer?

BEN: Tut mir leid. War 'n feiner Mensch, unsere Mutter.

WILLY *zu Charley*: He?

BEN: Ich hatte gehofft, die alte Dame wiederzusehen.

CHARLEY: Wer ist tot?

BEN: Hast du irgendwas von Vater gehört?

WILLY *verwirrt*: Was heißt – wer ist tot?

CHARLEY *streicht den Gewinn ein*: Was redest du bloß?

BEN *sieht auf die Uhr*: Es ist halb neun, Wilhelm.

WILLY *hält, wie um seine Verwirrung zu verbergen, Charleys Hand fest*: Das ist mein Stich.

CHARLEY: Ich hab das As — —

WILLY: Ich denke nicht dran, dir mein Geld nachzuwerfen, bloß weil du nicht weißt, wie man spielt.

CHARLEY *steht auf*: Zum Teufel noch mal, das As gehört mir!

WILLY: Schluß, Schluß!

BEN: Wann ist Mutter gestorben?

WILLY: Schon vor langem. Du hast noch nie Karten spielen können.

CHARLEY *nimmt die Karten und geht zur Tür*: Schon gut! Das nächste Mal bringe ich ein Spiel mit fünf Assen.

WILLY: Auf die Art spiele ich nicht!

CHARLEY: Du solltest dich schämen.

WILLY: Ach?

CHARLEY: Ja. *Er geht hinaus.*

WILLY *wirft die Tür hinter ihm zu*: Ignorant!

BEN, *während Willy durch die Küchenwand auf ihn zukommt*: Du bist also der Wilhelm.

WILLY *schüttelt Ben die Hand*: Ben! Ich warte schon so lange auf dich! Erzähl mir, wie hast du's gemacht?

BEN: Oh, das hat seine Bewandtnis.

*Die junge Linda kommt mit dem Wäschekorb auf die Vorbühne.*

LINDA: Ist das Ben?

BEN *galant*: Guten Tag, meine Liebe.

LINDA: Wo hast du nur all die Jahre gesteckt? Willy hat sich immer gewundert, warum du –

WILLY *zieht Ben ungeduldig von ihr fort*: Wo ist Vater? Bist du ihm nicht nachgefahren? Wie hast du's geschafft?

BEN: Ich weiß nicht, inwieweit du dich noch erinnern kannst.

WILLY: Ich war ja damals noch sehr klein, höchstens drei oder vier Jahre alt –

BEN: Drei Jahre und elf Monate.

WILLY: Was du für ein Gedächtnis hast, Ben!

BEN: Ich habe zahllose Unternehmen, Wilhelm, und habe nie Buch geführt.

WILLY: Ich weiß noch, ich habe unter einem Wagen gesessen in – war's nicht Nebraska?

BEN: Es war Süd-Dakota, und ich habe dir einen Strauß Feldblumen geschenkt.

WILLY: Und dann sehe ich dich noch auf irgendeiner Landstraße auf- und davongehen.

BEN *lachend*: Ich wollte Vater in Alaska suchen.

WILLY: Wo ist er?

BEN: In dem Alter hatte ich eine sehr unzulängliche Vorstellung von Geographie, Wilhelm. Nach ein paar Tagen entdeckte ich, daß ich statt nach Alaska südwärts ging, und ich landete in Afrika.

LINDA: Afrika!

WILLY: Die Goldküste!

BEN: Hauptsächlich Diamantenfelder.

LINDA: Diamantenfelder!

BEN: Ja, meine Liebe. Aber ich habe leider nur ein paar Minuten –

WILLY: Nein! Jungens! Jungens!

*Biff und Happy erscheinen, beide jung.*

Nun paßt mal auf. Dies ist euer Onkel Ben, ein großer Mann! Erzähl den Jungens deine Geschichte, Ben!

BEN: Tja, Jungens, als ich siebzehn war, bin ich in den Dschungel gegangen, und als ich einundzwanzig war, kam ich wieder raus. *Er lacht.* Und so wahr ich hier stehe, ich war ein reicher Mann.

WILLY *zu den Jungen*: Seht ihr, was ich immer sage? Es können die dollsten Sachen passieren!

BEN *mit einem Blick auf die Uhr*: Ich muß Dienstag in einer Woche in Ketchikan sein.

WILLY: Nein, Ben! Bitte erzähl uns von Vater. Ich will, daß meine Kinder das hören. Sie sollen wissen, von was für Vorfahren sie abstammen. Ich kann mich nur noch an einen mächtigen Vollbart erinnern – Mutter hatte mich auf dem Schoß, alle saßen um ein Feuer herum – und an irgendeine ganz helle Musik.

BEN: Seine Flöte. Er hat Flöte gespielt.

WILLY: Natürlich, Flöte, stimmt!

*Man hört von neuem Musik, eine helle, lustige Weise.*

BEN: Vater war ein großartiger Mann mit einem unbändigen Herzen. Von Boston aus sind wir losgezogen; er hat die ganze Familie in einen Wagen verstaut und ist mit Mann und Maus durchs Land gefahren; durch Ohio und Indiana, Michigan, Illinois und die ganzen Weststaaten. Und in den Städten haben wird Halt gemacht und die Flöten verkauft, die er unterwegs geschnitzt hatte. Ein großer Erfinder, unser Vater. Mit einem Pfiff hat er in einer Woche mehr verdient, als du in deinem ganzen Leben.

WILLY: Genau so erziehe ich sie, Ben – überall beliebt, vielseitig, immer auf Draht.

BEN: Ja? *Zu Biff.* Schlag zu, Junge, so fest du kannst. *Er klopft sich auf den Bauch.*

BIFF: Das geht doch nicht.

BEN *in Boxerhaltung*: Los, komm ran! *Er lacht.*

WILLY: Vorwärts, Biff! Los, gib's ihm!

BIFF: Na gut! *Er ballt die Fäuste und boxt los.*

LINDA *zu Willy*: Warum soll er denn boxen, Willy?

BEN *boxt mit Biff*: Gut so! Gut!

WILLY: Na, Ben, was sagst du nun?

HAPPY: Gib ihm die Linke, Biff!

LINDA: Warum schlagt ihr euch?

BEN: Gut so! *Kommt plötzlich nahe an Biff heran, stellt ihm ein Bein und steht über ihm, so daß seine Schirmspitze genau über Biffs Auge schwebt.*

LINDA: Vorsicht, Biff!

BIFF: Au Backe!

BEN *tätschelt Biffs Knie*: Kämpfe niemals fair mit einem Fremden, mein Junge. Sonst kommst du niemals aus dem Dschungel heraus. *Er nimmt Lindas Hand und verbeugt sich.* Es war mir eine Ehre und ein Vergnügen, Linda.

LINDA *zieht kühl ihre Hand zurück, verstört*: Gute – Reise.

BEN *zu Willy*: Und viel Glück mit deinem – was machst du eigentlich?

WILLY: Verkaufen.

BEN: So. Also ... *Er hebt die Hand und winkt allen zum Abschied zu.*

WILLY: Nein, Ben, du mußt nicht etwa glauben ... *Er nimmt Ben beim Arm, um ihm alles zu zeigen.* Wir sind zwar nur in Brooklyn, aber auf die Jagd gehen wir auch.

BEN: Also, ich muß jetzt wirklich ...

WILLY: Ja, hier gibt's Schlangen und Kaninchen und – deshalb sind wir ja hier herausgezogen. Was meinst du, wie schnell Biff so einen Baum fällt! Jungens! Lauft schnell mal zum Neubau rüber und holt Sand. Wir bauen jetzt gleich eine nagelneue Terrasse. Paß auf, Ben!

BIFF: Ist gemacht, Sir! Tempo, Tempo – Hap!

HAPPY, *während er mit Biff abläuft*: Ich nehme ab, Papa, merkst du's?

*Noch ehe die Jungens fort sind, tritt Charley in Knickerbockers auf.*

CHARLEY: Du, wenn die da noch mehr von dem Neubau klauen, holt der Wächter die Polizei.

LINDA *zu Willy*: Biff soll das nicht ...

BEN *lacht schallend.*

WILLY: Du hättest das Bauholz sehen sollen, das sie letzte Woche rangeschleppt haben. Mindesten sein Dutzend Latten, sechs zu neun, und allerhand wert.

CHARLEY: Du, wenn der Wächter –

WILLY: Ich hab ihnen natürlich Zunder gegeben. Aber es sind eben Wagehälse.

CHARLEY: Willy, die Gefängnisse sind voll von solchen Wagehälsen.

BEN *klopft Willy auf den Rücken und lacht über Charley*: Und die Börse, mein Freund!

WILLY *stimmt ins Bens Lachen mit ein*: Wo ist denn das Unterteil deiner Hosen?

CHARLEY: Diese Hosen hat meine Frau gekauft.

WILLY: Jetzt brauchst du nur noch einen Golfschläger, dann kannst du hinaufgehen und dich aufs Ohr legen. *Zu Ben.* Das ist 'n Held! Der und sein Sohn Bernard – die können nicht mal 'n Nagel in die Wand schlagen.

BERNARD *kommt hereingelaufen*: Der Wächter ist hinter Biff her!

WILLY *wütend*: Halts Maul! Er stiehlt doch nichts!

LINDA *läuft erschrocken nach links*: Wo ist er? Biff, Junge! *Ab.*

WILLY *geht ihr nach*: Es ist doch alles in Ordnung. Was hast du denn?

BEN: Der Junge ist auf Draht. Bravo!

WILLY *lachend*: Nerven wie Schiffstaue, der Bengel!

CHARLEY: Ich weiß nicht, wie das zugeht. Mein Vertreter kommt aus Neu-England zurück und ist völlig erledigt. Sie haben ihn da oben fertiggemacht.

WILLY: Beziehungen, Charley, ich habe die besten Beziehungen!

CHARLEY *sarkastisch*: Freut mich zu hören, Willy. Wir machen nachher ein Spielchen. Dann knöpf ich dir was von deinem vielen Geld ab. *Er lacht Willy an und geht ab.*

WILLY *zu Ben*: Schlechte Zeit für Geschäfte, mörderisch geradezu. Für mich natürlich nicht.

BEN: Ich schaue auf der Rückreise nach Afrika noch mal rein.

WILLY *flehend*: Kannst du nicht ein paar Tage bleiben? Du bist genau das, was ich brauche, Ben. Ich – ich hab 'ne gute Position hier, aber ich – na ja, als Vater fortging, war ich noch so klein und hab nie mit ihm reden können, und ich komm mir immer noch so unfertig vor.

BEN: Ich muß zu meinem Zug. *Sie stehen einander an den äußersten Enden der Bühne gegenüber.*

WILLY: Ben, meine Jungens – können wir nicht darüber reden? Sie gehen durchs Feuer für mich, weißt du, aber ich –

BEN: Wilhelm, du hast deine Jungens großartig im Zug. Vielversprechende, mannhafte Burschen!

WILLY *klammert sich an Bens Worte*: Oh, Ben, es tut gut, das zu hören! Manchmal fürchte ich nämlich, ich erziehe sie nicht auf die richtige Art – Ben, was soll ich ihnen beibringen?

BEN *mit großer Betonung und einem gewissen forschen Zynismus*: Wilhelm, als ich in den Dschungel ging, war ich siebzehn. Als ich herauskam, war ich einundzwanzig, und so wahr ich hier stehe, ich war reich! *Er geht rechts um die Hausecke und verschwindet in der Dunkelheit.*

WILLY: ... war reich! Das ist der Geist, den ich ihnen eintrichtern will! In den Dschungel gehen! Ich hatte recht! Ich hatte recht! Ich hatte recht!

*Ben ist fort. Willy spricht noch mit ihm, als Linda, in Nachthemd und Morgenrock, die Küche betritt. Sie blickt sich nach Willy um, geht dann zur Haustür, wirft einen suchenden Blick hinaus und sieht Willy. Sie tritt links neben ihn. Er sieht sie an.*

LINDA: Willy? Willychen?

WILLY: Ich hatte recht!

LINDA: Hast du den Käse gefunden? *Er kann nicht antworten.* Es ist schon sehr spät, Liebling. Komm zu Bett, ja?

WILLY *sieht nach oben*: Man muß sich den Hals ausrenken, um in diesem Hinterhof einen Stern zu sehen.

LINDA: Kommst du?

WILLY: Wo ist eigentlich das diamantenbesetzte Uhrenanhängsel hingekommen? Entsinnst du dich? Als Ben damals aus Afrika kam? Da hat er mir doch ein Anhängsel mit einem Brillanten geschenkt?

LINDA: Du hast es versetzt, Willy. Vor zwölf oder dreizehn Jahren. Für Biffs Fortbildungs-Kursus.

WILLY: Das war 'n schönes Stück. Ich geh 'n bißchen spazieren.

LINDA: Aber du bist doch in Hausschuhen.

WILLY *beginnt links ums Haus zu gehen*: Ich hatte recht! Jawohl! *Halb zu Linda, kopfschüttelnd.* Ist das ein Mann! Mit dem lohnt's sich zu reden. Ich hatte recht!

LINDA *ruft ihm nach*: Aber du bist doch in Hausschuhen, Willy!

*Willy ist schon beinahe verschwunden, als Biff im Pyjama die Treppe herunter in die Küche kommt.*

BIFF: Was macht er denn draußen?

LINDA: Scht!

BIFF: Allmächtiger, Mutter, wie lange treibt er das schon?

LINDA: Nicht doch, er hört dich.

BIFF: Was ist denn bloß los mit ihm?

LINDA: Morgen früh ist es vorbei.

BIFF: Kann man denn nichts dagegen tun?

LINDA: Ach, Biff, wir müßten eine Menge tun, aber es hilft ja nichts, geh lieber schlafen.

*Happy kommt die Treppe herunter und setzt sich auf die Stufen.*

HAPPY: So viel Lärm hat er noch nie gemacht, Mutter.

LINDA: Wenn du öfter hier wärst, würdest du's schon merken. *Sie setzt sich an den Tisch und beginnt, Willys Jackett auszubessern.*

BIFF: Warum hast du mir nie davon geschrieben, Mutter?

LINDA: Wie konnte ich denn? Über drei Monate wußte ich nicht mal deine Adresse.

BIFF: Ich war unterwegs. Aber ich hab immer an euch gedacht. Das weißt du doch, nicht, Mutter?

LINDA: Ja, ich weiß, Biff, ich weiß. Aber er freut sich über einen Brief. Nur, damit er glauben kann, daß es vielleicht doch noch aufwärtsgeht.

BIFF: Ist er denn immer so?

LINDA: Wenn du nach Hause kommst, ist es am schlimmsten.

BIFF: Wenn ich nach Hause komme?

LINDA: Wenn du schreibst, daß du kommst, ist er selig und macht Zukunftspläne und – ist ganz aus dem Häuschen. Aber je näher deine Ankunft rückt, desto nervöser wird er, und dann, wenn du hier bist, randaliert er und schlägt Krach mit dir. Ich glaube, es liegt daran, daß er es nicht fertig bringt, sich – sich dir aufzuschließen. Warum seid ihr so voller Feindseligkeit gegeneinander? Woran liegt das?

BIFF *ausweichend*: Ich bin nicht voller Feindseligkeit, Mutter.

LINDA: Aber du brauchst nur zur Tür hereinzukommen, und schon zankt ihr euch!

BIFF: Ich weiß auch nicht warum. Aber das soll anders werden. Ernsthaft, Mutter, glaub mir!

LINDA: Bleibst du jetzt hier?

BIFF: Ich weiß nicht. Ich will mich umtun, mal sehen, was los ist.

LINDA: Biff, willst du dich denn Zeit deines Lebens »umtun«?

BIFF: Ich kann mich nicht binden, Mutter. Ich kann mich an kein bestimmtes Leben binden.

LINDA: Biff, der Mensch ist kein Zugvogel, der mit den Jahreszeiten kommt und wieder davonzieht.

BIFF: Dein Haar . . . *Er berührt ihr Haar.* Dein Haar ist so grau geworden.

LINDA: Ach, das war schon grau, als du noch zur Schule gingst. Ich färbe es nur nicht mehr, das ist alles.

BIFF: Färb es wieder, ja? Ich will nicht, daß meine Alte alt aussieht. *Er lächelt.*

LINDA: Du bist ein richtiges Kind! Du denkst, du kannst ein Jahr wegbleiben und . . . Du mußt dir endlich einmal klarmachen, daß du eines Tages an diese Türe klopfen wirst und fremde Leute werden dir aufmachen.

BIFF: Was redest du denn da? Du bist doch noch nicht mal sechzig, Mutter.

LINDA: Und dein Vater?

BIFF *lahm*: Ihn meine ich natürlich auch.

HAPPY: Er bewundert Papa.

LINDA: Mein lieber Biff, wenn du für ihn nichts empfindest, dann empfindest du für mich auch nichts.

BIFF: Warum denn nicht, Mutter?

LINDA: Nein. Du kannst nicht zu mir allein kommen, denn ich liebe ihn. *Drohend, aber unter Tränen.* Er ist mir das Liebste auf der Welt, und ich dulde nicht, daß irgend jemand ihm Veranlassung gibt, sich überflüssig und minderwertig vorzukommen. Du mußt dich jetzt entscheiden, mein Junge. Es gibt kein Ausweichen mehr. Entweder ist er dein Vater und du behandelst ihn mit dem schuldigen Respekt oder du kommst nicht mehr her. Ich weiß, es ist nicht leicht mit ihm – keiner weiß das besser als ich – aber ...

WILLY *von links, mit einem Lachen*: He, he, Biffo!

BIFF *will zu ihm hinauslaufen*: Herrgott, was ist bloß los mit ihm? *Happy hält ihn zurück.*

LINDA: Nicht – laß ihn in Frieden!

BIFF: Nimm ihn doch nicht dauernd in Schutz! Er hat dich immer wie 'n Stück Dreck behandelt. Nie hat er einen Funken Respekt vor dir gehabt.

HAPPY: Er hatte immer Respekt vor –

BIFF: Zum Kuckuck noch mal, was weißt du denn davon?

HAPPY *finster*: Verrückt ist er jedenfalls nicht!

BIFF: Charakterlos ist er – Charley würde so was nicht tun. Jedenfalls nicht im eigenen Haus – sich dauernd die Seele aus dem Leibe kotzen.

HAPPY: Charley hat auch niemals so viel durchgemacht.

BIFF: Es gibt Leute, die sind schlechter dran als Will Loman. Das kannst du mir glauben!

LINDA: Dann nimm doch Charley zum Vater, Biff. Was hältst du davon? Ich sage ja nicht, daß er was Besonderes ist. Vater hat nie viel Geld verdient. Sein Name hat nie in der Zeitung gestanden. Er ist nicht gerade der großartigste Charakter. Aber er ist ein Mensch, und es geht irgend etwas Schreckliches mit ihm vor. Deshalb muß aufgepaßt werden. Er darf nicht wie ein alter Hund in irgendeiner Ecke verenden. Aufpassen – aufpassen muß man auf solch einen Menschen! Du sagst, er ist verrückt –

BIFF: Ich meinte nur –

LINDA: Nein, eine Menge Leute glauben, daß er sein Gleichgewicht verloren hat. Aber man braucht nicht besonders intelligent zu sein, um zu wissen, was mit ihm los ist. Der Mann ist überarbeitet.

HAPPY: Natürlich!

LINDA: Ein kleiner Mann kann genau so gut überarbeitet sein wie ein großer. Im März sind es sechsunddreißig Jahre, daß er für seine Firma arbeitet, ungeahnte Absatzmärkte hat er für sie erschlossen, und jetzt, wo er alt ist, streichen sie ihm das Gehalt.

HAPPY: Das wußt ich ja gar nicht, Mutter.

LINDA: Du hast nie danach gefragt, mein Lieber! Jetzt, wo

du dein Geld woanders herkriegst, kümmerst du dich nicht mehr um ihn.

HAPPY: Aber ich hab dir doch erst Geld gegeben –

LINDA: Weihnachten, fünfzig Dollar! Um das Warmwasser zu reparieren, das siebenundneunzig fünfzig gekostet hat! Seit fünf Wochen arbeitet er nur noch auf Provision wie ein x-beliebiger Anfänger!

BIFF: Diese undankbaren Schufte!

LINDA: Die sind auch nicht schlimmer als seine Söhne! Als er jung war und die Herrschaften durch ihn verdient haben, waren sie froh, daß sie ihn hatten. Aber jetzt sind seine alten Freunde, die alten Kunden, bei denen er so beliebt war und die ihm immer irgendwelche Aufträge zugeschustert haben, alle tot oder haben sich aus dem Geschäftsleben zurückgezogen. Früher hat er täglich sechs, sieben Besuche in Boston gemacht. Jetzt nimmt er seine Musterkoffer aus dem Auto, stellt sie wieder rein, nimmt sie wieder raus und ist am Ende seiner Kräfte. Statt Abschlüsse zu machen, redet er jetzt. Er fährt tausend Kilometer, und wenn er ankommt, kennt ihn keiner mehr und nirgendwo ist er willkommen. Was geht wohl im Kopfe eines Mannes vor, der nach einer Fahrt von tausend Kilometern nach Hause kommt und keinen Pfennig verdient hat? Der soll nicht mit sich selber reden? Warum nicht? Wenn er zu Charley gehen und sich wöchentlich fünfzig Dollar borgen und mir vormachen muß, das ist sein Gehalt? Wie lange soll das noch so weitergehen? Wie lange noch? Vielleicht begreift ihr jetzt, wozu ich hier sitze und worauf ich warte? Und du willst mir erzählen, er hat keinen Charakter? Ein Mann, der tagaus, tagein nur für euch gearbeitet hat? Wer dankt ihm das je? Ist das etwa sein Lohn – mit dreiundsechzig Jahren feststellen zu müssen, daß der eine von seinen beiden Söhnen, die er mehr liebt als sein Leben – ein läppischer Schürzenjäger ist –

HAPPY: Mutter!

LINDA: Genau das bist du, mein Junge! *Zu Biff.* Und du! Was ist aus deiner Zuneigung zu ihm geworden? Ihr habt euch so gut verstanden! Jeden Abend hast du mit ihm telefoniert! Und wie hast du ihm gefehlt, bis er wieder bei dir war!

BIFF: Also gut, Mutter. Ich bleib hier wohnen und such mir 'ne Stellung. Aber ich werde ihm aus dem Wege gehen.

LINDA: Nein, Biff. Du kannst nicht bleiben und in dauernder Spannung mit ihm leben.

BIFF: Er hat mich rausgeschmissen, vergiß das nicht.

LINDA: Warum hat er das getan? Das hab ich nie verstanden.

BIFF: Weil ich weiß, daß er ein Heuchler ist, und weil er niemanden um sich duldet, der das weiß!

LINDA: Wieso ein Heuchler? In welcher Hinsicht? Wie meinst du das?

BIFF: Schieb nur nicht immer mir alles in die Schuhe. Das ist eine Sache, die nur ihn und mich angeht. Mehr sage ich nicht. Von jetzt an steuere ich also bei. Er kriegt meinen halben Lohn und soll sich zur Ruhe setzen. Dann wird schon alles besser mit ihm werden. Ich gehe zu Bett. *Er will die Treppe hinaufgehen.*

LINDA: Es wird nicht mehr besser.

BIFF *dreht sich auf der Treppe um, wütend*: Ich hasse diese Stadt und bleibe trotzdem. Was willst du mehr?

LINDA: Sein Leben ist in Gefahr, Biff.

*Happy wendet sich erschrocken zu ihr um.*

BIFF *nach einer Pause*: Was heißt, sein Leben ist in Gefahr?

LINDA: Er hat versucht, sich umzubringen.

BIFF *entsetzt*: Wie?

LINDA: Ich lebe von einem Tag zum andern.

BIFF: Was redest du denn da?

LINDA: Weißt du noch, wie ich dir das letzte Mal schrieb, daß er den Wagen wieder kaputtgefahren hat! Im Februar?

BIFF: Na, und?

LINDA: Der Versicherungsmann kam. Er sagte, sie haben Beweise. Daß all die Unfälle im letzten Jahr – keine – keine Unfälle waren.

HAPPY: Wie können sie so was sagen? Das ist gelogen.

LINDA: Es scheint, daß ein Frau ... *Während sie nach Worten ringt, fragt*

BIFF *scharf, aber an sich haltend*: Was für eine Frau?

LINDA *gleichzeitig*: ... und diese Frau ...

HAPPY: Was?

BIFF: Nichts. Sprich weiter.

LINDA: Was hast du gesagt?

BIFF: Nichts. Ich habe nur gefragt, was für eine Frau?

HAPPY: Was ist mit der?

LINDA: Na ja, sie ging die Straße entlang und hat das Auto gesehen. Sie sagt, er fuhr gar nicht schnell, und gebremst hat er auch nicht. Sie sagt, wie er zu der kleinen Brücke kam, ist er absichtlich in das Geländer hineingefahren, und nur die Tatsache, daß das Wasser nicht tief genug war, hat ihn gerettet.

BIFF: Ach wo, wahrscheinlich war er wieder eingeschlafen.

LINDA: Ich glaube nicht, daß er schlief.

BIFF: Warum nicht?

LINDA: Letzten Monat ... *Mit großer Überwindung.* Ach, Kinder, es ist so schwer, so etwas auszusprechen! Für euch ist er nur ein törichter alter Mann, aber ich sage euch, es ist mehr Gutes an ihm als an vielen anderen Menschen. *Sie schluchzt auf und fährt sich über die Augen.* Ich hab eine Sicherung gesucht. Das Licht war aus, und ich ging in den Keller runter. Und hinter dem Schalterkasten — war ein Gasschlauch — gar nicht lang — er fiel zufällig heraus.

HAPPY: Ist das dein Ernst?

LINDA: An einem Ende war ein kleines Verbindungsstück. Ich wußte gleich Bescheid. Und wirklich, am Gasrohr unten am Heizkessel finde ich einen Anschlußhahn.

HAPPY *entgeistert*: Nein!

BIFF: Hast du ihn abnehmen lassen?

LINDA: Ich — ich hab mich geschämt. Wie soll ich ihm das beibringen? Jeden Tag gehe ich runter und nehme den Gasschlauch weg. Aber, wenn er nach Hause kommt, tue ich ihn wieder an seinen Platz. Ich kann ihn doch nicht so demütigen? Ich weiß nicht, was ich machen soll. Ich lebe von einem Tag zum anderen. Ihr könnt mir glauben, ich weiß ganz genau, was in ihm vorgeht. Es klingt so altmodisch und albern, aber ich sage euch, er hat nur für euch gelebt, und ihr habt euch von ihm abgewandt. *Sie sitzt zusammengekrümmt in ihrem Stuhl und weint, das Gesicht in den Händen.* Biff, ich schwöre es dir! Biff, sein Leben ist in deiner Hand.

HAPPY *zu Biff*: Dieser lächerliche Dummkopf!

BIFF *küßt sie*: Schon gut, Mutter, schon gut. Jetzt ist ja alles in Ordnung. Ich war zu nachlässig, ich weiß, Mutter. Aber jetzt bleibe ich hier, und ich schwöre dir, ich werd mir Mühe geben. *Er kniet vor ihr, in fieberhafter Selbstanklage.* Nur — siehst du, Mutter, ich passe nicht ins Geschäftsleben. Aber ich will's versuchen. Ich will's versuchen, und ich werd es schon schaffen.

HAPPY: Natürlich schaffst du's. Es hat ja bloß daran gelegen, daß du dir nie Mühe gegeben hast, den Leuten zu gefallen.

BIFF: Ich weiß, ich —

HAPPY: Zum Beispiel damals, als du bei Harrison gearbeitet hast. Bob Harrison fand dich prima. Und dann machst du so dämliche Sachen wie, daß du ganze Opern im Fahrstuhl pfeifst wie so 'n Varietéhengst.

BIFF *wendet sich gegen Happy*: Na, und? Mir macht Pfeifen eben Spaß.

HAPPY: Einem Angestellten, der im Fahrstuhl pfeift, gibt man keinen verantwortlichen Posten!

LINDA: Nun, streitet euch doch jetzt nicht darüber.

HAPPY: Das ist genau, wie wenn du mitten am Tag Schwimmen gehst, statt deine Ware zu verkaufen.

BIFF *mit wachsendem Groll*: Machst du denn nie blau? Du schwänzt doch auch, oder nicht? Wenn im Sommer die Sonne scheint?

HAPPY: Ja, aber ich decke mich!

LINDA: Kinder!

HAPPY: Wenn ich mich dünnemache, kann der Chef überall anrufen, wo ich angeblich bin, und die schwören, daß ich gerade weg bin. Ich muß dir leider was sagen, Biff, aber manche im Geschäft halten dich für verrückt.

BIFF *verärgert*: Beschissenes Pack!

HAPPY: Bitte, bescheiß sie! Großartig, aber deck dich.

LINDA: Hap, Hap!

BIFF: Die können von mir halten, was sie wollen! Über Papa macht man sich schon jahrelang lustig, und weißt du warum? Weil wir in diesem Idiotenstall von einer Stadt nichts zu suchen haben. Wir sollten irgendwo draußen im Freien Zement mischen oder – oder Zimmermann spielen. Ein Zimmermann darf pfeifen.

*Willy kommt links durch die Haustür herein.*

WILLY: Schon dein Großvater war was Besseres als Zimmermann. *Pause. Sie beobachten ihn.* Du wirst nie erwachsen. Bernard pfeift nicht im Fahrstuhl, das kann ich dir versichern.

BIFF *mit einem vermittelnden Lachen*: Du aber, Papa.

WILLY: Ich hab noch nie in meinem Leben in einem Fahrstuhl gepfiffen! Und wer hält mich im Geschäft für verrückt?

BIFF: So hab ich's ja nicht gemeint, Papa. Nun bausch doch die Sache nicht gleich auf!

WILLY: Scher dich zurück nach dem Westen! Von mir aus als Cowboy oder als Zimmermann und amüsier dich!

LINDA: Willy, er hat gerade gesagt –

WILLY: Ich hab gehört, was er gesagt hat!

HAPPY *versucht, Willy zu beruhigen*: Papa, nun sei doch nicht so . . .

WILLY *ohne Happys Worte zu beachten*: Man macht sich lustig über mich, wie? Geh zu Filene, geh zu Hub, geh zu Slattery nach Boston. Sprich den Namen Willy Loman aus und paß auf, was passiert! Ich bin 'ne Kanone!

BIFF: Ja doch, Papa.

WILLY: 'ne große!
BIFF: Ja doch!
WILLY: Warum beleidigst du mich immer?
BIFF: Ich hab doch gar nichts gesagt. *Zu Linda.* Hab ich irgendwas gesagt?
LINDA: Er hat wirklich nichts gesagt, Willy.
WILLY *geht zur Wohnzimmertür*: Also gut, gute Nacht, gute Nacht.
LINDA: Willychen, er hat sich gerade entschlossen ...
WILLY *zu Biff*: Wenn du dich morgen früh langweilen solltest, streich die Decke an, die ich im Wohnzimmer eingezogen habe.
BIFF: Ich muß morgen früh weg.
HAPPY: Er will zu Bill Oliver, Papa.
WILLY *interessiert*: Oliver? Weswegen denn?
BIFF *zurückhaltend, aber er gibt sich große Mühe*: Er wollte mir doch immer unter die Arme greifen. Ich will ins Geschäft zurück, und vielleicht kann ich ihn beim Wort nehmen.
LINDA: Ist das nicht wundervoll?
WILLY: Red nicht dazwischen. Was ist daran wundervoll? Es gibt mindestens fünfzig Leute in New York, die ihm jederzeit unter die Arme greifen. *Zu Biff.* Sportartikel?
BIFF: Ich denke. Darin kenne ich mich ein bißchen aus und –
WILLY: Darin kennt er sich ein bißchen aus! Herr des Himmels, du hast von Sportartikeln mehr Ahnung als Spalding! Was zahlt er dir denn?
BIFF: Ich weiß nicht, ich hab ihn ja noch nicht gesehen, aber –
WILLY: Was spuckst du dann große Töne?
BIFF *wird ärgerlich*: Ich hab ja nur gesagt, daß ich zu ihm gehen will, weiter nichts!
WILLY *wendet sich ab*: Ah, du schmiedest mal wieder Pläne.
BIFF *geht zur Treppe*: Verflucht noch mal, ich gehe jetzt schlafen!
WILLY *ruft ihm nach*: In diesem Haus wird nicht geflucht!
BIFF *wendet sich um*: Seit wann bist du so spröde?
HAPPY *versucht einzugreifen*: Moment mal ...
WILLY: Sprich nicht in diesem Ton zu mir. Ich dulde das nicht!
HAPPY *packt Biff, ruft*: Moment mal, ich hab eine Idee. Ich hab eine Pfundsidee. Komm her, Biff, wir wollen gleich darüber reden. Wir wollen mal ein vernünftiges Wort zusammen reden. Als ich das letzte Mal unten in Florida war,

dachte ich, es müßte doch eine glänzende Idee sein, da unten Sportartikel zu verkaufen. Das fällt mir eben wieder ein. Du und ich, Biff – wir machen ein Spezialgeschäft auf, Gebrüder Loman. Wir trainieren ein paar Wochen, und dann zeigen wir den Leuten 'n bißchen was, hm?

WILLY: Keine schlechte Idee!

HAPPY: Moment! Wir bilden zwei Teams, eines für Basketball und eines für Wasserpolo und spielen gegeneinander. Die Reklame ist ihre Million wert. Zwei Brüder, kapiert ihr? Die Lomanbrüder, Schaukämpfe im Royal Palms – in allen Hotels. Und Spruchbänder über dem Ring und über dem Basketball-Platz: »Die Loman-Brüder«. Junge, Junge, setzen wir Sportartikel um!

WILLY: Die Idee ist unbezahlbar!

LINDA: Großartig.

BIFF: Ich bin mächtig in Form, was das angeht.

HAPPY: Und, Biff, das schönste daran ist, es riecht nicht nach Geschäft. Wir sind wieder auf dem Sportplatz ...

BIFF *begeistert*: Ja, das ist ...

WILLY: Unbezahlbar ...

HAPPY: Und du kriegst es nicht über, Biff. Du wärst wieder in der Familie. Wir hätten wieder Respekt voreinander und die alte Kameradschaft, und wenn du schwimmen gehen oder sonst was machen willst – na, dann machst du's eben! Ohne daß irgendwelche smarten Burschen dich inzwischen überrunden!

WILLY: Das wird ein Weltschlager! Ihr beiden zusammen schlagt alles, was Beine hat.

BIFF: Ich gehe morgen zu Oliver. Hap, wenn uns das gelingt...

LINDA: Vielleicht wird doch noch alles –

WILLY *wild begeistert, zu Linda*: Unterbrich doch nicht immer! *Zu Biff*. Aber zieh nicht dein Sportjackett und die Flanellhosen an, wenn du zu Oliver gehst.

BIFF: Nein, ich –

WILLY: Einen seriösen Anzug, und sprich so wenig wie möglich, und reiß keine Witze.

BIFF: Er hat mich gern gemocht. Hat mich immer gern gemocht.

LINDA: Er hat dich geliebt!

WILLY *zu Linda*: Hör doch auf! *Zu Biff*. Geh sehr gemessen rein. Du bietest dich ja nicht als Laufbursche an. Du willst mit ihm ins Geschäft kommen. Sei ernst, ruhig, gemessen. Jeder Mensch freut sich über einen Spaßvogel, aber keiner borgt ihm Geld.

HAPPY: Ich versuch, auch was zu kriegen, Biff. Und ich krieg's bestimmt.

WILLY: Das wird 'ne große Sache, Kinder. Ich glaube, eure schlechten Zeiten sind vorbei. Und vergeßt nicht, wer groß enden will, muß groß anfangen. Verlang fünfzehn. Wieviel wolltest du denn verlangen?

BIFF: Gott, ich weiß nicht — —

WILLY: Sag nicht »Gott«. Das ist eine schlechte Angewohnheit. Ein Mann, der fünfzehntausend Dollar haben will, sagt nicht »Gott!«

BIFF: Zehn wären, glaube ich, das Höchste.

WILLY: Sei nicht so bescheiden. Du fängst immer zu klein an. Geh lachend rein. Du darfst nicht unsicher wirken. Erzähl gleich ein paar von deinen hübschen Geschichten, damit ein bißchen Stimmung in die Bude kommt. Es ist nicht wichtig, was du sagst, sondern wie du's sagst — der persönliche Eindruck entscheidet.

LINDA: Oliver hat immer sehr viel von ihm gehalten —

WILLY: Laß mich doch reden!

BIFF: Schrei sie nicht an, Papa, ja?

WILLY *ärgerlich*: Warum unterbricht sie mich denn immer?

BIFF: Ich sag dir nur, du sollst sie nicht dauernd anschreien.

WILLY: Du bist wohl neuerdings hier Herr im Hause, wie?

LINDA: Willy —

WILLY: Verdammt noch mal, nimm ihn doch nicht immer in Schutz!

BIFF *wütend*: Schrei sie nicht an!

WILLY *plötzlich kleinlaut und schuldbewußt*: Grüß Bill Oliver — vielleicht kennt er mich noch. *Er geht durch die Wohnzimmertür ab.*

LINDA *mit gedämpfter Stimme*: Mußte das sein? *Biff wendet sich ab.* Wo er so glücklich war, als du von deinen Plänen sprachst? *Sie geht zu Biff.* Geh rasch rauf und sag ihm Gute Nacht. Laß ihn so nicht schlafen gehn.

HAPPY: Komm, Biff, wir bringen ihn auf andere Gedanken.

LINDA: Bitte, Biff, du brauchst ihm nur Gute Nacht zu sagen. Es ist so leicht, ihm eine Freude zu machen. Komm. *Sie geht ins Wohnzimmer und ruft nach oben.* Dein Pyjama hängt im Badezimmer, Willy.

HAPPY *sieht Linda nach*: Das ist 'ne Frau! So was gibt's nicht ein zweites Mal. Findest du nicht auch, Biff?

BIFF: Er arbeitet ohne Gehalt. Mein Gott, nur auf Provision!

HAPPY: Also, unter uns gesagt, eine Verkaufskanone ist er nicht. Aber du mußt doch zugeben, manchmal ist er ein wirklich netter Kerl.

BIFF *entschlossen*: Pump mir zehn Dollar, ja? Ich muß mir 'n paar Schlipse kaufen.

HAPPY: Ich weiß da einen Laden, den zeig ich dir. Die haben herrliche Sachen. Und zieh morgen eins von meinen gestreiften Hemden an.

BIFF: Sie ist grau geworden. Mutter ist sehr alt geworden. Also morgen geh ich zu Oliver und zeig ihm, was 'ne – –

HAPPY: Komm rauf. Erzähl das Papa. Wir möbeln ihn ein bißchen auf. Komm.

BIFF *auf hohen Touren*: Du, laß mich erst mal die zehntausend Dollar haben, Junge, Junge!

HAPPY, *während sie ins Wohnzimmer gehen*: So ist's richtig, Biff. Jetzt spricht zum ersten Mal wieder das alte Selbstvertrauen aus dir. *Seine Stimme verliert sich im Wohnzimmer.* Du wohnst bei mir, mein Junge, und wenn du'n Mädel willst, brauchst du's nur zu sagen . . .
*Die letzten Worte sind kaum noch zu hören. Sie steigen die Treppe zum Elternschlafzimmer hinauf.*

LINDA *kommt ins Schlafzimmer und spricht mit Willy, der im Badezimmer ist. Sie macht sein Bett zurecht*: Könntest du die Brause gelegentlich mal in Ordnung bringen? Sie tropft.

WILLY *aus dem Badezimmer*: Plötzlich geht aber auch alles kaputt! Diese gottverdammten Klempnerarbeiten, diese Leute sollte man einsperren. Kaum ist man fertig, da geht's wieder von neuem los . . . *Seine Worte verklingen.*

LINDA: Ich bin gespannt, ob Oliver sich noch an ihn erinnert? Was meinst du?

WILLY *kommt im Pyjama aus dem Badezimmer*: Ob er sich an ihn erinnert? Ja, bist du denn ganz und gar verrückt? Wenn er bei Oliver geblieben wäre, wär' er jetzt schon Geschäftsführer! Wart's mal ab, wenn Oliver ihn zu Gesicht bekommt. Du hast ja keine Ahnung, wie der Durchschnitt aussieht. So 'n Durchschnittsjunge von heute – *er steigt ins Bett* – das ist ganz einfach 'ne Null. Die haben nichts als Flausen im Kopf.
*Biff und Happy kommen ins Schlafzimmer. Kleine Pause.*

WILLY *bricht ab, als er Biff sieht*: Sehr gut so, mein Junge.

HAPPY: Er will dir Gute Nacht sagen, Papa.

WILLY *zu Biff*: Ja. Zeig ihnen, was 'ne Harke ist, mein Junge. Was wolltest du mir sagen?

BIFF: Wird schon alles werden, Papa. Gute Nacht. *Er will hinausgehen.*

WILLY *kann nicht widerstehen*: Und wenn was vom Schreibtisch fällt, während du mit ihm redest – 'ne Schachtel

Streichhölzer oder so was — heb's ja nicht auf. Dazu sind die Angestellten da.

LINDA: Ich mache ein reichliches Frühstück —

WILLY: Laß mich doch ausreden! *Zu Biff.* Sag ihm, du warst im Westen geschäftlich tätig. Nichts von Farmarbeit.

BIFF: Ist gut, Papa.

LINDA: Ich glaube, alles —

WILLY *unterbricht sie mitten im Satz*: Und verkauf dich nicht zu billig. Mach's nicht unter fünfzehntausend Dollar!

BIFF *kann sich kaum noch beherrschen*: Ist recht. Gute Nacht, Mutter. *Er geht zur Tür.*

WILLY: In dir steckt nämlich was Besonderes, Biff, vergiß das nicht. Etwas ganz Besonderes ... *Er legt sich erschöpft zurück. Biff geht hinaus.*

LINDA *ruft ihm nach*: Schlaf gut, Liebling!

HAPPY: Ich heirate, Mutter. Das wollte ich dir noch sagen.

LINDA: Geh schlafen, mein Junge.

HAPPY *im Abgehen*: Ich wollte es dir bloß sagen.

WILLY: Bleib nur hübsch fleißig. *Happy ab.* Mein Gott ... erinnerst du dich noch an das Spiel auf dem Ebbetsplatz? Das Städtespiel?

LINDA: Schlaf jetzt. Soll ich dir was singen?

WILLY: Ja. Sing mir was. *Linda summt ein sanftes Schlummerlied.* Als die Mannschaft herauskam — war er der größte, weißt du noch?

LINDA: Oh ja. Und in Gold.

*Biff betritt die unbeleuchtete Küche, holt sich eine Zigarette und verläßt das Haus. Er kommt in einem goldenen Lichtkegel nach vorne. Er raucht und starrt in die Nacht.*

WILLY: Wie ein junger Gott. Herkules — oder so was ähnliches. Und die Sonne, die Sonne, wie die Sonne ihn beschien. Weißt du noch, wie er mir zuwinkte? Mitten vom Platz aus, obwohl die Vertreter von drei Universitäten danebenstanden? Und die Kunden, die ich mitgebracht hatte, und der Jubel, als er rauskam — Loman, Loman, Loman! Allmächtiger Vater, aus dem wird noch was. So ein prachtvoller Stern kann doch nicht einfach vom Firmament verschwinden!

*Im Schlafzimmer wird es dunkel. Man sieht durch die Küchenwand, wie die blauroten Flämmchen unter dem Heizkessel, nahe der Treppe, langsam aufzuglühen beginnen.*

LINDA *schüchtern*: Willychen, was hat er gegen dich?

WILLY: Ich bin müde. Laß mich in Ruhe.

*Biff geht langsam zur Küche zurück. Er bleibt stehen und starrt den Gaskessel an.*

LINDA: Fragst du Howard, ob du in New York arbeiten kannst?

WILLY: Gleich morgen früh. Es wird schon alles werden.

*Biff langt hinter den Kessel und zieht den Gasschlauch hervor. Er ist entsetzt und blickt zum Schlafzimmer hinauf, das noch schwach erleuchtet ist und aus dem man Lindas hoffnungsloses, monotones Summen hört.*

WILLY *starrt durchs Fenster den Mond an*: Guck mal – wie der Mond da zwischen den Häusern hängt!

*Biff windet sich den Schlauch um die Hand und geht schnell nach oben.*

## ZWEITER AKT

*Eine heitere, liebliche Musik erklingt. Wenn der Vorhang sich öffnet, hört sie langsam auf. Willy sitzt in Hemdsärmeln am Küchentisch und trinkt, den Hut auf den Knien, Kaffee. Linda schenkt ihm, sobald er ausgetrunken hat, wieder ein.*

WILLY: Wunderbarer Kaffee. Der ist schon 'ne Mahlzeit für sich.

LINDA: Soll ich dir ein paar Eier machen?

WILLY: Nein. Bleib du mal sitzen.

LINDA: Du siehst so frisch aus.

WILLY: Ich habe wie ein Toter geschlafen. Seit Monaten das erste Mal. Stell dir vor, an einem Dienstag bis zehn Uhr im Bett zu liegen. Die Jungens sind schon früh los, was?

LINDA: Ja, schon um acht.

WILLY: Das ist recht.

LINDA: Es hat mich richtig froh gemacht, wie die beiden so zusammen loszogen. Und wie das ganze Haus nach Gesichtswasser riecht!

WILLY *schmunzelt*: Hm — —

LINDA: Biff war heute morgen ganz verändert. Er strahlte nur so von Zuversicht. Er konnte es gar nicht abwarten, zu Oliver zu kommen.

WILLY: Ja, ja, er rappelt sich auf. Es gibt eben Menschen, die brauchen länger, bis sie zu einer gewissen — Festigkeit kommen. Was hat er denn an?

LINDA: Seinen blauen Anzug. Er sieht sehr gut darin aus. In dem Anzug stellt er wirklich was vor.

*Willy steht vom Tisch auf. Linda hält ihm das Jackett hin.*

WILLY: Natürlich, selbstverständlich! Heute abend auf dem Heimweg werd ich etwas Samen besorgen.

LINDA *lachend*: Das tu nur! Leider haben wir nicht genug Sonne da hinten. Hier wächst rein gar nichts mehr.

WILLY: Wart's nur ab, Kindchen, wir bringen's noch mal zu einem kleinen Grundstück draußen, ziehen unser eigenes Gemüse, halten uns ein paar Hühner . . .

LINDA: Du schaffst das, Willy.

WILLY *setzt sich in Bewegung, ohne die Jacke anzuziehen, Linda folgt ihm*: Und die beiden heiraten, und zum Wochenende kommen sie zu uns. Ich bau ihnen ein kleines Gästehaus. Das Handwerkszeug hab ich ja alles da. Ich brauche nur etwas Bauholz und 'n bißchen Ruhe.

LINDA *froh*: Ich hab das Futter ausgebessert . . .

WILLY: Ich könnte eigentlich zwei Gästehäuser bauen, damit sie beide kommen können. Wieviel will er dann nun von Oliver verlangen?

LINDA *hilft ihm in die Jacke*: Das hat er nicht gesagt, aber ich nehme an, zehn- bis fünfzehntausend. Sprichst du heute mit Howard?

WILLY: Jawohl, ich sag's ihm klipp und klar. Ich geh nicht mehr auf die Walze.

LINDA: Und Willy, vergiß nicht, ihn um einen kleinen Vorschuß zu bitten, die Versicherungsprämie ist nämlich fällig. Die Frist ist bald abgelaufen.

WILLY: Das macht hundert und ...

LINDA: Hundertacht, hundertachtundsechzig. Wir sind wieder ein bißchen knapp.

WILLY: Wieso knapp?

LINDA: Du weißt doch, die Wagenreparatur ...

WILLY: Dieser gottverdammte Studebaker!

LINDA: Und dann noch die eine Rate für den Eisschrank ...

WILLY: Aber der ist doch schon wieder kaputt!

LINDA: Er ist eben alt, Willychen.

WILLY: Ich hab dir ja gesagt, wir hätten einen Markeneisschrank kaufen sollen. Charley hat vor zwanzig Jahren einen General Electric gekauft, und der ist heute noch heil, der Teufelskasten.

LINDA: Aber Willy –

WILLY: Wer hat schon je was von einem Hastings gehört? Ob ich das wohl einmal erlebe, daß mir etwas ganz richtig gehört, bevor es kaputt ist? Dieses ewige Wettrennen mit dem Kehrrichthaufen! Kaum habe ich den Wagen abgestottert, da läuft er auch schon auf den letzten Latschen. Dieser Eisschrank hat einen wahnsinnigen Riemenverschleiß. Du, die richten das extra so ein. Hat man die Sachen abbezahlt, dann sind sie im Eimer.

LINDA *knöpft ihm die Jacke zu, die er wieder aufknöpft*: Alles in allem würden etwa zweihundert Dollar langen. Damit haben wir dann aber auch die Hypothek abbezahlt, und das Haus, Willy, gehört uns.

WILLY: Nach fünfundzwanzig Jahren!

LINDA: Biff war neun, als wir es gekauft haben.

WILLY: Tja, das ist schon was. Nach fünfundzwanzig Jahren so eine Hypothek getilgt zu haben, das ist –

LINDA: Das ist eine Leistung, nicht?

WILLY: Was habe ich an Zement, an Holz und Arbeit in dieses Haus gesteckt! Nicht den kleinsten Riß hat es mehr.

LINDA: Es hat sich gelohnt.

WILLY: Inwiefern? Irgendein Fremder kommt daher und zieht ein, und dann hat sich's. Wenn doch wenigstens Biff das Haus nehmen und die Kinder darin aufziehen würde... *Er wendet sich zum Gehen.* Wiedersehen, ich muß machen.

LINDA *erinnert sich plötzlich*: Ach, ehe ich's vergesse! Du sollst heute abend mit ihnen essen gehen.

WILLY: Ich?

LINDA: In Franks Weinstube in der 48. Straße in der Nähe der 6. Avenue.

WILLY: Ach nee! Und du?

LINDA: Nein, nur ihr drei. Sie wollen dir ein Festessen auffahren.

WILLY: Was du nicht sagst. Wer ist denn darauf verfallen?

LINDA: Biff ist heute morgen zu mir gekommen, Willy, und hat gesagt: »Sag Papa, wir wollen ihm ein Festessen auffahren.« Sei um sechs Uhr da. Du sollst mit deinen beiden Jungens essen.

WILLY: Donnerwetter. Das ist 'n Ding. Du, und den Howard, den mach ich fertig. Ich krieg meinen Vorschuß, und wenn ich wiederkomme, dann habe ich einen Posten in New York. Verdammt noch mal, das muß ich schaffen!

LINDA: So ist es richtig, Willy!

WILLY: Mich kriegt man nicht mehr ans Steuer.

LINDA: Es wird alles gut, Willy, ich fühle, es wird alles gut!

WILLY: Ganz bestimmt, Wiedersehen. Ich muß machen. *Er wendet sich abermals zum Gehen.*

LINDA *läuft zum Küchentisch, um ein Taschentuch zu holen, und ruft hinter ihm her*: Hast du deine Brille?

WILLY *tastet seine Taschen ab und kommt zurück*: Ja, ja, die hab ich.

LINDA *gibt ihm das Taschentuch*: Und ein Taschentuch.

WILLY: Richtig, ein Taschentuch.

LINDA: Und dein Sacharin?

WILLY: Ja, mein Sacharin auch.

LINDA: Und sieh dich vor in der U-Bahn. *Sie küßt ihn. Dabei hat sie einen Seidenstrumpf in der Hand. Willy bemerkt ihn.*

WILLY: Nun laß doch endlich das Strümpfestopfen. Wenigstens wenn ich zu Hause bin. Wenn du wüßtest, wie nervös mich das macht. Bitte! *Linda verbirgt den Strumpf in der Hand, während sie Willy über die Vorbühne folgt.*

LINDA: Und vergiß nicht, Franks Weinstube.

WILLY, *indem er über die Vorbühne geht*: Mohrrüben wachsen hier vielleicht doch.

LINDA *lacht*: Aber du hast es doch so oft versucht.

WILLY: Ja. Und tu nicht so viel heute. *Er geht um die Hausecke rechts und verschwindet.*

LINDA: Sei recht vorsichtig. *Linda winkt ihm nach. Plötzlich klingelt das Telefon. Sie läuft quer über die Bühne in die Küche und nimmt den Hörer ab.*

LINDA: Hallo? Ja, Biff? Wie schön, daß du anrufst, ich ... Ja, ich hab's ihm gerade gesagt. Ja, er ist um sechs Uhr zum Essen da, ich hab's nicht vergessen. Paß auf, ich muß dir etwas ganz Wichtiges sagen. Erinnerst du dich an den kleinen Schlauch, von dem ich euch erzählt habe? Den er am Gasofen angebracht hatte? Heute morgen hab ich mich endlich entschlossen, in den Keller hinunter zu gehen, ihn abzumachen und ihn zu beseitigen. Aber er war weg! Denk doch! Er hat ihn selbst abgemacht, er ist nicht mehr da. *Sie hört.* Wann? Ach, du hast ihn genommen. Ach — nichts weiter, ich hatte nur gehofft, er hätte es selbst getan. Nein, nein, ich bin nicht traurig, Liebling, er ist heute morgen in so guter Stimmung fortgegangen, ganz wie in alten Zeiten! Ich habe keine Angst mehr. Hast du Mr. Oliver gesprochen? ... Na, dann mußt du eben warten. Und sieh zu, daß du einen guten Eindruck auf ihn machst, Liebling. Schwitz nur nicht zu sehr, bevor du mit ihm sprichst. Und viel Vergnügen mit Papa! Er hat vielleicht auch gute Nachrichten! ... Ganz recht, einen Posten in New York. Und sei nett zu ihm heute abend, Liebling. Sei recht liebevoll. Er ist wie ein Schiff im Sturm, das seinen Hafen sucht. *Ihre Stimme zittert vor Sorge und Freude.* Oh, das ist schön von dir, Biff, du rettest ihm das Leben. Ich danke dir, Liebling. Leg den Arm um ihn, wenn er ins Restaurant kommt. Lächle ihm zu. Das ist recht ... Auf Wiedersehen, Liebling ... Hast du deinen Kamm mit? ... Schön. Auf Wiedersehen, mein Biff.

*Während sie spricht, rollt Howard Wagner, ein Mann von sechsunddreißig Jahren, einen kleinen Schreibmaschinentisch herein, auf dem ein Diktaphon steht. Dies spielt sich auf der linken Bühnenseite ab. Während es um Linda dunkler wird, konzentriert sich das Licht auf Howard. Howard ist intensiv mit dem Apparat beschäftigt und wirft nur einen Blick über die Schulter, als Willy eintritt.*

WILLY: Pst! Pst!

HOWARD: Tag, Willy, kommen Sie rein.

WILLY: Hätte gerne mal mit Ihnen gesprochen, Howard.

HOWARD: Augenblickchen. Ich bin gleich soweit.

WILLY: Was ist denn das, Howard?

HOWARD: Haben Sie noch nie so 'n Ding gesehen? Ein Diktaphon.

WILLY: Aha. Kann ich Sie ein paar Minuten sprechen?

HOWARD: Registriert, was man hineinspricht. Ist gestern erst geliefert worden. Interessiert mich rasend, der phantastischste Apparat, den ich je gesehen habe. Ich hab mich die ganze Nacht damit beschäftigt.

WILLY: Und was macht man damit?

HOWARD: Gekauft hab ich's zum Diktieren, aber man kann alles Mögliche damit anstellen. Hören Sie mal. Ich hab's gestern abend mit nach Hause genommen. Passen Sie mal auf, was wir aufgenommen haben. Das erste ist meine Tochter. Hier. *Er stellt an, und man hört, wie jemand »Maria von Bahia« pfeift.* Toll, wie die Kleine pfeift, was?

WILLY: Klingt ganz natürlich.

HOWARD: Sieben Jahre alt. Hören Sie mal den Ton.

WILLY: Ts, ts. Ich wollte Sie um einen Gefallen bitten, falls Sie ...

*Das Pfeifen bricht ab, und man hört die Stimme von Howards Tochter: »Jetzt du, Vati.«*

HOWARD: Die hängt mächtig an mir. *Die gleiche Melodie wird noch einmal gepfiffen.* Das bin ich! Ha. *Er blinzelt Willy zu.*

WILLY: Sehr gut.

*Das Pfeifen bricht wieder ab. Der Apparat läuft einen Augenblick ohne Ton.*

HOWARD: Pscht! Passen Sie auf, jetzt kommt mein Sohn.

SOHN: »Die Hauptstadt von Alabama ist Montgomery. Die Hauptstadt von Arizona ist Phönix. Die Hauptstadt von Arkansas ist Little Rock. Die Hauptstadt von Californien ist Sacramento ...« *So geht das noch eine Weile weiter.*

HOVARD *hält fünf Finger hoch*: Fünf Jahre alt, Willy!

WILLY: Der wird noch mal Ansager!

SOHN *fährt fort*: »Die Hauptstadt ...«

HOWARD: Und alles alphabetisch! *Der Ton bricht plötzlich ab.* Moment. Das Mädchen hatte den Stecker rausgezogen.

WILLY: Das ist bestimmt ein ...

HOWARD: Scht, Ruhe!

SOHN: »Es ist neun Uhr, Radiozeit. Ich muß ins Bett.«

WILLY: Das ist wirklich ein ...

HOWARD: Moment mal! Jetzt kommt meine Frau. *Sie warten.*

HOWARDS STIMME: »Na, nun sag doch was.« *Pause.* »Kannste nicht reden?«

HOWARDS FRAU: »Ich weiß ja nicht, was.«

HOWARDS STIMME: »Na, nun sprich schon – der Apparat läuft.«

HOWARDS FRAU *schüchtern, gehemmt*: »Hallo.« *Stille.* »Ach, Howard, ich kann nicht in diesen Apparat . . .«

HOWARD *stellt den Apparat ab*: Das war meine Frau.

WILLY: Großartiger Apparat. Können wir –

HOWARD: Ich sage dir, Willy, dafür geb ich meine Kamera, meine Laubsäge und all den andern Krimskrams her. Das ist das Aufregendste, was mir untergekommen ist.

WILLY: Ich glaub, ich kauf mir auch so was.

HOWARD: Klar, kostet bloß hundertfünfzig Dollar. Man kommt ohne gar nicht aus. Nehmen Sie mal an, Truman hält 'ne Rede, und Sie sind um die Zeit nicht zu Hause. Dann sagen Sie dem Mädchen einfach, sie soll das Radio anstellen, und das Ding läuft automatisch mit . . .

WILLY: Und wenn man nach Hause kommt, kann man . . .

HOWARD: Man kann um zwölf nach Hause kommen, um eins, wann's einem paßt, man schenkt sich 'n Glas Bier ein, setzt sich hin, stellt an und siehe da, mitten in der Nacht spricht Truman!

WILLY: Ich kauf mir bestimmt so was. Ich bin doch die meiste Zeit unterwegs, und da denk ich mir so oft, was ich wohl im Radio versäume.

HOWARD: Haben Sie denn im Wagen kein Radio?

WILLY: Ja, schon, aber man vergißt so oft, es anzudrehen.

HOWARD: Sagen Sie mal, sollten Sie nicht eigentlich in Boston sein?

WILLY: Deswegen wollte ich Sie ja sprechen, Howard. Haben Sie eine Minute übrig? *Er holt sich einen Stuhl aus der Kulisse.*

HOWARD: Was ist denn los? Was machen Sie hier?

WILLY: Tja . . .

HOWARD: Sie sind doch nicht wieder mal in den Graben gefahren?

WILLY: Nein, nein . . .

HOWARD: Herrje, haben Sie mir einen Schreck eingejagt. Was gibt's?

WILLY: Tja, um die Wahrheit zu sagen, Howard. Ich bin zu der Überzeugung gekommen, daß ich eigentlich nicht mehr reisen möchte.

HOWARD: Nicht mehr reisen? Und was wollen Sie sonst tun?

WILLY: Erinnern Sie sich noch an Weihnachten, als Sie das kleine Fest hier gegeben haben – da sagten Sie, Sie würden versuchen, mich hier in der Stadt irgendwo unterzubringen.

HOWARD: Bei uns?

WILLY: Ja, sicher.

HOWARD: Ah, ja, ja. Ich erinnere mich. Aber ich habe noch nichts Passendes gefunden, Willy.

WILLY: Wissen Sie, Howard, die Kinder sind erwachsen. Ich brauch nicht mehr viel. Wenn ich, sagen wir – na, fünfundsechzig Dollar die Woche mit nach Hause nehme, dann komme ich schon hin.

HOWARD: Ja, aber, Willy, ich kann – –

WILLY: Ich will Ihnen auch sagen, warum, Howard. Wir brauchen uns ja gegenseitig nichts vorzumachen – ich bin ein bißchen abgekämpft.

HOWARD: Das verstehe ich durchaus, Willy. Aber Sie sind nun mal Reisender, Willy, und unser Hauptgeschäft ist in der Provinz. Hier in der Stadt haben wir bloß 'n halbes Dutzend Vertreter.

WILLY: Weiß Gott, Howard, ich hab nie jemanden um einen Gefallen gebeten. Aber ich war schon in der Firma, als Ihr Vater Sie noch auf dem Arm umhertrug.

HOWARD: Ich weiß, Willy, aber –

WILLY: Ihr Vater kam am Tage Ihrer Geburt zu mir und fragte mich, was ich von dem Namen Howard hielte, Gott hab ihn selig.

HOWARD: Ich weiß das zu schätzen, Willy, aber ich hab hier keinen Posten für Sie. Wenn ich einen hätte, säßen Sie schon längst drin, aber wie soll ich denn einen herzaubern. *Er sucht ein Feuerzeug. Willy reicht es ihm. Pause.*

WILLY *mit wachsender Erregung*: Howard, zur Not käme ich auch mit fünfzig Dollar aus.

HOWARD: Aber wo soll ich Sie denn hinstecken, Mann?

WILLY: Hören Sie, niemand kann doch wohl bestreiten, daß ich zu verkaufen verstehe, oder?

HOWARD: Nein, aber hier handelt es sich ums Geschäft, und da ist jeder sich selbst der Nächste.

WILLY *verzweifelt*: Ich will Ihnen eine Geschichte erzählen, Howard.

HOWARD: Das müssen Sie doch zugeben: Geschäft ist Geschäft.

WILLY *ärgerlich*: Jawohl. Geschäft ist Geschäft. Aber hören Sie doch mal einen Moment zu. Sie verstehen das nicht. Als Achtzehn-, Neunzehnjähriger – da war ich schon auf der Walze. Und es ging mir im Kopf herum, ob ich bei dem Beruf bleiben sollte. In jenen Tagen nämlich zog es mich nach Alaska. Damals hatte man in einem Monat drei Goldminen entdeckt, und ich hatte nicht übel Lust, mich auch auf die Socken zu machen. Aus Abenteuerlust werden Sie sagen.

HOWARD *wenig interessiert*: Was Sie nicht sagen.

WILLY: Oh ja, mein Vater war viele Jahre in Alaska. Und der hatte Abenteurerblut. In unserer Familie, da gibt's keine Kopfhänger. Mein ältester Bruder und ich, wir wollten gemeinsam losziehen, sehen, wo er steckt, und uns eventuell mit Vater irgendwo im Norden niederlassen. Ich war schon drauf und dran, als ich bei Parker einen anderen Handlungsreisenden kennenlernte. Das war Dave Singleman. Er war vierundachtzig und war in einunddreißig Staaten bekannt wie 'n bunter Hund. Und der alte Dave ging in sein Hotel rauf, zog seine grünen Filzpantoffeln an, nahm – ich werde das nie vergessen – den Telefonhörer ab, rief die Kunden an und verdiente so, mit vierundachtzig Jahren, ohne das Zimmer zu verlassen, sein Geld. Als ich das gesehen hatte, wußte ich, daß Reisender sein der beste Beruf ist, den man sich denken kann. Was kann es Schöneres geben, als im Alter von vierundachtzig Jahren in zwanzig bis dreißig verschiedene Städte zu fahren und sich ans Telefon zu setzen, und alle Leute kennen einen, mögen einen und helfen einem? Wissen Sie was? Als er starb – er starb übrigens wie ein richtiger Handlungsreisender in seinen grünen Filzpantoffeln im Raucherabteil eines Zuges nach Boston –, als er starb, waren Hunderte von Reisenden und Einkäufern auf seinem Begräbnis. Und er wurde noch monatelang betrauert. *Er steht auf. Howard hat ihn nicht angesehen.* Damals war alles noch persönlich, Howard. Damals gab es noch Achtung, Kameradschaftlichkeit und Dankbarkeit. Heut ist alles kalt und nüchtern, keiner fragt mehr nach Freundschaft – und nach Persönlichkeit. Verstehen Sie, was ich meine? Heut weiß keiner mehr, wer ich bin.

HOWARD *geht auf die andere Seite*: Das ist es ja gerade, Willy.

WILLY: Wenn ich vierzig Dollar bekäme – das genügt schließlich auch. Vierzig Dollar, Howard.

HOWARD: Aber, Kindchen, woher nehmen und nicht stehlen! Ich ...

WILLY *langsam verzweifelnd*: Howard, Ihr Vater hat mir hoch und heilig ...

HOWARD *wendet sich zum Abgehen*: Draußen warten Besucher auf mich, Willy.

WILLY *hält ihn auf*: Ich rede von Ihrem Vater! Er hat mir hier in diesem Zimmer Zusicherungen gemacht! Sie können nicht einfach zu mir sagen »Draußen warten Besucher auf mich« – ich habe vierunddreißig Jahre für die Firma geschuftet, Howard, und jetzt kann ich nicht mal meine Versicherung bezahlen. Sie können mich nicht ausquetschen wie eine Zitrone und dann die Schale wegwerfen – so kann man mit einem Menschen nicht umgehen! *Nach einer Pause.* Also hören Sie einmal zu. Ihr Vater – 1928, das war ein Glücksjahr für mich. Da hab ich durchschnittlich hundertsiebzig Dollar in der Woche verdient.

HOWARD *ungeduldig*: Aber, Willy, nun erzählen Sie doch keine –

WILLY *schlägt mit der Hand auf den Schreibtisch*: 1928 habe ich meine hundertsiebzig Dollar in der Woche gehabt! Und Ihr Vater ist zu mir gekommen – – oder vielmehr, hier in dem Büro war es, an diesem Schreibtisch – und hat mir die Hand auf die Schulter gelegt . . .

HOWARD *steht auf*: Sie müssen mich entschuldigen, Willy, ich habe draußen Besucher. Nehmen Sie sich doch zusammen. *Im Abgehen.* Ich bin bald wieder da.

*Howard geht ab. Sein Stuhl wird jetzt von einem sehr hellen, eigentümlichen Licht beleuchtet.*

WILLY: Ich soll mich zusammennehmen? Was zum Teufel hab ich denn gesagt? Mein Gott, ich hab ihn angebrüllt! Wie konnte ich bloß! *Willy bricht ab und starrt in das Licht, das den Stuhl gleichsam zu beleben scheint. Er nähert sich dem Stuhl und bleibt vor dem Schreibtisch stehen.* Frank, Frank, wissen Sie nicht mehr, was Sie mir damals gesagt haben? Wie Sie mir die Hand auf die Schulter gelegt haben, und Frank . . . *Er beugt sich über den Schreibtisch und berührt, während er den Namen des Toten ausspricht, zufällig das Diktaphon. Sogleich hört man die Stimme von Howards Sohn:* ». . . von New York ist Albany. Die Hauptstadt von Ohio ist Cincinnati, die Hauptstadt von Rhode Island ist . . .«. *Die Litanei geht weiter.*

WILLY *springt erschreckt zurück, schreit*: Ha! Howard! Howard! Howard!

HOWARD *stürzt herein*: Was ist los?

WILLY *zeigt auf den Apparat, der kindisch näselnd mit der Aufzählung der Hauptstädte fortfährt*: Stellen Sie das ab! Stellen Sie das ab!

HOWARD *zieht den Stecker heraus*: Hören Sie, Willy . . .

WILLY *preßt die Hände gegen die Augen*: Ich muß 'ne Tasse Kaffee trinken. Ich muß 'ne Tasse Kaffee . . . *Willy will hinausgehen, Howard hält ihn zurück.*

HOWARD *wickelt die Schnur auf*: Willy, hören Sie zu.

WILLY: Also ich fahre nach Boston.

HOWARD: Willy, Sie können nicht für uns nach Boston fahren.

WILLY: Warum nicht?

HOWARD: Weil ich nicht mehr will, daß Sie uns vertreten. Das wollte ich Ihnen schon lange einmal sagen.

WILLY: Howard, schmeißen Sie mich etwa raus?

HOWARD: Sie müssen sich 'ne Weile ausruhen, Willy.

WILLY: Howard –

HOWARD: Sobald Sie sich besser fühlen, kommen Sie wieder, und wir werden überlegen, ob wir was für Sie finden.

WILLY: Aber ich muß Geld verdienen, Howard. Ich kann es mir nicht leisten, jetzt ––

HOWARD: Und Ihre Söhne? Warum unterstützen Ihre Söhne Sie nicht?

WILLY: Die haben eine große Sache vor.

HOWARD: Nur keinen falschen Stolz, Willy. Gehen Sie zu Ihren Söhnen und sagen Sie ihnen, Sie sind abgearbeitet. Das sind doch zwei tüchtige Burschen, nicht?

WILLY: Ohne Frage, ohne Frage, aber bis dahin ––

HOWARD: Na, sehen Sie wohl!

WILLY: Also gut, ich fahre morgen nach Boston.

HOWARD: Nein, nein.

WILLY: Ich kann meinen Söhnen nicht zur Last fallen. Ich bin doch kein Krüppel.

HOWARD: Hören Sie, Kindchen, ich habe heute morgen viel zu tun ...

WILLY *packt ihn am Arm*: Howard, Sie müssen mich nach Boston fahren lassen!

HOWARD *hart, mühsam, beherrscht*: Draußen warten eine ganze Menge Leute auf mich. Setzen Sie sich noch fünf Minuten und beruhigen Sie sich, aber dann gehen Sie nach Hause, verstanden? Ich brauche das Büro, Willy. *Er will gehen, dreht sich aber wieder um, da er sich an das Diktaphon erinnert, und schiebt den Tisch mit dem Apparat vor sich her*: Ach so. Und kommen Sie doch im Laufe der Woche vorbei und geben Sie die Muster ab. Und sobald Sie wieder auf dem Damm sind, Willy, kommen Sie wieder, und dann werden wir weiter sehen. Nehmen Sie sich zusammen, Mann, draußen sind Leute.

*Howard geht mit dem Tisch links ab. Willy starrt erschöpft ins Leere. Man hört Musik – Bens Motiv –, zuerst entfernt, dann immer näher. Wenn Willy spricht, tritt Ben von rechts mit Reisetasche und Schirm auf.*

WILLY: Oh, Ben, wie hast du es geschafft? Was ist die Antwort? Hat die Sache mit Alaska schon geklappt?

BEN: So was geht wie geschmiert, wenn man weiß, wie man's anfassen muß. War nur eine kleine Geschäftsreise. In einer Stunde gehe ich an Bord. Wollte bloß Adieu sagen.

WILLY: Ben, ich muß mit dir sprechen.

BEN *sieht auf die Uhr*: Hab keine Zeit, Wilhelm.

WILLY *geht über die Vorbühne zu Ben*: Ben, es geht alles schief. Was mach ich bloß!

BEN: Paß auf, Wilhelm. Ich habe in Alaska Wälder gekauft, und ich brauche einen Mann, der dort nach dem Rechten sieht.

WILLY: Wälder! Mein Gott, ich und meine Jungens in freier Natur!

BEN: Du hast einen neuen Kontinent vor deiner Haustür, Wilhelm. Geht raus aus diesen Städten, sie sind voll von leeren Versprechungen, voller Zahlungsverpflichtungen und voller Paragraphen. Gebraucht eure Fäuste und macht da oben euer Glück.

WILLY: Ja, ja! Linda, Linda!

*Linda – jung – erscheint mit dem Waschkorb.*

LINDA: Ach, Sie sind wieder da!

BEN: Ich hab nicht viel Zeit.

WILLY: Moment! Kinder, er hat mir ein Angebot für Alaska gemacht.

LINDA: Aber du hast doch – *Zu Ben.* Aber er hat hier doch einen sehr guten Posten.

WILLY: Aber, Kindchen, in Alaska könnte ich –

LINDA: Es fehlt uns an nichts, Willy!

BEN *zu Linda*: An nichts? Ach?

LINDA, *der Ben zugleich Angst und Zorn einflößt*: Machen Sie ihm doch nicht solche Vorschläge! Es fehlt uns an nichts, wir sind hier sehr glücklich. *Zu Willy, während Ben lacht.* Schließlich braucht ja nicht jeder die Welt zu erobern. Hier bist du angesehen, die Jungen lieben dich und eines Tages – *Zu Ben.* Erst neulich hat der alte Wagner gesagt, wenn Willy so weitermacht, kann er Teilhaber werden, nicht, Willy?

WILLY: Freilich, freilich. Ich habe einiges mit der Firma vor, Ben, und wenn man was vor hat, dann darf man nicht locker lassen, ist es nicht so?

BEN: Was hast du vor? Drück dich handgreiflich aus. Worum dreht sich's?

WILLY *zögernd*: Ja, genau genommen, Linda, ist es eigentlich nichts.

LINDA: Wieso? *Zu Ben.* Da ist ein Mann, der ist vierundachtzig Jahre –

WILLY: Das stimmt, Ben, das stimmt. Wenn ich an den denke, dann sage ich mir, wozu braucht man sich Sorgen zu machen?

BEN: Pah!

WILLY: So wahr ich hier stehe, Ben. Der geht in irgendeine Stadt, setzt sich ans Telefon und lebt davon. Und weißt du, warum?

BEN *nimmt seine Reisetasche*: Ich muß gehen.

WILLY *hält Ben zurück*: Nun sieh dir den Jungen an!

*Biff kommt in hochgeschlossenem Sweater mit einem Handkoffer. Happy trägt Biffs Schulterschutz, seinen goldenen Helm und seine Sporthose.*

WILLY: Der hat keinen Pfennig, aber drei Universitäten reißen sich um ihn, und von da aus kann er nach den Sternen greifen. Es kommt nämlich nicht darauf an, was einer tut, Ben, sondern wen er kennt und wie er lächelt ... Verbindungen, Ben, Verbindungen! Über die Mittagstafel im Commodore Hotel gelangt man zu den gesamten Reichtümern Alaskas. Das ist ja das Wunder, das große Wunder an diesem Land, daß jemand es zu Diamanten bringen kann, nur weil er beliebt ist! *Er wendet sich an Biff.* Und aus dem Grunde ist es so wichtig, wenn du heute zum Spiel antrittst. Weil du Tausende für dich gewinnen wirst, weil Tausende dich lieben werden. *Zu Ben, der wieder weg will.* Und Ben, wenn er in ein Büro kommt, dann wird sein Name wie ein Signal sein, und alle Türen werden sich ihm öffnen. Ich hab's erlebt, Ben, ich hab's tausendmal erlebt! Man kann es nicht greifen, aber es ist da!

BEN: Auf Wiedersehen, Wilhelm.

WILLY: Hab ich recht, Ben? Meinst du nicht, daß ich recht habe? Ich lege Wert auf deinen Rat.

BEN: Ein neuer Erdteil dehnt sich zu deinen Füßen, Wilhelm. Du kannst reich werden. Reich! *Er ist verschwunden.*

WILLY: Wir schaffen es hier, Ben! Hörst du? Wir schaffen es hier!

*Bernard kommt – als Junge – hereingelaufen. Das fröhliche Kindheitsmotiv erklingt.*

BERNARD: O je, ich hatte Angst, Sie wären schon weg.

WILLY: Wieso? Wie spät ist es denn?

BERNARD: Halb zwei.

WILLY: Na, dann alle Mann an Deck! Nächste Haltestelle Ebbets-Stadion! Wo sind die Fähnchen? *Er läuft durch die Küchenwand ins Wohnzimmer.*

LINDA *zu Biff*: Hast du frische Unterwäsche eingepackt?

BIFF, *der Lockerungsübungen gemacht hat*: Wir müssen gehen.
BERNARD: Biff, ich darf doch deinen Helm tragen, nicht?
HAPPY: Nein, den trage ich.
BERNARD: Och, Biff, du hast es mir versprochen.
HAPPY: Ich trage den Helm.
BERNARD: Wie soll ich denn in den Ankleideraum kommen?
LINDA: Laß ihn doch den Brustschutz tragen. *Sie zieht in der Küche Hut und Mantel an.*
BERNARD: Darf ich, Biff? Ich hab nämlich allen gesagt, daß ich mit in den Ankleideraum darf.
HAPPY: Das ist kein Ankleideraum, das ist ein Klubhaus!
BERNARD: Ich meine, ins Klubhaus, Biff!
HAPPY: Biff!
BIFF *nach einer kleinen Pause, großmütig*: Na gut, soll er den Brustschutz tragen.
HAPPY *gibt Bernard den Brustschutz*: Geh aber jetzt nicht weg!
WILLY *kommt eilig mit den Fähnchen, verteilt sie*: Und daß mir jeder winkt, wenn Biff ins Stadion kommt. *Happy und Bernard rasch ab.* Bist du so weit, mein Junge?
*Keine Musik mehr.*
BIFF: Von mir aus kann's losgehen, Papa. Jeder Muskel ist trainiert.
WILLY *ganz vorn auf der Bühne*: Du weißt doch, was auf dem Spiele steht?
BIFF: Natürlich, Papa.
WILLY *befühlt Biffs Muskeln*: Heute nachmittag kommst du als Führer der Schülerauswahlmannschaft von New York nach Hause.
BIFF: Bestimmt, Papa. Und vergiß nicht, wenn ich meinen Helm abnehme, dann breche ich durch — für dich.
WILLY: Also, komm! *Er legt den Arm um Biff, und sie wollen gehen. In diesem Augenblick kommt Charles — im Alter von damals — in Knickerbockern herein.* Ich hab leider keinen Platz für dich, Charley.
CHARLEY: Platz? Wofür?
WILLY: Im Wagen.
CHARLEY: Willst du weg? Ich wollte ein kleines Spielchen machen.
WILLY *wütend*: Spielchen machen! *Ungläubig.* Weißt du denn nicht, was heute los ist?
LINDA: Freilich, Willy. Er macht bloß Spaß.
WILLY: Über so was spaßt man nicht!
CHARLEY: Nein, Linda, was ist denn los?

LINDA: Er spielt doch heute im Ebbets-Stadion.

CHARLEY: Bei dem Wetter?

WILLY: Unterhalte dich doch nicht mit dem Mann! Kommt, kommt, kommt! *Er drängt sie hinaus.*

CHARLEY: Moment mal, wißt ihr schon das Neueste?

WILLY: Was?

CHARLEY: Hört ihr denn kein Radio? Das Stadion ist in die Luft geflogen.

WILLY: Scher dich zum Teufel! *Charley lacht. Willy drängt die andern hinaus.* Los, los, macht schon! Es ist spät.

CHARLEY, *während die andern abgehen*: Haut den Lukas, Biff, haut den Lukas!

WILLY *geht als letzter ab und wendet sich noch einmal um*: Ich finde das gar nicht komisch, Charley. Das ist der größte Tag seines Lebens.

CHARLEY: Willy, Willy, Willy, wann wirst du bloß erwachsen!

WILLY: So, meinst du? Wenn das Spiel vorbei ist, Charley, dann wird dir das Lachen vergehen. Dann nennen sie ihn einen zweiten Red Grange! Fünfundzwanzigtausend im Jahr.

CHARLEY *zieht ihn auf*: Tatsächlich?

WILLY: Ja, tatsächlich.

CHARLEY: Tja, dann allerdings, Willy. Aber eine Frage –

WILLY: Was?

CHARLEY: Wer ist Red Grange?

WILLY: Nun mach aber 'n Punkt. Zum Kuckuck, nun mach aber 'n Punkt!

*Charley schüttelt amüsiert den Kopf und geht nach links ab. Willy folgt ihm. Die Musik steigert sich zu höhnischer Wildheit.*

WILLY: Für wen, zum Teufel, hältst du dich eigentlich? Für was Besonderes? Was weißt du denn schon, du dämlicher Ignorant, du . . . mach ja einen Punkt!

*Auf der rechten Seite der Vorbühne wird es hell. Man sieht einen kleinen Tisch, der zum Vorzimmer von Charleys Büro gehört. Man hört die Geräusche des Großstadtverkehrs. Bernard – jetzt erwachsen – sitzt da und pfeift vor sich hin. Tennisschläger und ein kleiner Handkoffer auf dem Boden neben ihm.*

WILLY *außerhalb der Szene*: Warum gehen Sie weg? Gehen Sie doch nicht weg! Wenn Sie mir was zu sagen haben, dann sagen Sie's mir ins Gesicht! Ich weiß, hinter meinem Rücken lacht man über mich. Aber nach diesem Spiel wird euch das Lachen vergehen! Tor! Tor! Achtzigtausend Menschen! Tor! Haarscharf ins Tor!

*Bernard ist ein ruhiger, ernster, selbstsicherer junger Mann. Willys Stimme kommt jetzt von rechts hinten. Bernard nimmt seine Füße vom Tisch und lauscht. Jenny, die Sekretärin seines Vaters, kommt herein.*

JENNY *nervös*: Bernard, würden Sie mal auf den Flur hinausgehen?

BERNARD: Was ist denn das für ein Krach? Wer ist denn das?

JENNY: Mr. Loman. Er kommt gerade aus dem Fahrstuhl.

BERNARD: Mit wem zankt er sich denn?

JENNY: Mit niemandem. Er ist ganz allein. Ich werde nicht mehr mit ihm fertig, und Ihr Vater regt sich jedesmal auf, wenn er kommt. Ich muß noch so viel schreiben. Ihr Vater will die Sachen zur Unterschrift haben. Würden Sie mit ihm sprechen?

WILLY *kommt herein*: Tor! Tor – *Er sieht Jenny.* Jenny, Jenny, freut mich, Sie zu sehen. Wie geht's, wie steht's? Emsig dabei? Oder noch immer brav?

JENNY: Mir geht's gut. Und Ihnen?

WILLY: Mir geht's überhaupt nicht mehr, Jenny. Ha, ha! *Er wundert sich über die Tennisschläger.*

BERNARD: Tag, Onkel Willy.

WILLY *verblüfft*: Bernard! Nun sieh mal einer an! *Er geht schnell und schuldbewußt auf Bernard zu und schüttelt ihm warm die Hand.*

BERNARD: Wie geht's? Schön, dich mal wieder zu sehen.

WILLY: Was machst du denn hier?

BERNARD: Ich wollte Vater nur rasch Guten Tag sagen. Mir's ein bißchen bequem machen, bis mein Zug fährt. Ich fahre gleich nach Washington.

WILLY: Ist er drin?

BERNARD: Ja, der Buchhalter ist bei ihm. Nimm doch Platz.

WILLY *setzt sich*: Was willst du denn in Washington?

BERNARD: Och, ich habe da einen Fall übernommen, Onkel Willy.

WILLY: Ach? *Zeigt auf die Tennisschläger.* Willst du da auch Tennis spielen?

BERNARD: Ich wohne bei einem Freund, der hat einen Platz.

WILLY: Was du nicht sagst. Einen eigenen Tennisplatz. Müssen ja feine Leute sein.

BERNARD: Sie sind sehr nett. Vater hat mir erzählt, daß Biff hier ist.

WILLY *strahlend*: Jawohl, Biff ist hier. Hat eine ganz große Sache vor, Bernard.

BERNARD: Was denn?

WILLY: Er war im Westen ganz groß drin. Aber er will sich

lieber hier niederlassen. Ganz groß. Wir essen zusammen. Ich hab gehört, deine Frau hat einen Jungen?

BERNARD: Stimmt. Unser zweiter.

WILLY: Zwei Jungen! Was du nicht sagst!

BERNARD: Was hat Biff denn vor?

WILLY: Tja, der Bill Oliver – der von dem großen Sportgeschäft – will Biff unbedingt haben. Hat ihn vom Westen hierher geholt, Ferngespräche, Vertragsvollmachten, Rohrpostbriefe. Deine Freunde haben einen eigenen Tennisplatz?

BERNARD: Bist du noch bei der alten Firma, Onkel Willy?

WILLY *nach einer Pause*: Ich freue mich – ich freue mich ganz ungemein, daß du so gut voran kommst, Bernard, ganz ungemein. Es ermutigt einen zu sehen, wie ein junger Mann wirklich – wirklich – Sieht sehr gut für Biff aus – sehr – – *Er bricht ab, dann*: Bernard – *Seine innere Bewegung ist so stark, daß er nicht weitersprechen kann.*

BERNARD: Was ist denn, Onkel Willy?

WILLY *klein und einsam*: Was – was ist das Geheimnis?

BERNARD: Welches Geheimnis?

WILLY: Wie – wie schaffst du es? Warum gelingt ihm nichts?

BERNARD: Woher soll ich das wissen, Onkel Willy?

WILLY *zutraulich und voller Verzweiflung*: Du warst sein Freund, sein Schulfreund. Das ist etwas, das will nicht in meinen Kopf. Mit Biff war es nach dem Spiel im Ebbets-Stadion zu Ende. Seit seinem siebzehnten Lebensjahr war nichts mehr los mit ihm.

BERNARD: Er hat nie eine richtige Ausbildung gehabt.

WILLY: Aber doch, doch. Nach der Schule hat er dauernd Fernkurse genommen. In Radiomechanik, Fernsehen, Gott weiß was, aber er hat nie den geringsten Fortschritt gemacht.

BERNARD *nimmt seine Brille ab*: Onkel Willy, kann ich offen reden?

WILLY *steht auf und sieht Bernard an*: In meinen Augen bist du ein erstklassiger Mann, Bernard. Ich weiß deinen Rat zu schätzen.

BERNARD: Ach was, Rat, Onkel Willy. Ich kann dir nicht raten. Ich wollte dich nur schon immer was fragen. Als er seine Prüfung machen sollte und der Mathematiklehrer ließ ihn durchfallen – – –

WILLY: Dieser Schweinehund hat sein Leben verpfuscht.

BERNARD: Ja, aber, Onkel Willy, er brauchte doch nur das Sommerhalbjahr zu bleiben und die Sache nachzuholen.

WILLY: Das stimmt, das stimmt.

BERNARD: Hast du ihm nicht gesagt, daß er das Sommerhalbjahr bleiben soll?

WILLY: Ich? Ich hab ihn angefleht. Ich hab's ihm befohlen!

BERNARD: Und warum hat er's nicht getan?

WILLY: Warum? Darum! Diese Frage verfolgt mich seit fünfzehn Jahren Tag und Nacht. Er fällt durch, gibt es auf und liegt da wie eine geklatschte Fliege!

BERNARD: Reg dich nicht auf, Onkel Willy.

WILLY: Laß uns drüber reden – ich hab sonst niemanden, mit dem ich reden kann. Bernard, Bernard, war es meine Schuld? Schau, ich zermartere mir den Kopf, ob es vielleicht an mir gelegen hat.

BERNARD: Nimm's nicht so schwer.

WILLY: Warum hat er aufgegeben? Was steckt dahinter? Du warst doch sein Freund!

BERNARD: Wenn ich mich recht erinnere, war es Juni, als unsere Prüfungsergebnisse herauskamen und er in Mathe durchfiel.

WILLY: Dieser Schweinehund!

BERNARD: Nein, damals war es noch nicht. Biff war zwar wütend, erinnere ich mich, aber er war bereit, das Sommerhalbjahr zu machen.

WILLY *erstaunt*: Ach?

BERNARD: Er hat sich durchaus nicht unterkriegen lassen. Aber dann, Onkel Willy, verschwand er spurlos für fast einen Monat. Und ich hatte das Gefühl, daß er zu dir nach Neu-England gefahren war. Hat er damals mit dir gesprochen?

WILLY *starrt schweigend vor sich hin.*

BERNARD: Onkel Willy?

WILLY *mit spürbarer Empfindlichkeit in der Stimme*: Ja, er kam nach Boston. Na, und?

BERNARD: Tja, als er nämlich zurückkam – ich werde das nie vergessen, mir ist das immer ein Rätsel geblieben. Ich hielt doch so große Stücke auf Biff, obwohl er mich immer ausgenutzt hat. Ich habe ihn geliebt, Onkel Willy, weißt du das? Und nach diesem Monat kam er zurück und nahm seine Turnschuhe – du weißt doch, worauf »Universität Virginia« gedruckt stand. Er war so stolz auf sie, jeden Tag hat er sie getragen. Er nahm sie runter in den Keller und verbrannte sie in der Heizung. Wir haben uns geprügelt. Mindestens eine halbe Stunde lang. Wir beide, ganz allein in dem Keller, droschen aufeinander los und brüllten uns wechselweise an. Ich habe oft darüber nachgedacht, wie seltsam es war, daß ich genau wußte, daß er damals die Flinte ins Korn warf. Was ist in Boston passiert, Onkel Willy?

*Willy sieht ihn wie einen Störenfried an.*

BERNARD: Ich komme nur darauf, weil du mich gefragt hast.

WILLY *gereizt*: Gar nichts. Was meinst du mit »Was ist passiert?« Was hat das damit zu tun?

BERNARD: Nun werde doch nicht gleich böse.

WILLY: Willst du etwa mich verantwortlich machen? Kann ich dafür, wenn einer nicht weiterkommen will?

BERNARD: Aber, Onkel Willy, nun sei doch nicht –

WILLY: Dann sprich gefälligst nicht so mit mir! Was soll das heißen: »Was ist passiert?«

*Charley, in Hemdsärmeln, kommt mit einer Flasche Whisky.*

CHARLEY: Du wirst noch deinen Zug versäumen. *Er winkt mit der Flasche.*

BERNARD: Ja, ich gehe schon. *Er nimmt die Flasche.* Danke, Papa. *Er hebt die Tennisschläger und den Koffer auf.* Wiedersehen, Onkel Willy, und mach dir keine Sorgen. Du weißt ja, Rom ist nicht in einem Tag erbaut.

WILLY: Ja, das stimmt.

BERNARD: Aber manchmal, Onkel Willy, ist es besser, man läßt eine Sache auf sich beruhen.

WILLY: Auf sich beruhen?

BERNARD: Genau das.

WILLY: Und wenn man das nicht kann?

BERNARD *nach einer kurzen Pause*: Ja, das ist dann schlimm. *Streckt ihm die Hand hin.* Auf Wiedersehen, Onkel Willy.

WILLY *schüttelt Bernard die Hand*: Wiedersehen, mein Junge.

CHARLEY *hat einen Arm um Bernards Schulter gelegt*: Was sagst du zu dem Burschen? Vertritt einen Fall vor dem Obersten Gerichtshof.

BERNARD *protestierend*: Papa!

WILLY *wie vom Blitz getroffen und zugleich voller Bewunderung*: Nein! Vor dem Obersten Gerichtshof!

BERNARD: Ich muß machen. Wiedersehen, Papa!

CHARLEY: Zeig ihnen, was du kannst, Bernard!

*Bernard ab.*

WILLY, *während Charley die Brieftasche herauszieht*: Vor dem Obersten Gerichtshof! Und er erwähnt das mit keiner Silbe!

CHARLEY, *Geld auf den Schreibtisch zählend*: Wozu auch – genügt ja, daß er's tut.

WILLY: Und dabei hast du ihm doch nie was gesagt! Du hast dich nie um ihn gekümmert.

CHARLEY: Ich kümmere mich niemals um irgend etwas und fahre sehr gut dabei. Hier hast du 'n bißchen Geld – fünfzig Dollar. Der Buchhalter ist drinnen.

WILLY: Weißt du, Charley – *Mühsam.* Ich muß meine Versicherung bezahlen. Wenn du es einrichten kannst – ich brauche hundertzehn Dollar.

*Charley antwortet einen Augenblick lang nicht; er hält nur in der Bewegung inne.*

WILLY: Ich könnte es ja von meinem Bankkonto abheben, aber das würde Linda merken und ich ...

CHARLEY: Setz dich, Willy.

WILLY *geht zum Stuhl*: Du weißt ja, ich führe genau Buch. Du kriegst alles auf Heller und Pfennig zurück. *Er setzt sich.*

CHARLEY: Nun hör mal zu, Willy.

WILLY: Du kannst dir gar nicht vorstellen, wie dankbar ...

CHARLEY *setzt sich an den Tisch*: Willy, was denkst du dir eigentlich? Was zum Henker geht in deinem Kopf vor?

WILLY: Wieso? Ich will doch nur ...

CHARLEY: Ich habe dir eine Stellung angeboten. Du könntest fünfzig Dollar wöchentlich verdienen. Und du brauchst keinen Außendienst zu machen.

WILLY: Ich habe eine Stellung.

CHARLEY: Ohne Bezahlung? Was ist das: eine Stellung ohne Bezahlung? *Er steht auf.* Nun hör mal zu, mein Guter. Was zuviel ist, ist zuviel. Ich bin kein Hellseher, aber wenn man mir dumm kommt, das merke ich doch.

WILLY: Dumm kommt?

CHARLEY: Warum willst du nicht für mich arbeiten?

WILLY: Was hast du denn? Ich habe ja Arbeit.

CHARLEY: Weshalb kommst du dann jede Woche zu mir gelaufen?

WILLY *steht auf*: Bitte, wenn dir das nicht paßt –

CHARLEY: Ich biete dir eine Stellung an.

WILLY: Ich will deine verdammte Stellung nicht!

CHARLEY: Herrgott, wann wirst du endlich erwachsen?

WILLY *außer sich*: Du blöder Hammel, wenn du das noch mal sagst, kleb ich dir eine! Glaubst du, vor so was wie du hab ich Angst? *Er steht kampfbereit da.*

*Pause.*

CHARLEY *geht zu ihm, freundlich*: Wieviel brauchst du, Willy?

WILLY: Charley, ich bin geliefert, ich bin geliefert. Was soll ich nur machen? Er hat mich rausgeschmissen?

CHARLEY: Howard hat dich rausgeschmissen?

WILLY: Diese Rotznase. Stell dir vor! Ich hab ihm seinen Namen ausgesucht. Ich hab ihm den Namen Howard gegeben.

CHARLEY: Willy, wann wirst du begreifen, daß all diese Dinge nicht zählen? Schön, du hast ihm den Namen Howard gegeben, aber daraus kannst du kein Kapital schlagen. Das einzige, was in dieser Welt zählt, sind die Dinge, aus denen man Kapital schlagen kann. Komisch, daß du als Handlungsreisender das nicht weißt.

WILLY: Ich bin da anderer Meinung. Ich war immer der Ansicht, wenn jemand was darstellt und beliebt ist, dann kann nichts –

CHARLEY: Warum willst du eigentlich bei allen beliebt sein? War J. P. Morgan beliebt? Hat er was dargestellt? In einem Türkischen Bad sah er aus wie ein Schlächter. Aber wenn er die Brieftasche zog, war er sehr beliebt. Nun hör mal, Willy, ich weiß, du kannst mich nicht leiden, und niemand kann behaupten, daß ich dich übermäßig gern habe, aber ich geb dir Arbeit, weil – weiß der Kuckuck warum, ist ja auch egal. Einverstanden?

WILLY: Ich – ich kann nicht für dich arbeiten, Charley.

CHARLEY: Was ist denn, bist du neidisch auf mich?

WILLY: Ich kann nun mal nicht. Frag mich nicht, warum.

CHARLEY *verärgert, zieht noch ein paar Banknoten heraus*: Du bist dein ganzes Leben lang auf mich neidisch gewesen, du verdammter Idiot! Hier, bezahl deine Versicherung. *Er drückt Willy das Geld in die Hand.*

WILLY: Ich führe genau Buch.

CHARLEY: Ich muß jetzt weitermachen. Gib acht auf dich. Und bezahl deine Versicherung.

WILLY *geht langsam nach rechts*: Komisch, nicht? Nach all den Jahren auf der Landstraße und in den Eisenbahnzügen, nach so viel Abschlüssen und Geschäften endet man damit, daß man tot mehr wert ist als lebendig.

CHARLEY: Ach was, Willy, tot ist man überhaupt nichts wert. *Nach einer kleinen Pause.* Hast du gehört?

WILLY *träumt vor sich hin.*

CHARLEY: Willy!

WILLY: Entschuldige mich bei Bernard, wenn du ihn siehst. Ich hab's nicht so gemeint. Der Junge ist in Ordnung. Die Jungens sind alle in Ordnung, und sie bringen's alle zu was – alle miteinander. Eines Tages werden sie alle zusammen Tennis spielen. Du kannst mir gratulieren. Er hat heute mit Bill Oliver gesprochen.

CHARLEY: Viel Glück.

WILLY *den Tränen nahe*: Charley, du bist der einzige Freund, den ich habe. Ist das nicht merkwürdig? *Ab.*

CHARLEY: Mein Gott! *Charley sieht ihm einen Augenblick nach und geht dann auch ab.*

*Es wird vollständig dunkel. Plötzlich ertönt grelle Musik und rechts hinter einem Vorhang leuchtet ein roter Lichtschein. Stanley, ein junger Kellner, kommt mit einem Tisch, hinter ihm Happy mit zwei Stühlen.*

STANLEY *stellt den Tisch hin*: Danke schön, Mr. Loman, ich mache das schon. *Er nimmt Happy die Stühle ab und stellt sie an den Tisch.*

HAPPY *blickt umher*: Ja, hier ist es besser.

STANLEY: Gewiß, da vorne sitzt man mitten im Trubel. Wenn Sie jemand eingeladen haben, Mr. Loman, sagen Sie's nur immer, ich placiere Sie schon hier hinten. Viele wollen's ja nicht gemütlich haben. Wenn sie ausgehen, brauchen sie Betrieb, weil sie sich zu Hause zu Tode mopsen. Aber zu der Sorte gehören Sie ja nicht. Wir verstehen uns doch?

HAPPY *setzt sich*: Wie geht's denn so, Stanley?

STANLEY: Ach, ein Hundeleben. Ich wollte, ich hätte mit in den Krieg gemußt. Dann wäre ich inzwischen vielleicht schon krepiert –

HAPPY: Mein Bruder ist wieder da, Stanley.

STANLEY: So, der ist wieder da. Aus dem Wilden Westen zurück?

HAPPY: Ja, großer Viehzüchter, mein Bruder. Behandeln Sie ihn gut! Und mein Vater kommt auch.

STANLEY: Ihr Vater auch!

HAPPY: Haben Sie anständigen Hummer?

STANLEY: Prachtstücke.

HAPPY: Bringen Sie ihn mit Scheren.

STANLEY: Keine Angst, ich serviere Ihnen keinen toten Hund. *Happy lacht.* Wie wär's mit einem guten Wein? Zur Krönung des Ganzen.

HAPPY: Nein. Wissen Sie noch, Stanley, das Rezept, das ich Ihnen von drüben mitgebracht habe? Mit dem Champagner?

STANLEY: Ja, natürlich. Ich hab's noch immer in der Küche hängen. Aber das kostet Sie bestimmt minimal einen Dollar pro Person.

HAPPY: Macht nichts.

STANLEY: Sie haben wohl das große Los gewonnen?

HAPPY: Nein, wir wollen was feiern. Mein Bruder ist – mein

Bruder macht heute einen großen Abschluß. Wir werden wohl zusammen was aufziehen.

STANLEY: Großartig! Das ist immer das beste. Ein Familienunternehmen — Sie verstehen, was ich meine? — ist noch immer das beste.

HAPPY: Ganz meiner Meinung.

STANLEY: Denn wenn einer was stiehlt — was macht das schon? Es bleibt alles in der Familie. Wir verstehen uns doch. *Mit gedämpfter Stimme.* Hier der Barmixer zum Beispiel. Der Chef rauft sich die Haare, weil die Abrechnungen nie stimmen. Man steckt rein und rein, und es kommt nichts raus.

HAPPY *hebt den Kopf*: Scht!

STANLEY: Was denn?

HAPPY: Ich habe eben doch weder nach rechts noch nach links geguckt?

STANLEY: Nein.

HAPPY: Und hab die Augen zu.

STANLEY: Ja. Und was wollen —

HAPPY: Es kommt was Süßes.

STANLEY *(blickt sich um)*: Nee, hier ist weit und breit kein — *Er bricht ab, als ein aufgedonnertes Mädchen in einem Pelz auftritt und sich an den nächsten Tisch setzt. Beide folgen ihr mit den Augen.*

STANLEY: Donnerwetter, woher wußten Sie das?

HAPPY: Radar oder so was Ähnliches. *Betrachtet ihr Profil.*

STANLEY: Ich glaube, das ist was für Sie, Mr. Loman.

HAPPY: Sehen Sie sich die Schnute an. Mein Gott! Und diese Stromlinie!

STANLEY: Sie kennen sich aus, Mr. Loman.

HAPPY: Bedienen Sie sie.

STANLEY *tritt zum Tisch des Mädchens*: Ein Menü gefällig, Fräulein?

MÄDCHEN: Ich erwarte jemanden, aber ich möchte gern —

HAPPY: Warum bringen Sie die Dame nicht — verzeihen Sie, Miss, gestatten Sie? Ich reise in Champagner und möchte gern, daß Sie meine Marke kosten. Champagner, Stanley!

MÄDCHEN: Das ist furchtbar nett von Ihnen.

HAPPY: Keine Ursache. Geht alles auf Geschäftsunkosten. *Er lacht.*

MÄDCHEN: Es muß hübsch sein, in Champagner zu reisen.

HAPPY: Och, ein Artikel, wie jeder andere. Hauptsache, man verkauft was.

MÄDCHEN: Wahrscheinlich.

HAPPY: Verkaufen Sie vielleicht auch was?

MÄDCHEN: Nicht das ich wüßte.

HAPPY: Ob Sie sehr böse sind, wenn ich als Fremder Ihnen ein Kompliment mache? Ihr Bild gehört auf das Titelblatt einer Illustrierten.

MÄDCHEN *sieht ihn ein wenig hochmütig an*: War es, mein Herr. *Stanley kommt mit einem Glas Champagner.*

HAPPY: Hab ich's nicht gesagt, Stanley? Es stimmt. Die Dame ist ein Fotomodell.

STANLEY: Ja, das sieht man. Das sieht man gleich!

HAPPY: Welche Zeitschrift war es denn?

MÄDCHEN: Ach, mehrere. *Sie trinkt.* Prost.

HAPPY: Sie wissen doch, wie's in Frankreich heißt. »Champagner ist gut für den Teint«. – Ah, Biff!

*Biff ist aufgetreten und hat sich zu Happy gesetzt.*

BIFF: Tag, mein Sohn. Entschuldige die Verspätung.

HAPPY: Ich bin auch eben erst gekommen. Miss – äh?

MÄDCHEN: Forsythe.

HAPPY: Miss Forsythe, dies ist mein Bruder.

BIFF: Ist Vater noch nicht da?

HAPPY: Er heißt Biff. Vielleicht haben Sie von ihm gehört? Er ist ein großer Fußballspieler.

MÄDCHEN: Ach? Was denn für eine Mannschaft?

HAPPY: Sie verstehen was von Fußball?

MÄDCHEN: Nein, leider nicht.

HAPPY: Biff ist Mittelstürmer bei den New York Giants.

MÄDCHEN: Ach nein, wie schön. *Sie trinkt.*

HAPPY: Wohl bekomm's.

MÄDCHEN: Es freut mich sehr, Sie kennenzulernen.

HAPPY: Ich heiße Hap. Eigentlich Harold, aber auf der Militärakademie wurde ich Happy gerufen.

MÄDCHEN *tief beeindruckt*: Oh! Sehr angenehm. *Sie zeigt ihr Profil.*

BIFF: Kommt Papa denn nicht?

HAPPY: Willste die haben?

BIFF: Die krieg ich doch nicht.

HAPPY: So hättest du früher nicht reagiert. Wo bleibt das alte Selbstvertrauen, Biff?

BIFF: Ich war eben bei Oliver ––

HAPPY: Moment. Ich will den alten Biff wiedersehen. Willst du sie? Du brauchst nur zu pfeifen.

BIFF: Nein, nein. *Er guckt nach dem Mädchen.*

HAPPY: Ich sag dir. Paß auf. *Wendet sich zu dem Mädchen.* Puppe? *Sie wendet sich zu ihm.* Hast du was vor?

MÄDCHEN: Ja, schon . . . aber ich könnte ja telefonieren.

HAPPY: Tu das, Puppe, ja? Und hol noch 'ne Freundin her.

Wir sind noch 'ne Weile hier. Biff ist eine der größten Fußballkanonen in den Staaten.

MÄDCHEN *steht auf*: Ich freue mich wirklich, daß ich Sie getroffen habe.

HAPPY: Und beeil dich.

MÄDCHEN: Ich will's versuchen.

HAPPY: Nicht versuchen, Liebling, machen!

*Das Mädchen ab. Stanley folgt ihr mit einem Kopfschütteln, das Verwirrung und Bewunderung ausdrückt.*

HAPPY: Ist das nicht 'ne Schande? So 'n hübsches Mädel! Deswegen heirate ich auch nicht. Unter Tausenden gibt's nicht eine einzige, die nicht verdorben ist. New York ist voll von dieser Sorte.

BIFF: Hap, nun –

HAPPY: Ich habe dir doch gesagt, daß sie nur darauf wartet.

BIFF *seltsam nervös*: Nur hör schon davon auf! Ich muß dir was sagen.

HAPPY: Warst du bei Oliver?

BIFF: Ja, ich war bei ihm. Nun hör mal zu, ich habe mit Vater allerlei zu bereden, und ich möchte, daß du mir dabei hilfst.

HAPPY: Was? Kriegst du das Geld?

BIFF: Bist du verrückt? Du hast wohl den Verstand verloren, was?

HAPPY: Wieso? Was ist denn passiert?

BIFF *schwer atmend*: Ich hab heut etwas Schreckliches gemacht, Hap. Es war der tollste Tag, den ich je erlebt habe. Ich bin einfach erschlagen, sag ich dir.

HAPPY: Wollte er dich nicht empfangen?

BIFF: Ich habe sechs Stunden auf ihn gewartet. Den ganzen Tag. Hab mich immer wieder bei ihm anmelden lassen. Hab sogar versucht, die Sekretärin zu becircen, damit sie mich zu ihm reinläßt. War nichts zu machen.

HAPPY: Weil du nicht mehr dein altes Selbstvertrauen hast, Biff. Aber er wußte doch, wer du warst?

BIFF *bringt Happy mit einer Handbewegung zum Schweigen*: Schließlich, um fünf, kam er raus. Konntc sich an mich nicht erinnern, wußte von gar nichts. Ich kam mir wie ein Idiot vor, Hap.

HAPPY: Hast du ihm nicht meine Idee mit Florida erzählt?

BIFF: Er ging weg. Ich hab ihn nur eine Minute gesehen. Ich war so geladen, daß ich die Wände hätte hochgehen können! Wie, zum Kuckuck, bin ich nur auf die Idee verfallen, daß ich dort Verkäufer gewesen bin? Ich habe selbst daran geglaubt, daß ich Verkäufer bei ihm war! Und dann sah er mich nur flüchtig an und – und ich merkte, was für eine lächerliche Lüge mein ganzes Leben ist! Wir haben fünfzehn Jahre in einem Wolkenkuckucksheim gelebt. Ich war Packer.

HAPPY: Und dann?

BIFF *mit großer Anspannung und wie über sich selbst verwundert*: Dann ging er also. Und die Sekretärin ging auch raus. Ich war ganz allein in dem Vorzimmer. Ich weiß nicht, wie es über mich gekommen ist, Hap. Ich weiß nur, daß ich plötzlich in seinem Büro war – getäfelte Wände, piekfein. Ich kann's nicht erklären. Hap, ich – ich habe seinen Füllfederhalter gestohlen.

HAPPY: Oh je, hat er dich erwischt?

BIFF: Ich rannte raus. Ich rannte alle elf Treppen runter. Ich rannte, rannte und rannte.

HAPPY: Das war ja eine Mordsdummheit – weswegen hast du das getan?

BIFF *wie im Krampf*: Ich weiß nicht, aber ich – ich mußte irgendwas nehmen. Ich weiß auch nicht. Du mußt mir helfen, Hap, ich muß es Vater sagen.

HAPPY: Bist du verrückt? Wozu?

BIFF: Hap, er muß begreifen, daß ich nicht zu den Leuten gehöre, denen irgend jemand Geld borgt. Er glaubt, daß ich all die Jahre nur verbockt war, und das frißt an ihm.

HAPPY: Genau das. Du mußt ihm was Nettes sagen.

BIFF: Ich kann nicht.

HAPPY: Sag, du wärst mit Oliver morgen zum Mittagessen verabredet.

BIFF: Und was sage ich morgen?

HAPPY: Du gehst weg und kommst abends zurück und sagst, Oliver will's sich überlegen. Na, und dann überlegt der sich's eben ein paar Wochen lang, bis keiner mehr dran denkt, und es keinem mehr weh tut.

BIFF: Aber das ist doch ein Ding ohne Ende.

HAPPY: Papa ist doch nur glücklich, wenn er in der Hoffnung lebt. *Willy kommt herein.*

HAPPY: Tag, Häuptling!

WILLY: Hier bin ich schon seit Jahren nicht mehr gewesen! *Stanley ist Willy gefolgt und rückt ihm den Stuhl zurecht. Stanley will sich zurückziehen, aber Happy ruft ihn.*

HAPPY: Stanley! *Stanley bleibt stehen und wartet auf eine Bestellung.*

BIFF *schuldbewußt zu Willy, wie zu einem Kranken*: Setz dich doch, Papa. Willst du was trinken?

WILLY: Freilich, warum nicht?

BIFF: Lassen wir uns vollaufen.

WILLY: Du siehst ja so bedrückt aus.

BIFF: N-nein. *Zu Stanley.* Eine Runde Scotch. Eine Doppelrunde.

STANLEY: Eine Doppelrunde, sehr wohl. *Er geht ab.*

WILLY: Ihr habt schon ein paar genehmigt, was?

BIFF: Ja, aber nur 'n paar.

WILLY: Also, wie war's, mein Junge? *Er nickt bekräftigend, mit einem Lächeln.* Alles in Ordnung?

BIFF *holt tief Atem, dann ergreift er Willys Hand*: Papa ... *Er lächelt tapfer, und auch Willy lächelt.* Ich habe heute eine Erfahrung gemacht.

HAPPY: Phänomenal, Pap.

WILLY: Wirklich? Was war denn?

BIFF *erregt, nicht ganz nüchtern*: Das will ich dir haargenau erzählen. Es war ein merkwürdiger Tag. *Schweigen. Er sieht sich um, versucht, sich zusammenzunehmen, aber sein Atem geht schneller, als er spricht.* Ich mußte eine ganze Weile auf ihn warten und –

WILLY: Auf Oliver?

BIFF: Ja, auf Oliver. Genau genommen, den ganzen Tag. Und dabei fielen mir so allerlei Momente aus meinem Leben ein, Papa, so allerlei Dinge. Wer hat eigentlich behauptet, daß ich bei Oliver Verkäufer war?

WILLY: Das warst du doch.

BIFF: Nein, Papa, ich war Packer.

WILLY: Aber praktisch warst du –

BIFF *bestimmt*: Papa, ich weiß nicht, wer von uns drauf gekommen ist, aber ich war nie Verkäufer bei Bill Oliver.

WILLY: Worauf willst du eigentlich hinaus?

BIFF: Halten wir uns heute mal an Tatsachen. Papa. Mit dieser ewigen Angeberei kommen wir doch nicht weiter. Ich war Packer.

WILLY *ärgerlich*: Also, nun hör mal zu –

BIFF: Laß mich doch, bitte, ausreden.

WILLY: Ach was, verschon mich mit diesen alten Geschichten, diesem ganzen Tratsch. Es brennt, Jungens, versteht ihr? Es brennt lichterloh. Man hat mir gekündigt.

BIFF *entsetzt*: Wie ist denn das möglich?

WILLY: Man hat mich an die Luft gesetzt, und ich brauche irgendeine kleine, gute Nachricht für eure Mutter, die ihr Leben lang gewartet und gelitten hat. Das Schlimme ist nur, mir fällt nichts mehr ein, Biff. Darum halte mir gefälligst keine allgemeinen Vorträge. Die interessieren mich nicht. Also, was hast du mir zu sagen?

*Stanley bringt die Getränke. Sie warten, bis er wieder fort ist.*

WILLY: Hast du Oliver gesprochen?

BIFF: Mein Gott, Papa!

WILLY: Du warst also gar nicht bei ihm?

HAPPY: Natürlich war er bei ihm.

BIFF: Ja. Ich – hab ihn gesprochen. Wie können sie dich einfach an die Luft setzen?

WILLY *rückt bis zur Stuhlkante vor*: Und wie hat er dich empfangen?

BIFF: Nicht mal auf Provision läßt er dich arbeiten?

WILLY: Ich bin ganz draußen! *Läßt nicht locker.* Erzähl doch, hat er sich gefreut, als du kamst?

HAPPY: Gewiß doch, Papa, gewiß doch!

BIFF *in der Defensive*: Na ja, gewissermaßen – –

WILLY: Ich bin gespannt, ob er sich an dich erinnert. *Zu Happy.* Stell dir vor, da sieht ein Mann ihn zehn, zwölf Jahre nicht und bereitet ihm einen solchen Empfang!

HAPPY: Kann man wohl sagen!

BIFF *versucht, wieder die Offensive zu ergreifen*: Papa, hör mal –

WILLY: Du weißt doch, weshalb er sich an dich erinnert, nicht? Weil du ihm damals Eindruck gemacht hast.

BIFF: Laß uns doch in aller Ruhe darüber reden, so, wie sich's wirklich abgespielt hat, ja?

WILLY, *als ob Biff ihn unterbrochen hätte*: Also, nun mal los. Das sind gute Nachrichten, Biff. Hat er dich in sein Büro geführt oder habt ihr im Vorzimmer verhandelt?

BIFF: Ja, also er kam rein, weißt du, und –

WILLY *mit einem strahlenden Lächeln*: Was hat er gesagt? Ich wette, er hat dir den Arm um die Schulter gelegt.

BIFF: Na ja, er hat –

WILLY: Ein Prachtmensch! *Zu Happy.* An den ist schwer ranzukommen, mußt du wissen.

HAPPY *zustimmend*: Ja, ja, ich weiß.

WILLY *zu Biff*: Ah, und da habt ihr dann miteinander getrunken?

BIFF: Ja, er hat mir ein paar – – – nein, nein!

HAPPY *fällt ihm ins Wort*: Er hat ihm meine Idee mit Florida erzählt.

WILLY: Red nicht dazwischen. *Zu Biff.* Was hält er denn von der Idee?

BIFF: Laß mich doch endlich einmal alles erklären, Papa.

WILLY: Darauf warte ich schon die ganze Zeit! Was war los? Er hat dich mit in sein Büro genommen, und was dann?

BIFF: Dann – dann hab ich geredet. Und er – er hat mir zugehört.

WILLY: Er ist bekannt für die Art, wie er zuhört. Und was war seine Antwort?

BIFF: Seine Antwort war – *er bricht ab, in plötzlicher Wut* – Papa, du läßt mich ja nicht sagen, was ich dir sagen will!

WILLY *verärgert und vorwurfsvoll*: Du hast ihn gar nicht zu Gesicht bekommen, was?

BIFF: Doch, doch!

WILLY: Du hast ihn doch nicht etwa angepöbelt? Du hast ihn beleidigt, wie?

BIFF: Hör zu, laß mich doch sagen, wie's war, laß mich doch endlich sagen, wie's war!

HAPPY: Verflixt nochmal!

WILLY: Also, was war los?

BIFF *zu Happy*: Ich kann nicht mit ihm reden!

*Ein langgehaltener, durchdringender Trompetenton wird hörbar. Der Widerschein grüner Blätter fällt auf das Haus, so daß eine traumhafte Nachtstimmung entsteht. Der junge Bernard erscheint und klopft an die Haustür.*

DER JUNGE BERNARD *außer sich*: Mrs. Loman, Mrs. Loman!

HAPPY: Ihm zu sagen, was los war!

BIFF *zu Happy*: Halt den Mund und laß mich zufrieden!

WILLY: Nein, nein! Mußtest du denn in Mathematik durchfallen?

BIFF: Wieso Mathematik? Wovon redest du denn?

BERNARD: Mrs. Loman, Mrs. Loman! *Die junge Linda erscheint.*

WILLY *wild*: Mathematik, Mathematik, Mathematik!

BIFF: Beruhige dich doch, Papa!

BERNARD: Mrs. Loman!

WILLY *wütend*: Wärst du nicht durchgeflogen, dann ständest du heute ganz anders da!

BIFF: Also, ich erzähl dir jetzt, was los war, und du wirst es dir anhören.

BERNARD: Mrs. Loman!

BIFF: Sechs Stunden habe ich gewartet –

HAPPY: Hergott, was redest du denn da?

BIFF: Ich hab mich immer wieder anmelden lassen, aber er hat mich nicht empfangen. Schließlich kam er ... *Er redet lautlos weiter, während es im Restaurant langsam dunkel wird.*

BERNARD: Biff ist in Mathe durchgerasselt!

LINDA: Nein!

BERNARD: Birnbaum hat ihn durchfallen lassen. Sie wollen ihm das Reifezeugnis nicht geben.

LINDA: Aber das können sie doch nicht. Er soll doch auf die Universität. Wo steckt er? Biff! Biff!

BERNARD: Er ist nicht da. Er ist zum Zentralbahnhof gefahren.

LINDA: Zum Zentral – du meinst, er ist nach Boston gefahren!

BERNARD: Ist Onkel Willy in Boston?

LINDA: Vielleicht kann Willy mit dem Lehrer reden. Ach, der arme, arme Junge.
*Das Haus versinkt wieder im Dunkel.*

BIFF *am Tisch, jetzt wieder hörbar, hat einen goldenen Füllfederhalter in der Hand*: ... und jetzt ist es aus mit mir und Oliver, verstehst du? Hörst du überhaupt zu?

WILLY *verloren*: Ja, freilich. Wärst du nicht durchgeflogen –

BIFF: Wieso durchgeflogen? Wovon redest du denn?

WILLY: Schieb nicht mir alles in die Schuhe! Ich bin nicht in Mathe durchgefallen, sondern du! Was ist mit dem Füller?

HAPPY: Das war eine Mordsdummheit von dir, Biff, so 'n Ding kostet mindestens –

WILLY *sieht den Füllfederhalter jetzt erst richtig*: Du hast Olivers Füller mitgenommen?

BIFF *verzweifelt*: Papa, ich hab's dir doch gerade erklärt.

WILLY: Du hast Bill Olivers Füllfederhalter gestohlen!

BIFF: Stehlen ist nicht das richtige Wort! Ich versuche es dir doch eben zu erklären!

HAPPY: Er hat ihn gerade in der Hand gehabt, als Oliver hereinkam, und da hat er ihn in der Verwirrung eingesteckt.

WILLY: Mein Gott, Biff!

BIFF: Es war nie meine Absicht, Papa!

STIMME DER TELEFONISTIN: Hotel Standish Arms, guten Abend!

WILLY *schreit*: Ich bin nicht auf meinem Zimmer!

BIFF *erschrocken*: Was hast du denn, Papa? *Happy und er stehen auf.*

TELEFONISTIN: Ich verbinde Sie mit Mr. Loman!

WILLY: Ich bin nicht da, hängen Sie ab!

BIFF *entsetzt, kniet vor Willy*: Ich mach's wieder gut, Papa, ich bring's bestimmt noch zu was. *Willy versucht aufzustehen. Biff hält ihn zurück.* Bleib doch sitzen.

WILLY: Du taugst zu nichts, du taugst zu gar nichts.

BIFF: Doch, Papa, ich finde was anderes, glaub mir's. Mach dir doch nur keine Sorgen. *Er hält Willys Gesicht hoch.* Sag doch was, Papa.

TELEFONISTIN: Mr. Loman antwortet nicht. Soll ich ihn ausrufen lassen?

WILLY *versucht aufzustehen, als wollte er loslaufen und die Telefonistin zum Schweigen zu bringen:* Nein, nein, nein!

HAPPY: Er schafft es schon, Papa.

WILLY: Nein, nein ...

BIFF *verzweifelt, er steht jetzt über Willy gebeugt:* Papa, hör zu! Hör mir doch zu! Ich sag dir auch was Schönes! Oliver hat mit seinem Partner über die Florida-Idee gesprochen. Hörst du? Er – er hat mit seinem Partner gesprochen, und dann ist er zu mir gekommen ... die Sache wird, verstehst du? Hör doch, Papa, er sagt, es handelt sich nur um die Höhe der Summe!

WILLY: Dann ... dann klappt es also?

HAPPY: Wird 'ne ganz große Sache, Papa!

WILLY *versucht aufzustehen:* Dann hast du's also, wie? Du hast es! Du hast es!

BIFF *gequält, drückt Willy auf den Stuhl zurück:* Nein, nein. Paß auf, Papa. Ich sollte an sich morgen mit ihm Mittag essen. Ich erzähl dir das nur, damit du siehst, daß ich immer noch Eindruck mache. Und ich werd auch schon irgendwo was erreichen, aber da kann ich morgen nicht hingehen, verstehst du?

WILLY: Warum denn nicht? Du gehst einfach ––

BIFF: Aber der Füller, Papa!

WILLY: Den gibst du zurück und sagst ihm, es war ein Versehen!

HAPPY: Natürlich, du ißt morgen mit ihm!

BIFF: Ich kann doch nicht sagen, daß ––

WILLY: Du hast ein Kreuzworträtsel geraten und zufällig seinen Füller benutzt!

BIFF: Sieh mal, Papa, vor Jahren hab ich die Bälle genommen, und jetzt komme ich mit seinem Füllfederhalter an? Damit bin ich erledigt, begreifst du denn das nicht? Dem kann ich nicht mehr unter die Augen treten! Ich versuch's woanders.

STIMME DES HOTELPAGEN: Mr. Loman ans Telefon!

WILLY: Hast du denn überhaupt keinen Ehrgeiz?

BIFF: Papa, ich kann nicht wieder hin.

WILLY: Du hast überhaupt keinen Ehrgeiz, nicht wahr, das steckt doch dahinter?

BIFF *jetzt ärgerlich, weil Willy seine Gefühle nicht würdigt:* Wie kannst du das sagen! Glaubst du, es war einfach für mich, da ins Büro reinzulaufen, nach dem, was ich ausgefressen hatte? Normalerweise hätten mich keine zehn Pferde wieder zu Oliver gebracht!

WILLY: Warum bist du denn dann hingegangen?

BIFF: Warum ich hingegangen bin? Warum ich hingegangen bin? Sieh dich doch an! Siehst du denn nicht, was aus dir geworden ist!

*Von links ertönt das Lachen der Frau.*

WILLY: Biff, du gehst morgen zu der Verabredung oder –

BIFF: Ich kann nicht gehen. Ich hab keine Verabredung!

HAPPY: Biff, um ...!

WILLY: Wieder mal bockig?

BIFF: Bitte komm doch nicht wieder damit! Herrgott noch mal!

WILLY *schlägt Biff und geht dann schwankend vom Tisch fort*: Du verkommenes Subjekt, du! Bockst du mal wieder!

DIE FRAU: Es ist jemand an der Tür, Willy!

BIFF: Mit mir ist nichts los – sieh mich doch endlich, wie ich bin!

HAPPY *trennt sie*: He, ihr seid in einem Restaurant! Gebt jetzt Ruhe, ihr beide. *Die Mädchen kommen herein.* Ah, kommt ihr Süßen, setzt euch.

*Von links ertönt das Lachen der Frau.*

MISS FORSYTHE: Warum nicht. Das ist Letta.

DIE FRAU: Willy, wach doch auf.

BIFF *ignoriert Willy*: Tagchen, Fräulein, setzen Sie sich. Was trinken Sie?

MISS FORSYTHE: Letta kann wahrscheinlich nicht lange bleiben.

LETTA: Ich muß morgen früh raus. Ich bin nämlich Geschworene. Gott, bin ich aufgeregt. War einer von euch schon mal hinter den Schranken des Gerichts?

BIFF: Nee, aber davor! *Die Mädchen kichern.* Das ist mein Vater.

LETTA: Ist der aber sympathisch. Setz dich zu uns, Alterchen.

HAPPY: Sorg doch dafür, daß er sich setzt, Biff.

BIFF *geht zu ihm*: Komm, Towarisch, trink uns unter den Tisch. Der Teufel soll's holen! Komm, setz dich, Willy.

*Willy ist endlich bereit, sich zu setzen.*

DIE FRAU *jetzt dringlich*: Willy, du mußt aufmachen!

*Von der Stimme der Frau angezogen, torkelt Willy nach rechts.*

BIFF: He, wo willst du denn hin?

WILLY: Die Tür aufmachen.

BIFF: Die Tür?

WILLY: Die Tür ... zum Waschraum ... wo ist die Tür?

BIFF *führt Willy nach links*: Da unten, geradezu.
*Willy geht nach links.*

DIE FRAU: Willy, Willy, steh doch auf, auf, auf, auf, auf!
*Willy links ab.*

LETTA: Ich finde es süß, daß ihr euren Papa mitgebracht habt.

MISS FORSYTHE: Aber das ist doch nicht wirklich euer Vater!

BIFF *links, wendet sich gekränkt zu ihr um*: Miss Forsythe, Sie haben soeben einen Fürsten gesehen. Einen großen, von Sorgen gebeugten Fürsten. Der sich plagt und müht und von niemandem anerkannt wird. Ein Prachtkerl, verstehen Sie? Ein guter Kamerad. Immer für seine Jungens da.

LETTA: Wie süß von ihm.

HAPPY: Also, Mädels, wie ist das Programm? Nur keine Zeitvergeudung. Komm, Biff. Stoß zu uns. Wo gehen wir hin?

BIFF: Warum tust du nichts für ihn?

HAPPY: Ich?

BIFF: Machst du dir denn gar nichts aus ihm, Hap?

HAPPY: Was redest du denn da? Schließlich bin ich derjenige, der –

BIFF: Ich merk es genau, du machst dir einen Dreck aus ihm. *Er zieht den aufgerollten Gasschlauch aus der Tasche und legt ihn vor Happy auf den Tisch.* Guck mal, was ich im Keller gefunden habe. Du kannst doch nicht zulassen, daß das so weitergeht!

HAPPY: Wer ist denn immer weggelaufen? Wer rennt denn dauernd auf und davon und –

BIFF: Ja, aber du machst dir nichts aus ihm. Du könntest ihm helfen – ich nicht! Verstehst du nicht, was ich damit sagen will? Er wird sich umbringen, kapierst du das nicht?

HAPPY: Ich bin ja nicht dämlich.

BIFF: Ha, hilf ihm! Um Gottes willen ... hilf ihm ... hilf mir, hilf mir, ich kann ihm nicht ins Gesicht sehen! *Er ist nahe am Weinen und läuft rechts ab.*

HAPPY *will ihm nach*: Wo willst du denn hin?

MISS FORSYTHE: Warum ist er denn so aufgeregt?

HAPPY: Kommt, Mädels, wir gehen ihm nach.

MISS FORSYTHE *während Happy sie vor sich herschiebt*: Der hat ja 'ne scheußliche Laune!

HAPPY: Er ist nur ein bißchen aus dem Häuschen – wird sich schon wieder geben!

WILLY *hinter der Szene, links, während die Frau lacht*: Nicht aufmachen! Nicht aufmachen!

LETTA: Wollen Sie Ihrem Vater nicht Bescheid –

HAPPY: Das ist ja gar nicht mein Vater. Irgendein Gast. Kommt, wir gehen Biff nach und dann, Kinder, stellen wir die Stadt auf den Kopf! Stanley, zahlen! He, Stanley!

*Sie gehen ab. Stanley sieht nach links.*

STANLEY *ruft Happy entrüstet nach*: Mr. Loman! Mr. Loman!

*Er ergreift einen Stuhl und geht ebenfalls ab. Man hört von draußen links ein Klopfen. Die Frau kommt lachend herein, hinter ihr Willy. Sie ist im schwarzen Unterrock; er knöpft sich das Hemd zu. Grob-sinnliche Musik untermalt den Dialog.*

WILLY: Hör auf zu lachen. Hör auf.

DIE FRAU: Willst du nicht aufmachen? Das ganze Hotel wacht ja auf.

WILLY: Ich erwarte niemanden.

DIE FRAU: Komm, trink noch ein Schlückchen, Dicker, und denk nicht immer bloß an dich.

WILLY: Ich bin so allein.

DIE FRAU: Weißt du, daß ich verrückt nach dir bin, Willy? Von jetzt an werde ich dafür sorgen, daß du sofort zu den Einkäufern durchgelassen wirst. Kein Warten mehr an meinem Schreibtisch, Willy. Du hast mich verrückt gemacht.

WILLY: Wie nett von dir, mir das zu sagen.

DIE FRAU: Herrgott, du denkst doch nur an dich! Warum bist du bloß so miesepeterig? Du bist der selbstsüchtigste Trauerkloß, den ich kenn – kannte. *Sie lacht. Er küßt sie.* Komm, alter Brummbär. Wie albern, sich mitten in der Nacht anzuziehen! *Während es klopft.* Willst du nicht lieber aufmachen?

WILLY: Die haben sich in der Tür geirrt.

DIE FRAU: Nein, die meinen uns. Die haben uns reden hören. Vielleicht brennt's im Hotel.

WILLY *mit wachsendem Schrecken*: Die haben sich geirrt.

DIE FRAU: Dann sag ihnen, sie sollen sich weiterscheren!

WILLY: Es ist niemand da.

DIE FRAU: Das geht mir auf die Nerven, Willy. Draußen steht jemand, und das geht mir auf die Nerven!

WILLY *schiebt sie von sich weg*: Also gut, geh nebenan ins Badezimmer, aber komm nicht raus. Ich glaube, es gibt hier irgend so 'ne Verordnung in Massachusetts, komm also lieber nicht raus. Vielleicht ist es das neue Zimmermädchen. Die sieht ziemlich unangenehm aus. Bleib also drinnen. Das Ganze ist ein Irrtum, es brennt nicht.

*Man hört wieder Klopfen. Er geht ein paar Schritte von ihr fort. Sie verschwindet seitlich. Das Licht folgt ihm, und er steht jetzt dem jungen Biff gegenüber, der einen*

*Koffer in der Hand trägt. Biff geht auf ihn zu. Die Musik hat aufgehört.*

BIFF: Warum hast du nicht aufgemacht?

WILLY: Biff! Was tust du denn hier in Boston?

BIFF: Warum hast du nicht aufgemacht? Ich klopfe schon seit fünf Minuten, und angerufen habe ich auch –

WILLY: Ich hab dich eben erst gehört. Ich war im Badezimmer und hatte die Tür zugemacht. Ist zu Hause was passiert?

BIFF: Papa – ich hab dir Schande gemacht.

WILLY: Was meinst du damit?

BIFF: Papa ...

WILLY: Biffo, was ist denn los? *Er legt den Arm um Biff.* Komm, wir gehen runter und bestellen dir ein Glas Malzmilch.

BIFF: Papa, ich bin in Mathe durchgeflogen.

WILLY: Doch nicht in der Vorprüfung?

BIFF: Doch. Meine Noten reichen nicht aus fürs Examen.

WILLY: Hat Bernard dir etwa nicht vorgesagt?

BIFF: Doch, er hat's versucht, aber es hat nicht gelangt.

WILLY: Und sie haben dir nicht mal Genügend gegeben?

BIFF: Birnbaum war nicht dazu zu kriegen. Ich hab so gebettelt, Papa, aber er hat's nicht gemacht. Du mußt vor Schulschluß mit ihm sprechen. Nämlich wenn er sieht, wer du bist, und du auf deine Art mit ihm redest, gibt er bestimmt nach. Ich hab zu oft geschwänzt, weißt du, als wir alles durchgenommen haben. Sprichst du mit ihm? Du machst bestimmt Eindruck auf ihn, Papa. Wo du so schön reden kannst.

WILLY: Gut, mein Junge. Wir fahren sofort zurück.

BIFF: Ach, Papa, du bist pfundig! Paß auf, der gibt mir Genügend.

WILLY: Geh runter, und sag dem Portier Bescheid, daß ich abreise. Lauf zu.

BIFF: Ist gemacht! Weißt du, Papa, warum er mich haßt? Als er einmal zu spät zum Unterricht kam, bin ich nach vorn an die Tafel gegangen und hab ihn nachgemacht. Ich hab geschielt und gelispelt.

WILLY *lachend*: Nein! Und was haben die anderen dazu gesagt?

BIFF: Die haben sich totgelacht!

WILLY: So? Was hast du denn gesagt?

BIFF: Die Quadratwurthel auth thweiundsechthig itht ... *Willy lacht schallend; Biff lacht mit.* Und mittendrin ist er reingekommen!

*Willy lacht, und die Frau stimmt hinter der Szene ein.*

WILLY *schnell*: Lauf sofort runter und –

BIFF: Ist da jemand drin?

WILLY: Nein, das war nebenan.

*Die Frau lacht abermals.*

BIFF: Da ist jemand in deinem Badezimmer!

WILLY: Nein, das ist nebenan, da ist Besuch –

DIE FRAU *kommt lachend herein. Sie lispelt*: Itht eth gethattet reinthukommen? Da itht wath in der Badewanne, Willy, dath bewegt thich!

*Willy sieht Biff an, der entsetzt und mit offenem Mund die Frau anstarrt.*

WILLY: Äh – gehen Sie jetzt auf Ihr Zimmer. Das ist inzwischen sicher schon gestrichen. – Ihr Zimmer wird gestrichen, und da habe ich sie bei mir brausen lassen. Na, nun gehen Sie schon, gehen Sie ... *Er will sie hinausdrängen.*

DIE FRAU *widersetzt sich*: Aber ich muß mich erst anziehen, Willy, ich kann doch nicht –

WILLY: Machen Sie, daß Sie rauskommen! Gehen Sie doch, gehen Sie ... *Bemüht sich plötzlich, höflich zu sein.* Das ist Miss Francis, Biff, ein Einkäuferin. Ihr Zimmer wird gestrichen. Gehen Sie, Miss Francis, gehen Sie ...

DIE FRAU: Ohne meine Sachen? Ich kann doch nicht nackt über den Korridor gehen!

WILLY *drängt sie raus*: Raus mit Ihnen! Gehen Sie, gehen Sie doch!

*Biff setzt sich langsam auf seinen Koffer, während die Auseinandersetzung hinter der Szene weitergeht.*

DIE FRAU: Wo sind meine Strümpfe? Du hast mir Strümpfe versprochen, Willy!

WILLY: Ich hab sie nicht hier!

DIE FRAU: Du hattest zwei Kasten Reinseidene, Größe Neun, für mich, und die will ich haben!

WILLY: Hier, und nun mach um Gottes willen, daß du rauskommst.

DIE FRAU *kommt mit einem Kasten Strümpfe herein*: Wenn mich nur keiner draußen sieht! Das wäre ja nicht auszudenken! *Zu Biff.* Spielst du Fußball oder Hockey?

BIFF: Fußball.

DIE FRAU *gekränkt und zornig*: Genau so komme ich mir vor! Wie 'n Fußball. Gute Nacht. *Sie reißt Willy die Sachen aus der Hand und geht hinaus.*

WILLY *nach einer Pause*: Tja, also denn man los. Morgen früh geh ich gleich als erstes zu deinem Lehrer. Nimm meine Sachen aus dem Schrank. Ich hol meinen Koffer. *Biff rührt sich nicht.* Was ist denn los? *Biff bleibt bewegungslos sitzen, die Tränen laufen ihm übers Gesicht.* Sie ist Einkäuferin. Sie kauft für J. H. Simmons ein. Sie wohnt weiter unten auf dem Flur – da wird gestrichen. Du denkst doch nicht etwa – *Er bricht ab. Nach einer Pause.* Hör zu, mein Junge, sie ist Einkäuferin und sonst nichts. Sie bekommt die Muster auf ihr Zimmer geschickt, und da muß das Zimmer doch anständig – – – *Pause. Im Befehlston.* Also los, hol meine Anzüge. *Biff rührt sich nicht.* Nun hör auf zu flennen und tu, was ich dir sage. Ich hab dir was gesagt, Biff, ich hab dir was befohlen! Gehorchst du so, wenn dein Vater dir etwas sagt? Was fällt dir denn ein, hier zu heulen! *Er legt den Arm um Biff.* Hör zu, Biff, wenn du erst groß bist, wirst du das alles verstehen. Du mußt – du mußt so was nicht so tragisch nehmen. Ich spreche morgen früh gleich mit Birnbaum.

BIFF: Nicht mehr nötig.

WILLY *hockt sich neben Biff hin*: Nicht mehr nötig, sagst du! Er gibt dir Genügend. Ich sorge dafür.

BIFF: Der hört doch nicht auf dich.

WILLY: Das werden wir schon sehen. Du brauchst die Note, damit du auf die Universität gehen kannst.

BIFF: Ich gehe nicht auf die Universität.

WILLY: Wieso? Und wenn er dir trotzdem keine andere Note gibt, dann holst du's im Sommerkursus nach. Du hast den ganzen Sommer Zeit, um –

BIFF *aufschluchzend*: Vater ...

WILLY *bewegt*: Mein Junge ...

BIFF: Vater ...

WILLY: Ich mache mir doch nichts aus ihr, Biff. Ich war nur so allein. Ich fühlte mich so schrecklich einsam.

BIFF: Du – du hast ihr Mutters Strümpfe gegeben! *Er bricht in Tränen aus, steht auf und will fort.*

WILLY *hält ihn zurück*: Ich habe dir was befohlen!

BIFF: Rühr mich nicht an, du – Lügner!

WILLY: Nimm das zurück!

BIFF: Du Betrüger! Du ganz gemeiner Betrüger! *Überwältigt, wendet es sich schnell ab und geht laut weinend mit seinem Koffer ab. Willy hockt allein auf dem Boden.*

WILLY: Ich hab dir was befohlen, Biff, komm sofort zurück oder es setzt was! Kommst du zurück! Ich schlag dich windelweich!

*Stanley kommt schnell von rechts und bleibt vor Willy stehen.*

WILLY *brüllt Stanley an*: Ich hab dir was befohlen ...

STANLEY: Kommen Sie, ich helfe Ihnen hoch, Mr. Loman, – hau-ruck. *Er hilft Willy auf die Füße.* Ihre Jungens sind mit den Weibern losgezogen. Die beiden sagten, sie würden Sie nach Hause bringen. *Ein zweiter Kellner sieht aus der Entfernung zu.*

WILLY: Aber wir wollten doch zusammen essen.

*Man hört Willys Musik.*

STANLEY: Wird's denn gehen?

WILLY: Ich – aber natürlich, gewiß doch. *Plötzlich um seine Kleider besorgt.* Seh ich – seh ich denn anständig aus?

STANLEY: Aber ja, alles bestens. *Er entfernt ein Stäubchen von Willys Rockaufschlag.*

WILLY: Hier – hier haben Sie einen Dollar.

STANLEY: Nein, nein, Ihr Sohn hat alles bezahlt. Lassen Sie man.

WILLY *drückt Stanley den Schein in die Hand*: Nehmen Sie nur. Sie sind ein guter Junge.

STANLEY: Nein, nein, lassen Sie doch.

WILLY: Hier – hier ist noch was. Ich brauche es nicht mehr. *Nach einer kleinen Pause.* Sagen Sie – ist hier in der Nähe eine Samenhandlung?

STANLEY: Samen? Sie meinen Samen zum Pflanzen?

*Als Willy sich umdreht, steckt Stanley ihm das Geld in die Jackentasche.*

WILLY: Ja, Mohrrüben, Erbsen ...

STANLEY: In der sechsten Straße ist eine Eisenwarenhandlung, aber ich glaube, die machen schon zu.

WILLY *unruhig*: Dann muß ich mich beeilen. Ich muß unbedingt Samen haben. *Er geht nach rechts.* Ich muß mir sofort Samen besorgen. Es ist noch nichts gepflanzt. Ich hab noch nichts in der Erde.

*Er läuft hinaus, gleichzeitig wird es dunkler. Stanley geht ihm nach rechts nach und beobachtet ihn beim Abgehen. Der andere Kellner hat Willy die ganze Zeit angestarrt.*

STANLEY *zum Ober*: Was gibt's denn da zu glotzen?

*Der Kellner nimmt die Stühle auf und geht rechts ab. Stanley nimmt den Tisch und folgt ihm. Es wird in diesem Teil der Bühne dunkel. Eine lange Pause, Flötenmusik. Die leere Küche wird langsam hell. Happy kommt durch die Haustür, später Biff. Happy trägt einen großen Strauß langstieliger Rosen. Er betritt die Küche und sieht sich nach Linda um. Als er sie nicht sieht, wendet er sich Biff zu, der inzwischen vor der Haustür angelangt ist, und macht mit den Händen Zeichen, die besagen sollen »Scheint nicht hier zu sein«. Er wirft einen Blick ins Wohnzimmer und schrickt zusammen. Dort sitzt, ohne daß man sie sehen kann,*

LINDA *mit Willys Mantel auf dem Schoß. Sie erhebt sich ruhig und geht unheilverheißend auf Happy zu, der sich erschrocken in die Küche zurückzieht.*

HAPPY: Wieso bist du denn noch auf? *Linda antwortet nicht, sondern geht unbeirrt auf ihn zu.* Wo ist Papa? *Er weicht immer mehr nach rechts zurück, Linda ist jetzt in der Wohnzimmertür voll zu sehen.* Schläft er?

LINDA: Wo wart ihr?

HAPPY *versucht, es mit einem Lachen zu bagatellisieren*: Wir haben zwei Mädels getroffen, Mutter, zwei sehr nette Mädels. Hier, wir haben dir ein paar Blumen mitgebracht. *Er hält ihr den Strauß hin.* Stell sie dir ins Zimmer, Mutter. *Sie schlägt ihm den Strauß aus der Hand, so daß er Biff vor die Füße fällt. Biff ist inzwischen hereingekommen und hat die Tür hinter sich zugemacht. Sie starrt ihn schweigend an.*

HAPPY: Warum tust du das, Mutter? Ich wollte dir eine Freude machen –

LINDA *schneidet Happy das Wort ab, heftig zu Biff*: Ist es dir gleichgültig, ob er lebt oder stirbt?

HAPPY *geht zur Treppe*: Komm mit rauf, Biff.

BIFF *mit aufflammendem Widerwillen gegen Happy*: Laß mich in Ruhe! *Zu Linda.* Was meinst du damit, ob er lebt oder stirbt? Hier stirbt doch keiner, Mutter.

LINDA: Geh mir aus den Augen! Mach, daß du rauskommst!

BIFF: Ich möchte zu Vater.

LINDA: Du kommst mir nicht in seine Nähe!

BIFF: Wo ist er? *Er geht ins Wohnzimmer, Linda folgt ihm.*

LINDA *ruft Biff nach*: Ihr ladet ihn zum Essen ein. Den ganzen Tag freut er sich darauf – *Biff erscheint im Elternschlafzimmer, blickt sich um und geht ab* – und dann laßt ihr ihn da sitzen. Einem Wildfremden würde man das nicht antun!

HAPPY: Aber er hat sich doch glänzend amüsiert. Du, ich sage dir – *Linda kommt in die Küche zurück* – den Tag, an dem ich Vater im Stich lasse, den will ich nicht überleben!

LINDA: Mach, daß du rauskommst!

BIFF: Aber Mutter ...

LINDA: Mußtet ihr euch denn heute mit diesen Weibern herumtreiben? Ihr mit euren widerlichen Huren!

*Biff kommt in die Küche zurück.*

HAPPY: Aber Mutter, wir haben doch nur versucht, Biff ein bißchen aufzumuntern! *Zu Biff.* Junge, Junge, war das ein Abend!

LINDA: Macht, daß ihr rauskommt, alle beide, und laßt euch nicht wieder blicken! Ihr habt ihm genug Kummer bereitet. Los, los, packt eure Sachen! *Zu Biff.* Du kannst bei ihm übernachten. *Sie will die Blumen aufheben und unterläßt es dann.* Hebt das Zeug auf, ich bin nicht mehr euer Dienstmädchen. Los, heb's auf, du Rumtreiber, du!

*Happy wendet sich trotzig ab. Biff kommt langsam heran, kniet sich hin und hebt die Blumen auf.*

LINDA: Ihr seid ein paar Tiere! Niemand außer euch, keine Menschenseele hätte es über sich gebracht, diesen Mann einfach im Restaurant sitzen zu lassen!

BIFF *ohne sie anzusehen*: Hat er das gesagt?

LINDA: Er brauchte mir nichts zu sagen. Er ist fast vergangen vor Scham, als er heimkam.

HAPPY: Aber, Mutter, er hat sich glänzend amüsiert –

BIFF *fällt ihm heftig ins Wort*: Halt den Rand!

*Happy geht wortlos nach oben.*

LINDA: Du! Du hast nicht mal nachgesehen, was mit ihm los ist!

BIFF *immer noch vor Linda auf der Erde, die Blumen in der Hand, mit Selbstverachtung*: Nein. Stimmt. Hab mich einen Dreck um ihn gekümmert. Hab ihn sabbernd auf der Toilette zurückgelassen.

LINDA: Du Lausejunge. Du . . .

BIFF: Du hast den Nagel auf den Kopf getroffen! *Er steht auf und wirft die Blumen in den Papierkorb.* Der Abschaum der Menschheit, und so was mußt du dir ansehen!

LINDA: Mach, daß du rauskommst!

BIFF: Ich muß mit Papa reden, Mutter. Wo ist er?

LINDA: Du gehst mir nicht in seine Nähe. Scher dich aus dem Haus!

BIFF *mit großer Bestimmtheit*: Nein. Er und ich, wir haben noch miteinander zu reden.

LINDA: Du wirst nicht mit ihm reden!

*Man hört von draußen rechts hämmern. Biff wendet sich nach dem Geräusch um.*

LINDA *plötzlich flehend*: Laß ihn doch bitte zufrieden.

BIFF: Was macht er denn draußen?

LINDA: Er pflanzt im Garten.

BIFF *leise*: Jetzt? Mein Gott!

*Biff geht nach draußen, Linda folgt ihm. Sie verschwinden im Dunkel, gleich darauf wird es auf der mittleren Vor-*

*bühne hell, und Willy tritt auf. Er trägt eine Taschenlampe, eine Hacke und eine Handvoll Samentüten. Er schlägt die Hacke scharf in den Boden, so daß sie stehen bleibt, geht dann nach links und schreitet die Entfernung ab. Darauf hält er die Taschenlampe hoch und liest auf den Samentüten die Gebrauchsanweisung. Er steht in bläulicher Nachtbeleuchtung.*

WILLY: Mohrrüben ... einen Zentimeter auseinander ... Reihen, dreißig Zentimeter breit. *Er mißt aus.* Dreißig Zentimeter. *Er legt eine Tüte auf die Erde und mißt weiter.* Runkelrüben. *Er legt eine andere Tüte Samen hin und mißt abermals.* Lattich. *Er liest, was auf der Samentüte steht und legt sie auf die Erde.* Dreißig Zentimeter. *Er bricht ab, denn Ben erscheint rechts und kommt langsam auf ihn zu.* Das ist ein Geschäft, ts, ts. Grandios, grandios. Sie hat nämlich gelitten, Ben, die Frau hat gelitten. Verstehst du? Man kann nicht so weggehen, wie man gekommen ist, Ben, es muß was dazukommen. Das geht nicht, das geht einfach nicht. *Ben geht auf ihn zu, als wollte er ihn unterbrechen.* Überleg dir's genau. Sei nicht voreilig. Vergiß nicht, dies ist ein Geschäft, das garantiert zwanzigtausend Dollar bringt. Hör zu, Ben, ich möchte, daß wir das mit allem Für und Wider miteinander durchsprechen, Ich kann mit niemandem darüber reden, Ben, und die Frau hat gelitten, verstehst du?

BEN *bleibt stehen, geneigt*: Was ist das für ein Geschäft?

WILLY: Zwanzigtausend Dollar auf den Tisch des Hauses. Garantiert, eine totsichere Sache, versteht du?

BEN: Du willst mich wohl zum Narren halten? Vielleicht erkennen sie die Police nicht an.

WILLY: Das können sie doch nicht machen? Hab ich nicht wie ein Kuli geschuftet, um jede Prämie pünktlich einzuhalten? Und jetzt wollen sie nicht zahlen? Ausgeschlossen!

BEN: So was ist Feigheit, Wilhelm.

WILLY: Wieso? Gehört etwa mehr Mumm dazu, den Rest seines Lebens mit Null Komma Nichts dazustehen?

BEN *einräumend*: Das ist ein Argument, Wilhelm. *Er geht nachdenklich ein paar Schritte, dann wendet er sich um.* Und zwanzigtausend – das ist immerhin etwas.

WILLY *jetzt seiner Sache sicher, immer kraftvoller*: Oh, Ben, das ist ja das Schöne daran! Es ist, als ob ein Diamant in der Dunkelheit aufblitzt, roh und ungeschliffen – ein Diamant, den ich aufheben und in die Hand nehmen kann. Nicht wie – wie 'ne Anstellung! Das ist nicht wieder eine von diesen dämlichen Anstellungen, Ben. Jetzt bekommt alles ein ganz anderes Gesicht. Er hält mich nämlich für 'ne Null, weißt du, und darum läßt er sich nichts von mir sagen. Aber die Beerdigung – *Er richtet sich auf.* Ben, diese Beerdigung wird kolossal. Da kommen sie aus Maine, Massachusetts, Vermont, New Hampshire, von überall! All die Leute von früher mit den altmodischen Firmenschildern – dem Jungen bleibt die Spucke weg, Ben, der hat ja keinen Schimmer – wie bekannt ich bin! In Rhode Island, New York, New Jersey – überall kennt man mich, Ben, und das wird er mit eigenen Augen sehen, ein für allemal. Er wird endlich einsehen, wer ich bin, Ben! Der Junge wird Augen machen!

BEN *kommt ganz nach vorn*: Er wird dich für einen Feigling halten.

WILLY *in plötzlicher Angst*: Nein, das wäre entsetzlich.

BEN: Ja, und für einen verdammten Narren.

WILLY: Nein, nein, das nicht, das darf er nicht! *Er ist gebrochen und verzweifelt.*

BEN: Er wird dich hassen, Wilhelm.

*Man hört die fröhliche Musik der Jungen.*

WILLY: Oh, Ben, wie bekommen wir die alten Zeiten wieder? Sie waren so voller Glanz und Kameradschaft, die Schlittenfahrten im Winter und seine geröteten Backen. Und immer gab es irgend etwas Neues, und immer passierte irgend etwas Schönes. Und nie durfte ich meine Koffer ins Haus tragen, und immer war das rote Autochen blitzblank poliert! Warum, warum kann ich ihm nichts sein? Was kann ich tun, damit er mich nicht mehr haßt?

BEN: Ich werde darüber nachdenken. *Er wirft einen Blick auf die Uhr.* Ich hab noch ein bißchen Zeit. Ein bemerkenswertes Geschäft, aber du mußt dich vergewissern, daß das Ganze keine Dummheit ist. *Ben weicht nach hinten zurück und verschwindet.*

*Biff kommt von links und geht nach vorn.*

WILLY *bemerkt Biff plötzlich, dreht sich um, sieht ihn an und hebt dann verwirrt die Samentüten auf*: Wo zum Kuckuck ist denn der Samen? *Unwillig.* Hier draußen kann man nichts sehen! Hier haben die verfluchten Kerle alles zugebaut!

BIFF: Sei doch ruhig, Papa. Man kann dich ja hören.

WILLY: Ich bin beschäftigt. Stör mich nicht.

BIFF *nimmt Willy die Hacke aus der Hand*: Ich möchte dir auf Wiedersehen sagen, Papa.

WILLY *sieht ihn schweigend an, keiner Bewegung fähig.*

BIFF: Ich komme nie wieder heim.

WILLY: Du gehst also morgen nicht zu Oliver?

BIFF: Ich bin nicht mit ihm verabredet, Papa.

WILLY: Er hat dir den Arm um die Schulter gelegt, und du verabredest dich nicht mit ihm?

BIFF: Nun hör mal zu, Papa. Bisher bin ich immer mit Krach aus dem Hause gegangen. Aber diesmal bin ich mit mir ins reine gekommen, ich hab versucht, es dir zu erklären. Aber ich – ich bin wohl nicht intelligent genug, um es dir klarzumachen. Na, es ist ja schließlich scheißegal, an wem es liegt. *Er faßt Willy am Arm.* Lassen wir's dabei! Komm, wir gehen rein und sprechen mit Mama. *Er versucht, Willy behutsam nach links zu ziehen.*

WILLY *erstarrt, schuldbewußt*: Nein, ich will nicht rein zu ihr.

BIFF: Komm schon. *Er versucht abermals, Willy ins Haus zu ziehen, aber Willy widersetzt sich.*

WILLY *äußerst erregt*: Nein, nein, ich kann sie nicht sehen.

BIFF *bemüht sich, in Willys Mienen die Antwort zu lesen*: Warum kannst du sie nicht sehen?

WILLY *schroff*: Laß mich in Ruhe!

BIFF: Was soll das heißen, du kannst sie nicht sehen? Hast du Angst, daß du als Versager dastehst? Es ist nicht deine Schuld, es ist meine. Ich bin 'ne Niete. Nun komm schon rein. *Willy versucht, sich loszumachen.* Hörst du nicht, was ich sage? *Willy schüttelt Biff ab und geht allein ins Haus. Biff folgt.*

LINDA *zu Willy*: Nun – hast du gepflanzt?

BIFF *an der Tür, zu Linda*: Die Sache ist erledigt. Ich gehe weg, und ich schreibe auch nicht mehr.

LINDA *geht zu Willy in die Küche*: Ich glaube, es ist am besten so. Man kann es nicht erzwingen. Ihr versteht euch eben nicht.

WILLY *rührt sich nicht.*

BIFF: Wenn euch jemand fragt, wo ich bin und was ich mache: ihr wißt es nicht, und ihr kümmert euch nicht drum. Auf diese Weise kommt ihr davon los, und euch wird leichter ums Herz. Das ist am besten so, nicht? *Willy bleibt stumm, Biff tritt zu ihm.* Willst du mir nicht alles Gute wünschen, Häuptling? *Er hält ihm die Hand hin.* Wie wär's damit?

LINDA: Gib ihm die Hand, Willy.

WILLY *zu Linda, von Schmerz überwältigt*: Weißt du – es besteht keine Veranlassung, den Füllfederhalter überhaupt zu erwähnen.

BIFF *weich*: Aber ich bin doch gar nicht mit ihm verabredet, Vater.

WILLY *ausbrechend*: Er hat dir den Arm um die Schulter gelegt ...

BIFF: Papa, du wirst mich nie so sehen, wie ich wirklich bin. Wozu also noch Worte machen. Wenn ich 'ne Ölquelle entdecke, schicke ich euch Geld. Bis dahin – denkt nicht mehr an mich.

WILLY *zu Linda*: Der alte Trotz!

BIFF: Gib mir die Hand, Papa.

WILLY: Ich denke nicht daran.

BIFF: Müssen wir so auseinandergehen?

WILLY: Ja, das müssen wir wohl. Leb wohl.

*Biff sieht ihn einen Augenblick an, dann wendet er sich mit einem Ruck ab und geht zur Treppe.*

WILLY: Vor die Hunde gehen sollst du, wenn du dies Haus verläßt.

BIFF *bleibt stehen*: Sag mal, was willst du eigentlich von mir?

WILLY: Ich will, daß du dir immer und überall klar bist – in den Bergen, in den Tälern, wo du auch sein magst, daß du dein Leben aus Trotz verpfuscht hast.

BIFF: Nein, nein!

WILLY: Trotz, Trotz ist die Ursache deines Versagens! Das wird dir schon noch aufgehen, wenn es mit dir aus und vorbei ist und du im Rinnstein liegst und verreckst. Aber mach mich nicht dafür verantwortlich!

BIFF: Ich mache dich für nichts verantwortlich.

WILLY: Ich wasche meine Hände in Unschuld, sag ich dir.

*Happy kommt die Treppe herunter, bleibt auf der äußersten Stufe stehen und folgt der Szene.*

BIFF: Das sollst du ja.

WILLY *läßt sich auf einen Stuhl am Tisch sinken, voller Anklage*: Du bringst mich noch um – glaub ja nicht, daß ich nicht weiß, was du vorhast!

BIFF: Also gut, du alter Komödiant! Nennen wir die Dinge beim Namen. *Er zieht den Gasschlauch aus der Tasche und wirft ihn auf den Tisch.*

HAPPY: Bist du verrückt –

LINDA: Biff! *Sie will den Schlauch an sich nehmen, aber Biff hält ihn fest.*

BIFF: Laß ihn liegen! Rühr ihn nicht an!

WILLY *sieht nicht hin*: Was ist das?

BIFF: Verdammt noch mal, du weißt ganz genau, was das ist.

WILLY *ertappt, versucht zu leugnen*: Hab ich nie gesehen.

BIFF: Doch, doch. Oder meinst du, die Heinzelmännchen haben das in den Keller gebracht! Was ist eigentlich der Zweck der Sache, willst du einen Helden aus dir machen? Oder spekulierst du auf mein Mitleid?

WILLY: Verstehe kein Wort.

BIFF: Ich habe kein Mitleid mit dir, hörst du! Nicht im geringsten!

WILLY *zu Linda*: Hörst du den Trotz!

BIFF: Nein. Jetzt sollst du die Wahrheit hören – wer du bist und wer ich bin.

LINDA: Sei still!

WILLY: Trotz!

HAPPY *tritt zu Biff*: Halt den Mund!

BIFF *zu Happy*: Der weiß nicht, wer wir sind! Aber dem steck ich's jetzt. *Zu Willy.* In diesem Haus ist noch nicht eine Minute die Wahrheit gesagt worden!

HAPPY: Wir haben immer die Wahrheit gesagt!

BIFF *wendet sich gegen ihn*: Du alter Angeber, bist du etwa Zweiter Einkäufer? Du bist einer von den zwei Hilfseinkäufern des Zweiten Einkäufers – oder etwa nicht?

HAPPY: Wieso, ich bin praktisch –

BIFF: Du hast praktisch den Kopf voller Rosinen! Wie wir alle! Aber ich hab die Nase voll! *Zu Willy.* Und nun hör gut zu, Willy, jetzt komme ich dran.

WILLY: Dich kenne ich!

BIFF: Weißt du, warum ich drei Monate lang keine Adresse hatte? Ich habe in Kansas einen Anzug gestohlen und saß im Kittchen. *Zu Linda, die weint.* Hör auf zu heulen. Ich bin wieder draußen.

*Linda hat die Hände vors Gesicht geschlagen und wendet sich ab.*

WILLY: Das ist wohl meine Schuld, was?

BIFF: Seit meiner Schulzeit habe ich mich durch Klauereien um jede gute Stellung gebracht.

WILLY: Und wessen Schuld ist das?

BIFF: Und ich hab's nie zu was gebracht, weil du mir solche Flausen in den Kopf gesetzt hast, daß ich glaubte, ich brauchte mir von niemandem etwas sagen zu lassen. Und wessen Schuld ist das?

WILLY: Ich nehme es zur Kenntnis.

LINDA: Nicht doch, Biff!

BIFF: Es wird höchste Zeit, daß du's zur Kenntnis nimmst! Innerhalb von zwei Wochen mußte ich es mindestens bis zum Generaldirektor gebracht haben. Aber jetzt hab ich die Nase voll!

WILLY: Dann häng dich doch auf! Aus Trotz – häng dich auf!

BIFF: Nein! Ich denke nicht daran, mich aufzuhängen! Ich bin heute, mit dem Füller in der Hand, elf Treppen runtergerannt. Und mit einem Mal bin ich stehengeblieben, verstehst du? Und zwar mitten in dem Bürohaus, verstehst du? Ich bin mitten in dem Gebäude stehengeblieben und habe – den Himmel – gesehen. Ich habe all das gesehen, was ich an dieser Welt liebe. Arbeit und Essen und genug Zeit, um sich hinzusetzen und eine Zigarette zu rauchen. Und ich habe mir den Federhalter angeguckt und mich gefragt, warum, zum Teufel, ich ihn genommen habe? Warum ich versuche, etwas zu werden, was ich nicht sein will? Was ich in einem Büro zu suchen habe, warum ich einen verächtlichen, armseligen Narren aus mir mache, wo doch alles, was ich mir wünsche, da draußen vorhanden ist und nur darauf wartet, daß ich endlich sage: ich weiß, wer ich bin! Warum kann ich das nicht sagen, Vater?

*Er möchte, daß Willy ihm Rede steht, aber Willy wendet sich ab und geht nach links.*

WILLY *voller Haß, drohend*: Die Tür zum Leben steht weit offen für dich!

BIFF: Ich bin nur Dutzendware, Papa, du aber auch!

WILLY *wendet sich in einem hemmungslosen Ausbruch gegen ihn*: Ich bin keine Dutzendware! Ich bin Willy Loman, und du bist Biff Loman!

*Biff will auf Willy losgehen, aber Happy stellt sich dazwischen. In seiner Wut scheint Biff nahe daran zu sein, gegen den Vater tätlich zu werden.*

BIFF: Ich bin keiner von den Großen, Willy, du aber auch nicht. Du gehörst zu denen, die sich ihr Leben lang abrackern und die dann im Müllkasten landen! Meine Taxe ist ein Dollar pro Stunde, Willy! In sieben Staaten hab ich's versucht, aber nirgendwo hat man mir mehr bezahlt. Einen Dollar pro Stunde! Begreifst du, was ich damit sagen will? Mit mir kannst du keine Lorbeeren ernten – und das mußt du endlich einmal einsehen.

WILLY: Du rachsüchtiger Trotzkopf, du –

*Biff reißt sich von Happy los. Willy läuft voller Angst die Treppe hinauf. Biff packt ihn.*

BIFF *in höchster Wut*: Ich bin ein Nichts, Vater, ich bin ein Nichts! Begreifst du denn das nicht? Das hat nichts mit Trotz zu tun. Ich möchte nur sein, was ich bin, das ist alles.

*Biffs Wut hat sich erschöpft. Weinend bricht er zusammen*

*und klammert sich an Willy, der sprachlos nach Biffs Gesicht tastet.*

WILLY *voller Staunen*: Was tust du denn? Was tust du? *Zu Linda.* Warum weint er?

BIFF *gebrochen, unter Tränen*: Läßt du mich nun endlich gehen? Und gibst du deine Hirngespinste auf, bevor es zu spät ist? *Er versucht, sich zusammenzunehmen, macht sich los und geht zur Treppe.* Ich gehe morgen früh. Bringt – bringt ihn zu Bett. *Erschöpft geht Biff nach oben in sein Zimmer.*

WILLY *nach einer langen Pause, erstaunt und beglückt*: Ist das – ist das nicht merkwürdig? Biff – er mag mich!

LINDA: Er liebt dich, Willy!

HAPPY *bewegt*: Er hat dich immer liebgehabt, Papa.

WILLY: Oh, Biff! *Mit weit aufgerissenen Augen.* Er hat geweint! Er hat vor mir geweint. *Er erstickt fast an seiner Liebe und schreit dann seine Prophezeiung hinaus.* Aus dem Jungen – aus dem Jungen wird was ganz Großes!

*Ben erscheint draußen vor der Küche.*

BEN: Jawohl, etwas ganz Großes, mit zwanzigtausend Dollar hinter sich.

LINDA *spürt, wie es in ihm arbeitet, ängstlich und vorsichtig*: Komm jetzt zu Bett, Willy. Es ist ja nun alles beigelegt.

WILLY *möchte am liebsten gleich aus dem Haus stürzen*: Ja, komm. Gehen wir schlafen. Geh schlafen, Hap.

BEN: Und man muß schon ein Kerl sein, um sich im Dschungel zu behaupten.

*Bens idyllische Musik ertönt in einem furchterregenden Rhythmus.*

HAPPY *den Arm um Linda gelegt*: Ich heirate, Papa, vergiß das nicht. Von jetzt an wird alles ganz anders. Ehe das Jahr um ist, bin ich Abteilungschef. Du wirst schon sehen, Mutter. *Er küßt sie.*

BEN: Es ist finster im Dschungel, aber er ist voller Diamanten, Willy.

*Willy wendet sich um und lauscht Bens Worten.*

LINDA: Sei brav. Ihr seid beide gute Jungens, aber handelt auch danach.

HAPPY: Gute Nacht, Papa. *Er geht nach oben.*

LINDA *zu Willy*: Komm, Willychen.

BEN *sehr kraftvoll*: Man muß sich hineinwagen, um einen Diamanten herauszuholen.

WILLY *zu Linda, während er langsam zur Tür schlürft*: Ich muß mich noch ein bißchen sammeln, Linda. Laß mich einen Moment hier alleine sitzen.

LINDA *verrät fast ihre Furcht*: Du sollst mit raufkommen.

WILLY *nimmt sie in die Arme*: In ein paar Minuten, Linda. Ich kann jetzt doch nicht schlafen. Geh schon vor, du siehst todmüde aus. *Er küßt sie.*

BEN: Nicht wie irgendeine Anstellung. Ein Diamant ist roh und faßt sich hart an.

WILLY: Geh jetzt. Ich komme gleich nach.

LINDA: Ich glaube, das ist die einzige Lösung, Willy.

WILLY: Freilich, die beste Lösung.

BEN: Die beste Lösung!

WILLY: Die einzige Lösung. Auf diese Weise wird alles – Los, Kindchen, ins Bett mit dir. Du siehst so müde aus.

LINDA: Kommst du gleich nach?

WILLY: In zwei Minuten.

*Linda geht ins Wohnzimmer und erscheint dann in ihrem Schlafzimmer. Willy tritt vor die Küchentür.*

WILLY: Er liebt mich. *Verwundert.* Hat mich immer geliebt. Ist das nicht merkwürdig? Ben, dafür wird er mich anbeten!

BEN *wie ein Versprechen*: Es ist finster da, aber voller Diamanten.

WILLY: Kannst du dir das Gefühl vorstellen – mit zwanzigtausend Dollar in der Tasche?

LINDA *ruft aus ihrem Zimmer*: Willy! Komm rauf!

WILLY *ruft in die Küche*: Ja. Ja! Ich komme! – Das ist ein Geniestreich, das siehst du doch ein, nicht wahr, mein Liebling? Selbst Ben gibt das zu. Ich muß machen, mein Schatz. Ade! Ade! *Er tänzelt fast zu Ben hin.* Stell dir vor! Wenn der Scheck kommt, dann ist er Bernard wieder über!

BEN: Eine runde, richtige Sache.

WILLY: Hast du gesehen, wie er vor mir geweint hat? Ich, ich möchte ihm einen Kuß geben, Ben!

BEN: Die Zeit drängt, Wilhelm!

WILLY: Ach, Ben, ich hab's doch immer gewußt, daß wir's irgendwie schaffen werden. Biff und ich!

BEN *sieht auf die Uhr*: Das Schiff. Es wird höchste Zeit. *Er verschwindet langsam in der Dunkelheit.*

WILLY *elegisch, dem Haus zugewandt*: Und wenn du losstürmst, Junge, will ich einen Siebzig-Meter-Schuß und dann mit dem Ball über das Feld, und wenn du schießt, schieß langsam und schieß hart, denn das ist wichtig, mein Junge. *Er wendet sich zum Publikum.* Es sind allerlei wichtige Leute auf den Tribünen, und ehe man sich's versieht – verstehst du ... *Er bemerkt plötzlich, daß er allein ist.*

Ben! Ben, wo soll ich ... *Er macht eine jähe, suchende Bewegung.* Ben, wie soll ich denn ...

LINDA *ruft*: Willy, kommst du?

WILLY *stößt einen Schreckensschrei aus und fährt zu ihr herum, als wollte er sie zur Ruhe bringen*: Scht! *Er dreht sich nach allen Seiten um, als suchte er einen Ausweg. Geräusche, Gesichter und Stimmen scheinen auf ihn einzudringen, und er schlägt schreiend nach ihnen*: Scht! Scht! *Plötzlich hört man eine zarte, helle Musik, die ihn innehalten läßt. Die Musik steigert sich zu einem unerträglichen Schrillen. Er wippt auf den Fußspitzen auf und nieder und stürmt dann ums Haus ab.* Schscht!

LINDA: Willy!

*Keine Antwort. Linda warte. Biff erhebt sich von seinem Bett. Er ist noch in seinen Kleidern, Happy richtet sich auf. Biff steht lauschend da.*

LINDA *in großer Angst*: Willy, antworte doch! Willy!

*Man hört einen Motor anspringen und ein Auto in voller Fahrt davonbrausen.*

LINDA: Nein!

BIFF *rennt die Treppe hinunter*: Vater!

*Während das Auto davonbraust, bricht die Musik mit einem rasenden Instrumentenwirbel ab und geht in das sanfte Spiel eines einzigen Cellos über. Biff kehrt langsam ins Schlafzimmer zurück. Er und Happy ziehen in tiefem Ernst ihre Jacken an. Linda kommt langsam aus ihrem Zimmer. Die Musik ist in einen Trauermarsch übergegangen. Es ist jetzt Tag. Charley und Bernard kommen, beide dunkel gekleidet, und klopfen an die Küchentür. Biff und Happy steigen langsam die Treppe zur Küche hinunter, als Charley und Bernard eintreten. Alle bleiben einen Augenblick stehen, als Linda, in Trauerkleidung, mit einem kleinen Rosenstrauß durch die Wohnzimmertür tritt. Sie geht zu Charley und nimmt seinen Arm. Dann gehen alle durch die markierte Küchenwand auf die Rampe zu. Ganz vorn auf der Vorbühne legt Linda die Blumen nieder, kniet und läßt sich auf die Hacken sinken. Alle starren auf das Grab.*

## REQUIEM

CHARLEY: Es wird dunkel, Linda. *Linda rührt sich nicht. Sie starrt auf das Grab.*

BIFF: Na, Mama? Komm, ruh dich jetzt aus, ja? Das Tor wird bald geschlossen. *Linda bewegt sich nicht. Pause.*

HAPPY *in großem Zorn*: Er hätte das nicht tun dürfen. Er hatte kein Recht, das zu tun. Wir hätten ihm schon geholfen.

CHARLEY *grunzt*: Hmm.

BIFF: Komm jetzt, Mutter.

LINDA: Warum ist niemand gekommen?

CHARLEY: Es war ein sehr schönes Begräbnis.

LINDA: Aber wo waren alle seine Bekannten? Vielleicht verurteilen sie ihn.

CHARLEY: Nein. Das Leben ist hart, Linda. Niemand verurteilt ihn.

LINDA: Ich verstehe es nicht. Warum gerade jetzt? Das erstemal seit fünfunddreißig Jahren, daß wir schuldenfrei sind. Er brauchte nur ein kleines Gehalt. Sogar mit dem Zahnarzt war er gerade fertig.

CHARLEY: Mit einem kleinen Gehalt ist es nicht getan.

LINDA: Ich verstehe es nicht.

BIFF: Es hat so hübsche Zeiten gegeben. Wenn er von der Reise zurückkam; oder sonntags, wenn wir die Veranda zimmerten; oder beim Ausbauen des Kellers; oder der Loggia; oder wie er das Extra-Badezimmer gebaut hat und die Garage. Ich will dir was sagen, Charley, in unserer Veranda, da steckt mehr von ihm drin als in seinen ganzen Geschäften.

CHARLEY: Ja. Mit einem Eimer Zement war er glücklich.

LINDA: Er war so wunderbar geschickt.

BIFF: Nur seine Träume waren falsch. Die waren alle falsch.

HAPPY *will beinahe auf Biff losgehen*: Sag das nicht!

BIFF: Er hat nie gewußt, wer er war.

CHARLEY *hält Happy zurück und antwortet für ihn*: Niemand soll einen Stein auf diesen Mann werfen. Begreif doch: Willy war Reisender. Und für einen Handlungsreisenden hat das Leben keinen festen Boden. Er baut keine Häuser, er spricht kein Recht, er verschreibt keine Medizin. Er ist ein Mann, der irgendwie in der Luft schwebt, der mit seinem Lächeln reist und mit seiner Bügelfalte. Und wenn sein Lachen nicht mehr erwidert wird – dann stürzt eine Welt ein. Dann wird sein Hut speckig, und es ist aus mit ihm. Niemand werfe einen Stein auf diesen Mann. Ein Handlungsreisender muß träumen, mein Junge. Das gehört zu seinem Beruf.

BIFF: Charley, der Mann hat nicht gewußt, wer er war.

HAPPY *aufgebracht*: Du sollst das nicht sagen!

BIFF: Warum kommst du nicht mit mir, Happy?

HAPPY: So leicht geb ich nicht klein bei. Ich bleib hier in der Stadt, und ich bring es zu was. *Er sieht Biff mit vorgeschobenem Kinn an.* Die Loman-Brüder!

BIFF: Ich weiß, wer ich bin, Kleiner.

HAPPY: Also gut, mein Junge. Ich werde dir und allen anderen beweisen, daß Willy Loman nicht vergeblich gestorben ist. Er hat einen guten Traum geträumt. Den einzigen Traum, den es gibt – es zu was zu bringen. Hier hat er den Kampf gekämpft, und hier werde ich ihn für ihn gewinnen.

BIFF *wirft einen hoffnungslosen Blick auf Happy und beugt sich über seine Mutter*: Laß uns gehen, Mutter.

LINDA: Ich komme gleich nach. Geh schon voran, Charley. *Er zögert.* Laßt mich, nur eine Minute. Ich möchte ihm Lebewohl sagen.

*Charley entfernt sich mit Happy. Biff bleibt weiter hinten, links von Linda, stehen. Sie sitzt da und versucht, sich zu sammeln. Während ihrer Rede hört man, nicht weit entfernt, die Flöte.*

LINDA: Vergib mir, Willy. Ich kann nicht weinen. Ich weiß nicht warum, aber ich kann nicht weinen. Ich verstehe es nicht. Warum mußtest du das tun? Hilf mir, Willy, ich kann nicht weinen. Mir ist, als wärst du nur auf einer deiner Reisen. Ich warte dauernd auf dich. Willy, ich kann nicht weinen. Warum hast du das getan? Ich suche und suche und suche, und ich verstehe es nicht, Willy. Heute habe ich die letzte Abzahlung für das Haus geleistet. Heute, Willy. Und nun ist keiner mehr da. *Ein Schluchzen steigt ihr in die Kehle.* Wir sind schuldenfrei. *Sie kann endlich weinen.* Wir sind frei. *Biff kommt langsam zu ihr.* Wir sind frei ... wir sind frei ...

*Biff hilft ihr auf, legt den Arm um sie und führt sie nach rechts ab. Linda weint still vor sich hin. Bernard und Charley kommen und folgen ihnen gemeinsam, als letzter folgt Happy. Auf der Bühne wird es langsam dunkel, man hört nur noch die Flötenmusik, dann werden die scharfen Konturen der Mietskasernen über dem Hause sichtbar und ... der Vorhang fällt.*